Organização
Marinilza Bruno de Carvalho

INTEGRA UERJ
EMPREENDEDORISMO E INOVAÇÃO
Articulando e Integrando Ações

EDITORA CIÊNCIA MODERNA

Integra UERJ – Empreendedorismo e Inovação – Articulando e Integrando Ações

Editor: Paulo André P. Marques

Produção Editorial: Dilene Sandes Pessanha

Capa: Ismael Souza da Silva.

Diagramação: Daniel Jara

FICHA CATALOGRÁFICA

CARVALHO, Marinilza Bruno de. (Org.)

Integra UERJ – Empreendedorismo e Inovação – Articulando e Integrando Ações

Rio de Janeiro: Editora Ciência Moderna Ltda., 2024.

1. Administração. 2. Empreendedorismo. 3. Inovação
I — Título

ISBN: 978-65-5842-402-4 CDD 658.421

Editora Ciência Moderna Ltda.
R. Alice Figueiredo, 46 – Riachuelo
Rio de Janeiro, RJ – Brasil CEP: 20.950-150
Tel: (21) 2201-6662/ Fax: (21) 2201-6896
E-MAIL: LCM@LCM.COM.BR
WWW.LCM.COM.BR **09/24**

Prefácio

Este livro representa a conclusão de um Projeto de pesquisa que teve como seu objetivo central, promover o amalgama entre diferentes frentes do conhecimento tendo como pontos focais a inovação, o empreendedorismo e a gestão em suas ações. O título "INTEGRA UERJ Empreendedorismo e Inovação Articulando e Integrando ações" traduz em suas palavras um significado preciso daquilo que se pretendia desde a submissão do projeto junto à Faperj por ocasião do lançamento do edital que visava apoiar "ações integradas de inovação" desenvolvidas por Instituições de Ciência e Tecnologia do Estado do Rio de Janeiro em agosto de 2021. Muito provavelmente este edital tinha como objetivo, resgatar um pouco as colaborações entre diferentes setores do conhecimento após passarmos pela tragédia imposta pela crise instaurada pela pandemia de Covid-19. Neste contexto, nasce o projeto "Integra UERJ" coordenado pela Professora Marinilza Bruno de Carvalho do Instituto de Matemática e Estatística da UERJ já com larga experiência em detectar e promover ações de empreendedorismo e inovação à frente do InovUERJ. Ao longo dos 14 capítulos que compõem este livro, será possível ao leitor apreciar o registro de diferentes ações/projetos com forte caráter de inovação. Seus autores expõem aqui seus projetos que possuem grande capacidade de integração de pessoas das mais diversas áreas. Em cada um dos trabalhos podemos ver a presença da Universidade do Estado do Rio de Janeiro e de suas diversas Unidades. Além disso, e talvez o mais importante, temos a percepção de que nenhum trabalho está fechado em si mesmo o que dá ainda mais valor às ações promovidas pelo IntegraUERJ. Vemos ao longo da obra a presença de temas atuais envolvendo a sustentabilidade ainda mais conectado a ações de empreendedorismo e inovação; a cooperação sendo cada vez mais presente como elemento de desenvolvimento e transformação de ambientes de trabalho e de criação; a necessidade de se ver o esporte e a saúde como elementos fundamentais de inovação; a modernização física, tecnológica e de postura da Academia através de sua conexão com o ato de empreender; a necessidade de mostrar aos agentes financiadores a importância em acreditar e fomentar projetos de pesquisa e por último, a conexão entre o Humano e seu entorno como elementos chave para o pleno desenvolvimento social. Assim, essa obra, além de concluir um projeto acadêmico vai além, trazendo novas perspectivas de integração entre o Ambiente interno da criação de ideias produzidas na Universidade e a Sociedade.

Marcus Vinicius Tovar Costa
Professor Associado do IME/UERJ

Apresentação

INTEGRA-UERJ: Empreendedorismo e Inovação - Articulando e Integrando Ações

Este livro imprime a **História de um Projeto Inovador que Integra Pessoas e Entrega Resultados.** Em agosto de 2021, ainda em tempos de pandemia, pois a UERJ teve seu reinício completo em fevereiro de 2022, uma excelente oportunidade foi percebida, com o lançamento do **Edital Faperj nº 24/2021 – Programa de Apoio a Ações Integradas de Inovação em Instituições de Ciência e Tecnologia Fluminenses,** de 19/08/2021. Sobrevivendo a Pandemia, com aulas virtuais, sistema novo de apoio aos alunos, professores de todas as áreas aprendendo a usar a tecnologia, 2022 seria o ano de comemoração de 30 anos de Inovação na UERJ, consolidando uma política desenhada no lançamento da RedeRio em maio de 1992, as Cotas em 2000, parceria CEDERJ e a instalação da EAD também em 2000, a primeira patente em 2001 e a primeira Transferência de Tecnologia em 2003, com a deliberação de premiação de Autor. Neste contexto, o Projeto apoiado pela Faperj seria o coroar da Cultura de Inovação instalada e consolidada na Universidade, trazendo a memória o resultado e o perfil empreendedor da UERJ. Verga, mas não quebra, diz o ditado bem antigo. A UERJ é assim. Seu corpo técnico, docente e discente foi assim por pelo menos 30 anos. Apresentamos um resultado de Empreendedorismo e Inovação, Sustentabilidade e Gestão. Em 14 capítulos deste livro, a história de dois anos, prazo do Edital, de muito trabalho, uma equipe de trinta professores e parceiros, pois as empresas contratadas seguiram na segunda parcela, alguns até mesmo com valores defasados, cumpriram o planejado. O projeto INTEGRA UERJ visou realmente integrar a UERJ de ponta a ponta. De serra, cidade, mar e serra. Unimos Resende à Ilha Grande e à Friburgo. Nas áreas foram meio ambiente, saúde, odontologia, engenharia, tecnologia, comunicação, matemática e outras. Os resultados trouxeram capacitação de cerca de cem servidores em tecnologias inovadoras, sistemas na PR2, no IME e na Policlínica Piquet Carneiro, um laboratório 3D na Saúde, um laboratório MAKER em Friburgo e outro em Resende. Nos mesmos ambientes e mais as bibliotecas a educação inovou através de Hackathons e cursos de Ideação. A inclusão foi tema de estudo e adaptação de ambientes com equipamentos adequados para surdos, mudos e acessibilidade para pessoas com dificuldades. O restaurante recebeu um processo de aproveitamento e água da chuva e a UERJ, um espaço de geração de energia solar com estacionamento e carga para carro elétrico.

Uma ideia gerou um projeto, que teve apoio e gerou resultados.

Marinilza Bruno de Carvalho
Professora Titular da UERJ

Sumário

Capítulo 1

O Universo e o Humano são Inovação Permanente

Prof. Dr. Antonio Carlos de Azevedo Ritto
Professor Titular da UERJ

1.1 Introdução

A história da Vida e do Mundo é uma história de mudança, de evolução, de criatividade e de inovação permanente. O Cosmos, desde o nomeado Big-Bang até os dias de hoje tem se desenvolvido de forma acelerada, em estado de mudança permanente e mantendo em equilíbrio todos os seus elementos constitutivos.

A expansão cósmica, nos últimos 13,8 bilhões de anos se desenvolveu com talento, criando novos elementos e mantendo todo o ambiente em equilíbrio.
O desenvolvimento da Vida na Terra nos revela também um processo permanente de mudança e muita inovação, desde seu início com extinções e evoluções até a construção dos dias de hoje.

Parece ser assim a vida: inovação permanente para participar como atores relevantes deste tempo em que vivemos a oportunidade de pensar, criar, inovar.

Numa Universidade inovação precisa ser uma essência, e tem sido este o caso da UERJ, sobretudo nas últimas 4 *décadas.*

1.2 Ciência: do Big-Bang à vida inteligente – um percurso de inovação permanente

E o final de nossa exploração
Será chegar onde começamos
Conhecendo o lugar pela primeira vez.
T.S. Eliot

A ciência nos assegura que desde a singularidade do Big-Bang, há 13.8 bilhões de anos, nosso universo vem se expandindo e se desenvolvendo, gerando e exterminando vidas, espécies inteiras, até chegar ao que é considerada a forma mais inteligente de vida, que ocupa o topo da cadeia alimentar na Terra, o humano.

Na cronologia apresentada pelo Prof. Marcelo Gleiser, e representada na Figura 1, ficamos com a seguinte cronologia: nosso universo tem 13.8 bilhões de anos, com 100 milhões de anos surgem a estrelas. Durante 3 bilhões de anos, só bactérias, há 3,5 bilhões de anos surge a vida na Terra (unicelular > multicelular > seres complexos > seres inteligentes). Cada surgimento, cada evolução ocorreu de forma ainda inexplicável.

Como a matéria inanimada criou a matéria animada num percurso da não-vida para a vida e daí para a complexificação da matéria?

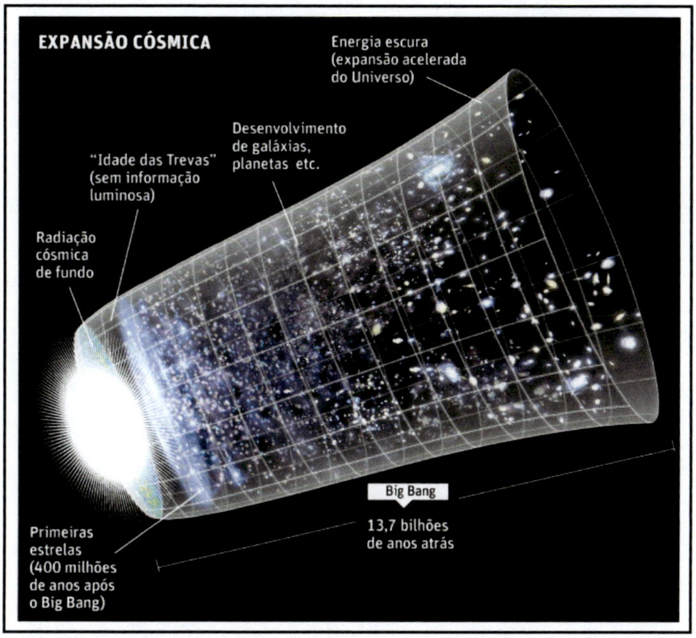

Figura 1: A história cósmica é a nossa história

Extraída de https://www.youtube.com/watch?v=_0smSz1FfoE – Prof. Marcelo Gleiser - Do Big--Bang à vida inteligente: as quatro eras da astrobiologia, acessado em maio de 2021.

O Prof. Gleiser nos ensina que vida não tem definição! A NASA definiu vida para poder formalizar o Projeto de busca da vida em outros lugares do Espaço.

Segundo a NASA: Vida é uma rede de reações químicas autossustentáveis que absorve energia do ambiente (metabolizam) e se reproduz segundo a teoria da evolução.

Esta Figura 1, apresentada pela ciência para mostrar as fases, os processos, os tempos decorridos e as transformações ocorridas, sempre demonstrando evolução no sentido de uma maior complexidade, nos convida a muitas reflexões de ordem espiritualista.

Tudo começa com um **ponto singular**, um momento de intensa, superlativa, máxima energia, **Energia Primordial**, da qual, conforme a reflexão científica, tudo decorre, Figura 1.

A manifestação desta energia está presente em tudo e é a razão de cada elemento existente que se expande criando elementos cada vez mais complexos.

Como cada elemento existente decorre da Energia Primordial e está dela impregnado, desde as primeiras rochas até o humano consciente, podemos resumir:

- A Energia Primordial está em tudo;
- Cada elemento existente é a Energia Primordial;
- Tudo é a Energia Primordial.

Esta História Cósmica revela uma evolução profunda desde as rochas mais antigas conhecidas, isso para começarmos de um ponto, até o surgimento do humano, com toda a sua complexidade, num processo evolutivo de bilhões de anos, conforme apresentado no sugestivo desenho da Figura 2, das rochas mais antigas ao humano.

Damásio (2011) acrescenta:

- Há cerca de 200 mil anos nossos ancestrais humanos mais diretos andavam pela Terra;
- Há 30 mil anos humanos estavam criando pinturas e esculturas, entalhando em rocha, fundindo metais, confeccionando joias e possivelmente fazendo música;
- Há dezenas de milhares de anos humanos já tinham funerais suficientemente elaborados para requerer um tratamento especial dos mortos e o equivalente de pedras tumulares;
- Há cerca de 5 mil anos o desenvolvimento da escrita fornece-nos um punhado de dados irrefutáveis;

- Há menos de 3 mil anos, na época dos poemas homéricos, o self autobiográfico já existia na mente humana;
- Há apenas alguns milhares de anos, o self capaz de rebeldia, que Damásio cogita como um avanço recente, um mero instante no tempo evolucionário.

Mas podemos cogitar algumas conclusões a partir destas afirmativas científicas, tanto a respeito da história cósmica, que é a nossa história, como das constatações evolutivas que ocorreram nestes 13.8 bilhões de anos.

O Big-Bang da Figura 1 é, como vimos, referido pela ciência como um ponto singular caracterizado por uma quantidade infinita de energia que "explodiu" e se expandiu durante todos estes 13.8 bilhões de anos, criando, progressivamente tudo, literalmente tudo o que hoje existe e continua se expandindo e criando mais, tendo sempre como origem este ponto notável de concentração de "infinita energia" – isto nos é ensinado pela ciência.

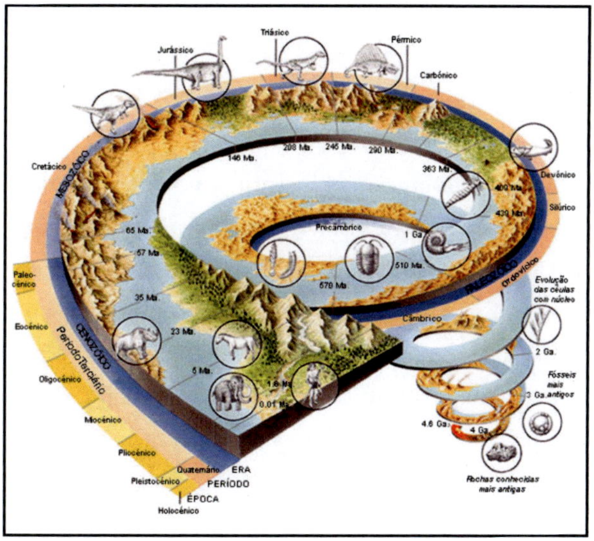

Figura 2: Origem e Desenvolvimento da Vida na Terra

Extraído de https://www.planetaenem.com/desenvolvimento-e-evolucao-da-vida-terra/ acessado em novembro de 2020

Assim sendo, podemos cogitar que somos, todos e tudo, originários deste ponto notável.

Mais ainda, conforme colocado acima na citação de Damásio, não surgimos humanos como estamos agora; também nós evoluímos, e tudo indica que continuamos a evoluir. Neste momento da evolução detalhado pela ciência, somos dotados de consciência, ainda que a ciência não tenha uma definição acabada e definitiva do que seja CONSCIÊNCIA. Mas teremos. As pesquisas continuam sob a responsabilidade dos neurocientistas, dentre outras especialidades, e seguem aceleradas.

O que pode ser observado da proposta científica é que o humano é um recém chegado nesta evolução, há 150 mil dos 13,5 bilhões de anos desde a criação, sobretudo se pensamos no humano como hoje conhecemos e suas cogitações sobre consciência, ciência e espiritualidade.

Enfatizando, podemos ficar então com a conclusão científica que somos, tudo e todos, fruto de uma energia única de criação chamada Big-Bang.

Há 2500 anos, numa recuperação da história no ocidente, Tales, Sócrates, Platão, Aristóteles, dentre outros, na Grécia, apresentavam suas visões de mundo e do humano e geravam as sementes do modelo científico; mesma época em que Buda (Índia), Confúcio (China), Lao Tse (China), dentre outros, no oriente, refletiam a respeito de espiritualidade. Citem-se os Vedas, na Índia, escritos, segundo pesquisadores da área, em 1500 aC, embora alguns adeptos cogitem datas ainda mais remotas. Todavia, são datas recentes considerando a idade desta história que começa no Big Bang.

São, portando, recentes no contexto do tempo do nosso Universo. Sobre as cogitações a respeito da consciência, até hoje, mesmo com os extraordinários avanços na ciência, sobretudo da neurociência, não há, ainda, uma definição clara e aceita por todos os segmentos e estudos sobre o que é a consciência.

Estamos, neste momento envolvidos em cogitações com várias visões de mundo e de espiritualidade, a maioria delas válida neste momento de pós-modernidade que trata de várias dimensões do conhecimento, desde o misticismo até o pós-misticismo considerando a pré-modernidade, a modernidade e a pós-modernidade.

O que é comum em todas as linhas espiritualistas, com cada vez mais respaldo de resultados científicos apresentados, sobretudo pela neurociência, é uma compulsão pela vida representada pela homeostase, ainda inexplicável pela ciência.

A homeostase é o grande mistério que sustenta a vida e o desenvolvimento dos organismos vivos. E repetimos "o fato de a homeostase ter começado inadvertidamente, no nível dos organismos sem consciência, mente ou cérebro, traz a questão de onde e como a intenção homeostática se instalou na história da vida" (Damásio, 2011).

Várias linhas espiritualistas entendem haver uma "semente", impulsionadora do desenvolvimento da vida, e que alcança no humano a maturidade e as condições para o desenvolvimento da CONSCIÊNCIA.

1.3 Inovação - necessidades e riscos

Aprendemos que uma coletividade que não sabe o que a ameaça não tem nenhuma chance de sobreviver.

A economia desmaterializa-se e cada vez mais são frequentes as referências às empresas virtuais, ativos intangíveis, capital intelectual, produtos mais complexos, com mais conhecimento multidisciplinar agregado.

A capacidade de aprender é o diferencial estratégico da produção e é preciso tratá-la com metodologias e ferramentas apropriadas, processar adequadamente os dados, aplicar corretamente as informações e gerenciar conhecimentos (Ritto, 2004).

Inovar parece não ser mais uma opção ou uma vocação e sim um imperativo. As organizações compartilham um ambiente complexo com um conjunto grande e incontrolável de atores de toda ordem.

Neste ambiente é necessário manter vigilância tecnológica e vigilância regulatória permanente. É mandatório entender movimentos dos diversos agentes direta ou indiretamente envolvidos no ambiente de negócios da organização. É relevante estar atento aos protótipos e produtos em desenvolvimento nos institutos de pesquisa.

É importante estar atento aos movimentos dos clientes, fornecedores, parceiros e terceiros de toda ordem que podem fazer movimentos que venham a influenciar decisões passadas, presentes ou futuras.

A figura 3 revela sinteticamente este ambiente caótico, com todos os agentes em movimento permanente, do qual a organização precisa tirar a ordem possível, sempre ameaçada por maus entendimentos ou de movimentos não percebidos.

Quase sempre é difícil perceber todos os movimentos, suas consequências nos processos e produtos da organização, as tecnologias emergentes e suas adoções na organização.

É necessário muito esforço para a transformação das ideias nascidas em qualquer dimensão ou local, mas decididas na dimensão estratégica; estas ideias e propostas precisam ser trabalhadas até que sejam transformadas em processos formais para então serem adotados como métodos de trabalho da organização. Uma dimensão estratégica terá que colocar suas reflexões no futuro e, consultando sua história e ousando criar, estabelecerá os caminhos para a organização.

Do caos inicial das ideias até a ordem inerente às normas e sistemas que configuram os processos de produção, muito esforço será despendido.

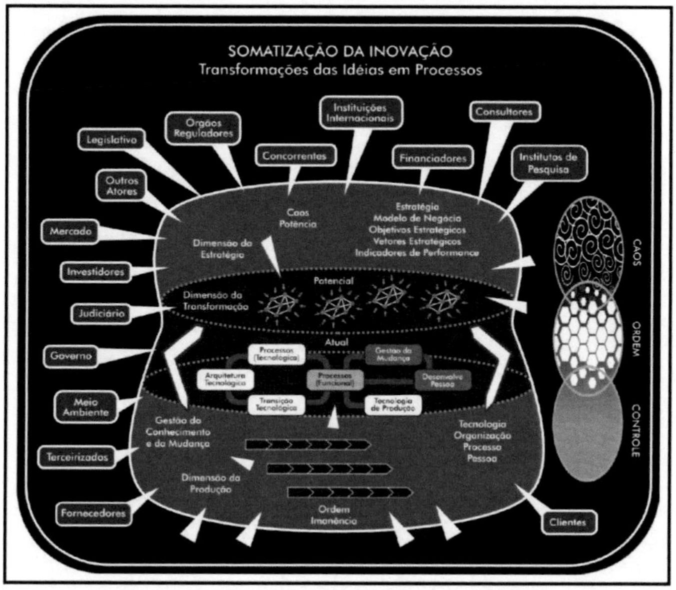

Figura 3 – Caos e Ordem (Ritto, 2022)

A Dimensão Estratégia é um processo de digestão da percepção e do processamento das diversas forças do ambiente político, econômico e social, aprendidas no passado, observadas no presente e projetadas no futuro, externas e internas. Este processo tem características não lineares, caóticas, com escolhas arbitrárias e seu produto são os caminhos e formas de atuação que incluem direções, modelo de negócios, relações com os diversos agentes, conduta das pessoas, dentre outras. Finalmente, estabelece os objetivos para a organização e seleciona os indicadores da performance para medida das consequências das ações estratégicas. A Dimensão Estratégica é excitada pelo conjunto de forças do ambiente e elabora cenários prospectivos para aprender a respeito das possibilidades do futuro, tanto a partir de atores externos, quanto dos atores internos, já que a endogenia joga papel importante na inserção da organização em futuros ambientes políticos, econômicos e sociais. Não se trata de 'adivinhar' ou de prever o futuro, mas de criá-lo - mais propriamente participar ativamente de sua criação. Aprender e construir uma boa percepção das possibilidades futuras proporcionará à organização um papel protagonista nesta criação e, por consequência, um destacado lugar no futuro.

A Dimensão Estratégica, por lidar com dinâmica não linear e ser arbitrária nas suas escolhas, produz direções e objetivos que carecem de adequada transformação em normas e sistemas que indiquem em ações e formalizem os processos para a organização visando às suas consecuções. Trabalha com questões tais como:

- Quais são os Atores do ambiente em que a organização atua?
- Que papéis (valor que agrega) desempenham no Ambiente?
- Quais as relações entre os Atores?
- Qual o fluxo da relação entre os Atores?
- Quais as informações e quais seus fluxos no ambiente?
- Sob que ótica agregar dados?
- Qual é a nossa proposição básica de valor no ambiente de inserção da organização?
- Como segmentamos o ambiente em que atuamos?
- Que tipo de clientes atendemos?
- Onde estão nossos clientes?
- Onde estarão nossos clientes no futuro?
- Em que ponto no sistema de negócio obtemos bons resultados?
- De onde vem nossos recursos? De onde virão?
- Qual é o fator determinante do volume de nosso sucesso?
- Quais são as principais determinantes dos custos? Como podem ser no futuro?
- O que achamos que sabemos fazer bem?

- Como estão as práticas de endogenia tecnológica?
- Que infraestrutura física sustenta a nossa atuação?
- Quais são as habilidades predominantes? Quais deverão ser?
- Qual a trajetória de nossos gastos em desenvolvimento? Em que direção apontam?
- Estamos alerta aos novos modelos de fornecimento de valor? Como fazemos isso? Como podemos evoluir?
- Quais as tendências tecnológicas que devemos considerar?
- Que novos produtos e serviços podem mudar as relações entre os atores no nosso ambiente de negócio?
- Que medidas regulatórias podem alterar as relações entre os atores, atuais e futuros no nosso ambiente de negócios?
- Que dificuldade haveria para reorientar os programas de investimento?
- Que dificuldade haveria para reconfigurar a infraestrutura?

A Dimensão da Transformação é um processo de promoção de mudança organizacional que a partir, tanto dos objetivos decorrentes das diretrizes estratégicas e das diversas orientações contidas nos indicadores de performance, quanto das possibilidades e da prontidão para a evolução do grupo de pessoas da organização, desenhará e promoverá as mudanças adequadas nos processos de produção tratando as dimensões das arquiteturas tecnológicas, da informação e da produção, da estrutura organizacional, das normas e procedimentos e de desenvolvimento da pessoa, traduzindo os objetivos e indicadores estratégicos nos sistemas de gestão e aquisição da informação para as unidades de negócio de forma concreta. Esta dimensão traduz as direções estratégicas nos processos efetivos a serem adotados na organização; transformação de direções e desejos em processos ordenados. Enquanto a dimensão estratégica faz escolhas no caos, a dimensão da transformação constrói a ordem que a dimensão da produção executará. Esta dimensão também tem forte conotação arbitrária nas suas escolhas e trabalha com estruturação de projeto já que seus desenvolvimentos são de caráter temporário, obedecendo a conjuntos alternativos de atividades, instanciados para cada tema ou assunto, cuidando, ao mesmo tempo, tanto das necessidades de integração organizacional, como das particularidades de cada unidade. É responsável pela gestão da mudança e pela gestão do conhecimento e suas permanentes evoluções na organização. Preocupa-se com questões tais como:

- O que é conhecimento na nossa organização? Como está evoluindo?
- Como nossa organização aprende?
- Que competências essenciais estão presentes? Quais precisam ser desenvolvidas?
- Como está sendo usado BI? (uso da tecnologia para aumentar a percepção da realidade a apoiar a tomada de decisão – utilização do computador como um microscópio)
- Que clientes seriam mais resistentes à mudança?
- Que sensitividades estão latentes? (nos usuários atuais e potenciais, nos fornecedores atuais e potenciais, no corpo da organização)
- Que novas competências terão que ser adotadas?
- Que novos conceitos de produtos / serviços deverão ser criados e que novos processos de produção terão que ser formalizados?
- Que novos programas de desenvolvimento terão que ser implantados?
- Que iniciativas de regulamentação devemos incentivar? Contra quais devemos lutar?
- As necessidades do ambiente poderiam ser mais bem servidas por uma configuração alternativa de habilidades e de ativos?
- Qual é a vulnerabilidade da organização às "novas regras do jogo"?
- Que novos tipos de benefícios devem ser procurados e oferecidos a curto e médio prazos?
- Que novas competências precisam ser desenvolvidas ou adquiridas para oferecer estes benefícios?
- Como reconfigurar a interface com o ambiente durante os próximos anos?
- Como pode influir um Projeto de P&D na estratégia e nas práticas da organização para promover aumento da estatura intelectual das pessoas e gerar inovação na organização?

- Que metodologia pode ser aplicada num Projeto de P&D na organização da criação de novos valores a agregar?
- Como pode ser criado novo conhecimento e como pode ser gerido na organização?

A Dimensão da Produção executa processos ordenados, controlados e aprende com eles. Cada atividade precisa estar configurada com os aspectos de sinergia e complementaridade que só prosperam, na dimensão concreta da produção, quando estão apoiados por linguagem comum entre os atores intervenientes, dentro e fora da organização, em toda a cadeia de agregação de valor, dos insumos ao consumo. Certamente há aprendizado e evolução nos processos e tudo recomenda que as inovações percebidas nesta dimensão sejam adotadas sob orientação da dimensão de transformação. Vale ressaltar que a estrutura de trabalho da dimensão de transformação é em rede e as pessoas da produção, que tenham seu conhecimento e sua sensibilidade desenvolvidos pela experiência adquirida no cotidiano dos processos, devem ser chamadas para compor estas redes. Porém, é na dimensão da transformação que serão tratadas as conexões adequadas para a somatização das novidades, de forma integrada, sinérgica e complementar com relação a todos os atores envolvidos.

Vale ressaltar que os Processos, nesta dimensão, são desenvolvidos em caráter permanente, obedecendo a um conjunto definido de atividades. Portanto, a preocupação central aqui é como fazer mais, melhor e a um custo menor. Esta dimensão preocupa-se com questões tais como:

- Como fazer permanente avaliação dos processos visando à eficiência e à eficácia?
- É conhecida a anatomia de cada resultado, de cada etapa do processo de Produção?
- São conhecidos e acompanhados os custos incorridos no desenvolvimento de cada atividade do Processo? São cotejados com os resultados obtidos e com o

valor que a atividade agrega? São realizados benchmarks com outros agentes e com outras formas de produzir?

- Cada gerente conhece a consequência econômica dos seus atos nos processos de produção?
- Há mecanismos de vigilância quanto às tecnologias emergentes e seus efeitos nas diversas atividades de produção?
- Há conhecimento, acompanhamento e controle da cadeia de agentes que fornecem produtos e serviços para alimentar os diversos processos de produção? Há vigilância tecnológica visando permanentemente baixar custos e aumentar a qualidade?
- Há conhecimento, acompanhamento e controle a respeito da logística dos produtos e serviços até a entrega a seus usuários finais?
- Há conhecimento, acompanhamento e controle na fase pós-venda durante a vida útil dos produtos e serviços?
- Há vigilância a respeito da percepção dos clientes, consumidores e usuários finais quanto aos produtos e serviços oferecidos?
- Há vigilância a respeito da percepção dos distribuidores, clientes, consumidores e usuários finais quanto à organização, sua forma de atuar e da marca?
- Há programas de atualização permanente das pessoas, tanto no treinamento nos instrumentos em uso na organização, como na educação nos conceitos, atuais e emergentes?
- Há atratores cognitivos, ouvidorias da realidade, em todos os agentes da rede de agregação de valor na qual se insere a organização e em todas as suas manifestações?

Na Dimensão de Produção há que se ter cuidado para que o cotidiano não esgote a capacidade de questionamento e iniba a busca de melhoria. A velocidade e intensidade das mudanças condenam as organizações que se permitem à rotina. O dia a dia pode impedir a reflexão sobre o futuro; no dia a dia o urgente sobrepõe-se ao importante.

1.4 Inovação para Inovar

A inovação é o desafio do mundo contemporâneo e é também o instrumento que as pessoas e as organizações precisam utilizar para cogitar suas inserções no futuro.

O mundo prossegue mudando com base nas inovações tecnológicas e as novas plataformas que oferecem para processamento. As pessoas acessam seus documentos e funcionalidades, suas atividades de processamento e comunicação a partir de qualquer dispositivo, a qualquer hora em qualquer lugar. As organizações já alteram suas estruturas internas, minimizando também suas plataformas tecnológicas centrais e suas estruturas descentralizadas internas de tecnologia e intensificam a gestão, seus desenvolvimentos, seus serviços, a partir das facilidades oferecidas pelas plataformas na nuvem.

A computação em nuvem é mudança de paradigma no setor de tecnologia da informação diminuindo o custo de TI e provocando mudanças significativas de comportamento no uso da rede e acesso a dados. As plataformas de computação pessoal que alteraram a estrutura tecnológica, até então pensada de forma centralizada e no desempenho das diversas funcionalidades, cede lugar à computação móvel baseada em plataformas pessoais cada vez de menor custo e com sofisticadas capacidades de interatividade a partir das nuvens.

As mudanças decorrentes destas novas facilidades já estão transformando as relações entre as pessoas, através do fenômeno das redes sociais, e terão impacto de grande transformação nas estruturas dos negócios, nos serviços públicos, nas relações de trabalho, nas relações entre os atores dos sistemas de saúde, profissionais diversos e pacientes, nos processos judiciais, nos processos de produção, tudo caminhando para um patamar de transparência e de obscuridade inéditos para todos. Tudo está em mutação e todos serão afetados pelas mudanças.

Algumas mudanças já estão insinuadas como a capilaridade dos recursos computacionais, a difusão em larga escala de dispositivos móveis, a conectividade – o mundo na palma da mão - redução acentuada dos custos de produção, competição globalizada –, identificação e contratação de serviços -, comoditização de bens materiais, crescente importância dos aspectos imateriais dos bens e do trabalho – conhecimento, percepção, relacionamento, sensação de pertinência -, dissolução das formas estáveis de relacionamento com busca de espaços de inserção, tribalização dos hábitos e da cultura, mistura constante, estruturação e reestruturação - confesso, logo existo – posso, tenho, que falar de mim para quem quiser ouvir – intensificação do uso das redes sociais. As mudanças estão aí!

Que mudanças afetarão nossas vidas nos campos emocional, profissional, de entretenimento, da saúde, do comportamento, da legislação, do convívio? Como nos preparar para as mudanças? O que precisamos aprender, o que teremos que esquecer, o que teremos que transformar? Como será nossa vida, nas suas diversas dimensões no futuro próximo?

Certamente, inovação é palavra de ordem e em várias dimensões. Temos que aprender a lidar com inovações que praticamente nos são impostas, mas teremos também que aprender a inovar.

1.5 Inovação - a única saída para o futuro é inovar

A velocidade com que as mudanças ocorrem cria dificuldades para o modelo de aquisição de tecnologia, que pensa a tecnologia como um processo exógeno dos ambientes de produção. Há dificuldades para assimilação de novas tecnologias por parte de atores que não estão engajados no processo de criação. Atualmente é o aprendizado permanente que habilita a inovação.

Para as atividades produtivas é cada vez mais difícil comprar tecnologia pronta; como usar a nova tecnologia? As novas tecnologias estão, muitas das vezes, imbricadas com várias outras tecnologias e, sobretudo, com conhecimentos que evoluem permanentemente. Não é mais comprar e usar, o processo não é discreto, é contínuo. A forma mais eficiente, em muitos casos, talvez a única, é participar do processo de construção, absorver conhecimento novo e se preparar para inovar, para criar o novo e se habilitar ao uso, à aplicação, acompanhando as mudanças contextuais nas quais a novidade está imersa. Os agentes de produção de todo porte precisam participar de processos de pesquisa e desenvolvimento para poderem inovar constantemente – principalmente os pequenos e médios. As tecnologias da informação e da comunicação são impulsionadoras desta participação e aceleradoras do processo de criação de conhecimento que vai desaguar no processo de inovação. É fundamental que os agentes da produção estejam ligados a centros de pesquisa para participar do processo de assimilação do conhecimento, e se habilitar à transferência de tecnologia e à inovação.

Inovações tecnológicas impactam os diferentes setores do complexo sistema social, econômico e político das sociedades contemporâneas. A utilização de um instrumento tecnológico implica a cocriação de conhecimento; são complexos os instrumentos, normalmente são complexas suas utilizações em processos de produção compartilhada.

Mas é relevante perceber que a introdução de uma inovação confere poder sobre os processos de produção onde ela será aplicada. A repetição da aplicação de inovações técnicas "dá poder" aos grupos inovadores, já que lhes concede iniciativa e capacidade de prosseguir inovando, preservando e ampliando a autonomia técnica. Esta "acumulação de autonomia e de confiança" pode ter mais valor que possível acumulação de capital e mais poder de redundar em uma inovação.

É também relevante perceber que a inovação pela via tecnológica altera a relação entre emprego e trabalho, salário e renda. A reestruturação da produção decorre de dois aspectos da inovação:

- Inovação tecnológica - diversos instrumentos das TICs, sobretudo redes.
- Inovação na gestão – gerência de cadeias globais de fornecimento, terceiriza-

ção, ilhas de produção, trabalho em equipe, condomínio industrial, Uberização etc.

O processo de Inovação, desde as observações dos ambientes envolvidos até a entrega de um novo ou modificado processo ou produto, passa por complexidades que exigem gestão especializada e atenta envolvendo várias competências.

A Figura 4 esquematiza algumas destas funcionalidades que articulam a gestão da inovação. As organizações precisam estar vigilantes a respeito de várias dimensões envolvendo agentes diversos, conhecimento, cultura, novas necessidades, criadas ou a serem criadas.

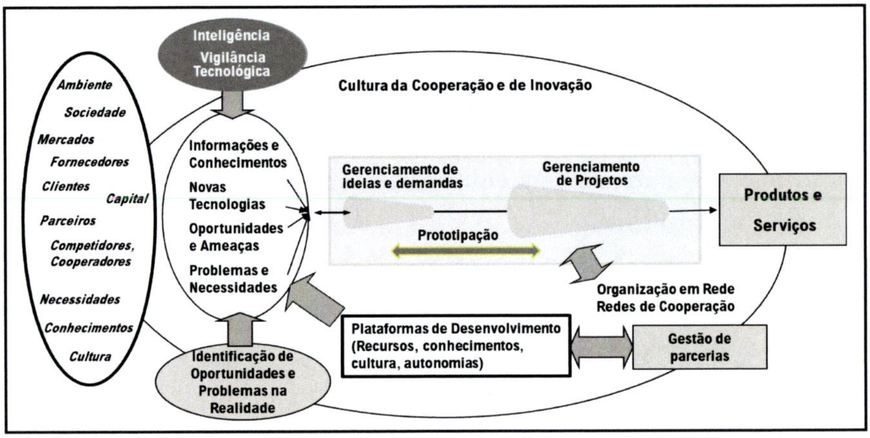

Figura 4 – Gestão da Inovação

Precisam manter atenta vigilância ao estado da arte da tecnologia. A velocidade das transformações tecnológicas, junto ao processo de globalização, afeta hoje qualquer organização. Apenas mediante um processo sistemático que administre a informação pertinente no momento oportuno, isto é, na tomada de decisões, é possível antecipar, tanto as ameaças, como as oportunidades derivadas das mudanças produzidas.

As funções básicas de um sistema de vigilância implicam em analisar e observar o que se passa no mercado. Seu foco é detectar as informações a tempo de participar do atendimento às novas e emergentes demandas com os processos e as tecnologias adequadas. Isto implica estudo permanente e acompanhamento atento aos movimentos dos ambientes de produção e de consumo. Mas, também implica atenção com processos legislativos em andamento, acordos internacionais em negociação etc. Muitos aspectos e dimensões podem afetar a organização e suas relações com o mercado, com o fracasso e com o sucesso.

- Antecipar Mudanças, estar atento a que novas tecnologias estão surgindo no mercado, mesmo que não seja de indústrias de mesmo tipo
- Reduzir riscos, detectar ameaças. Atenção a barreiras alfandegárias quando interagindo nos mercados exteriores
- Detectar ideias novas e novas soluções
- Desenvolver produtos já existentes, mas com tecnologia mais simples com menores preços
- Redirecionar investimentos quando perceber que um concorrente está num nível mais avançado
- Cooperar, cogitar novos sócios identificando os mais adequados em projetos conjuntos de pesquisa e desenvolvimento.

1.6 A Inovação na UERJ

Nos últimos 40 anos a UERJ passou por uma transformação no sentido do incentivo e da gestão da inovação através de várias iniciativas com destaque para os esforços de formação dos Docentes e na criação de estruturas para cuidar da Inovação, seu incentivo e formalização institucional de seus resultados.

Éramos 270 Docentes Doutores em 1992 e hoje, 2024, somos 2462, no total de 2900 docentes na UERJ; número superlativo que fala por si.

Não havia processos institucionais para catalogação e registro de Propriedade intelectual. Foram criados procedimentos formais e a UERJ tem hoje formalizados e registrados nos órgãos competentes102 ativos intelectuais, 934 patentes, 23 Marcas e 45 Programas de Computador.

Para incentivar pesquisas formais objetivando criação de conhecimento e de Propriedades Intelectuais, foram formalizados processos e criadas e as Unidades de Desenvolvimento Tecnológico - UDT.

Atualmente são 276 UDTs, Laboratórios de Pesquisas, com Bolsas Específicas, apoio e incentivos para criação de conhecimento e formalização de resultados e Registro de Propriedade Intelectual, onde couber, e na especificidade adequada.

Cursos de Inovação, nas suas diversas dimensões e manifestações, têm sido ministrados, sistematicamente, em todas as Unidades, destacando-se as iniciativas nas unidades da FEN, FCM, IME, IBRAG, FAT- RESENDE, IPRJ-FRIBURGO, QUÍMICA, ODONTO, NUTRIÇÃO, FARMÁCIA, PSICOLOGIA, HUPE E PPC.

Há atualmente desenvolvimento de projetos de Inovação em todas as Unidades da UERJ.

1.7 À Guisa de Conclusão

Toda possibilidade de evolução está centrada na pessoa, na sua iniciativa, na sua capacidade de aprender e de se engajar em inovação, em projetos de profundas mudanças que caracterizam este momento.

Tudo está em evolução concomitante

- A visão de futuro
- As estratégias
- As formas de organização
- As diretrizes e sistemáticas adotadas
- Os sistemas em uso
- As plataformas tecnológicas e suas utilizações
- As normas e procedimentos
- As práticas e os aspectos culturais

As organizações e a sociedade evoluem com a transformação provocada pelas pessoas; não há outro caminho.

A pessoa não é um recurso subordinado, é uma função de agregação. No processo de inovação é menos comandada e mais sustentada no seu desejo e esforço, no seu sentido do desenvolvimento.

Uma empresa é uma articulação entre inovação colaborativa, tecnologia enredada e modelos emergentes de negócio, com processos terceirizados, dirigida a clientes (serviços) e com produção entre pares, horizontal, cooperativa.

Tudo precisa ser reexaminado e atualizado à luz das emergências e na busca das melhores inserções nos ambientes políticos, econômicos e sociais.

As pessoas precisam ser incentivadas no sentido da iniciativa, engajamento, atitude sinérgica, ousadia, visualização do sucesso.

Inovação não é processo à parte, é parte do processo – incremental. É global comprometida com padrões abertos num esforço para diminuir barreiras geográficas para acesso à tecnologia.

Inovação é multidisciplinar, envolve complexidades porque exige mix de talentos.

As organizações e a sociedade precisam estimular o desenvolvimento de Líderes do Futuro possuidores de qualidades complexas: (Amana key)

- Estadista - Gestão do Poder
- Educador - Gestão de Contextos de Aprendizagem
- Integrador - Gestão de Atitudes e da Flexibilidade das Conexões
- Catalisador de Resultados - Gestão do Fazer Acontecer
- Técnico-Cientista - Gestão do Conhecimento
- Cultivador de Valores - Gestão do Servir
- Agente de Transformação - Gestão da Excelência do Todo
- Líder de Líderes - Gestão da Clareza e Transparência
- Diplomata-Negociador - Gestão da Harmonia Interna/Externa
- Pacificador - Gestão da Prosperidade do Todo
- Energizador - Gestão do Propósito e de Significado
- Estrategista-Futurista - Gestão de Ciclos de Evolução

O espaço do significado não é pacífico, vive imerso em discórdias, contradições, antagonismos. Podemos mesmo cogitar que o que nos faz progredir não são nossas certezas e tudo que afirmamos, mas sim, na abertura da visão, na tolerância e na reflexão, no cultivo permanente da dúvida e na busca de seu esclarecimento, no permanente questionamento. Entre a certeza e a dúvida reside um universo insondável, mas é aí que as perguntas e as respostas convivem no mesmo espaço, tempo, consciência. Com o surgimento da modernidade e sua avassaladora capacidade científica, a humanidade começou a produzir uma tecnologia de nível elevado, quando a maior parte da humanidade estava ainda nos níveis muito baixos de consciência moral.

Hoje, com a ascensão de poderosas tecnologias de segunda ordem – a produção de energia no nível quântico, a inteligência artificial (robótica), a engenharia genética sistemática, a nanotecnologia em escala mundial -, a humanidade enfrenta mais uma vez maior pesadelo: o crescimento galopante das tecnologias, sem que haja um crescimento equivalente na consciência interior e na sabedoria das pessoas para suas mais adequadas utilizações.

No século XX a consciência da relatividade de Einstein, da quântica de Plank, da complementaridade de Bohr, da incerteza e indeterminação de Heisenberg, a incompletude de Gödel, da neurociência, da tecnologia da informação etc. alteraram profundamente o curso separatista entre espiritualidade e ciência.

Há um novo mundo que pede uma nova pessoa que discuta a utopia da fraternidade. A pessoa moderna é um sujeito autônomo, emancipado pela ciência com a razão exercendo autoridade sobre mitos e valores tradicionais. É individualista, materialista, cartesiano e também fragmentado, egoísta e narcisista. Os pontos fortes deste sujeito são a vitalidade, a criatividade que, somados à vontade de experimentar novas ideias, transcendem os valores tradicionais.

O ser humano só é revelado em sua complexidade; é ao mesmo tempo, biológico e cultural. É impossível isolar o ser vivo de seu ecossistema, o indivíduo de sua sociedade, o sujeito do objeto. O objetivo do conhecimento não é descobrir o segredo do mundo, é dialogar com o mistério. O sujeito moderno é individualista, mas não sabe lidar com a solidão.

Numa visão espiritualista cada pessoa tem responsabilidade pelo seu próprio destino e pelo destino dos coletivos dos quais participa, no sentido, sobretudo, das escolhas pessoais. O Espiritualismo enfatiza a responsabilidade humana sobre o curso da história e sobre a vida e precisam ser privilegiadas as iniciativas que conspirem para a libertação da pessoa, no sentido de que cada uma seja protagonista de sua existência.

Referências Bibliográficas

1. AMANA-KEY, Programa de Gestão Avançada, https://amana-key.com.br/apg/, visitado em Novembro de 2019.
2. BEAUREGARD, Mario; O'LEARY, Denyse; O cérebro espiritual - uma explicação neurocientífica para a existência da alma; Editora BestSeller, Rio de Janeiro, 2010.
3. CAPRA, Fritjof; O Ponto de Mutação Cultrix, Rio de Janeiro, 2004.
4. CAPRA, Fritjof; O tao da física, Editora Cultrix, Rio de Janeiro, 1975.
5. CASANOVA, Pablo González; As novas ciências e as humanidades da academia à política, Editora BomTempo, São Paulo, 2006.
6. CASTEL, Robert; As metamorfoses da questão social, 5ª Edição, Editora Vozes, Petrópolis, 2005.
7. CHOPRA, Deepak; MLODINOW Leonard; Ciência x Espiritualidade, Dois pensadores, duas visões de mundo, Tradução: Claudio Carina, Editora Zahar, Rio de Janeiro, 2011.
8. COMTE-SPONVILLE, André; O espírito do ateísmo: introdução a uma espiritualidade sem Deus. Editora Martins Fontes, São Paulo, 2007.
9. DAMÁSIO, António R. E o Cérebro criou o Homem; Tradução: Laura Teixeira Motta; Editora Companhia das Letras; São Paulo, 2011.
10. DAMÁSIO, António R., O Erro de Descartes. Emoção, Razão e Cérebro Humano, 12ª edição, Lisboa, Publicações Europa-América, 1995.
11. DIVERSOS AUTORES, Tecnologia Social - uma estratégia para o desenvolvimento, Antonio E. Lassance Jr, Claiton José Mello, Eduardo José Siqueira Barbosa, Fabiana Alves Jardim, Flávio Cruvinel Brandão, Henrique Tahan Novaes, Jacqueline Rutkowski, Jacques de Oliveira Pena, Juçara Santiago Pedreira, Ladislau Dowbor, Martina Rillo Otero, Paul Singer, Renato Dagnino, Sidney Lianza, Silvio Caccio Bava, Sonia Maria Portella Kruppa, Editora Fundação Banco do Brasil, Rio de Janeiro, 2004.
12. GOSWAMI, Amit; REED Richard E.; GOSWAMI, Maggie. O Universo Autoconsciente - Como a consciência cria o mundo material. Editora Rosa dos Tempos, Rio de Janeiro, 2002.

13. KUHN, Thomas Samuel; A Estrutura das Revoluções Científicas. Perspectiva, São Paulo, 1975.
14. LASTRES, Helena M. M.; CASSIOLATO, José E.; ARROIO, Ana. (Organização), Conhecimento, Sistemas de Inovação e Desenvolvimento, Tradução de Ana Arroio, Editora Contraponto, UFRJ, Rio de Janeiro, 2005.
15. MANOVICH, Lev. Software takes control. Disponível na Internet em http:// softwarestudies.com/ softbook/ manovich_softbook_11_20_2008.pdf, acesso realizado em 30/11/2009.
16. MLODINOW, Leonard; CHOPRA, Deepak; Ciência x Espiritualidade Dois pensadores, duas visões do mundo. Sextante, Rio de Janeiro, 2011.
17. MLODINOW, Leonard; Subliminar Como o inconsciente influencia nossas vidas. Editora Zahar, Rio de Janeiro, 2012.
18. MURPHY, Stephen. Media Technologies, Cognition And Consciousness-Expansion. 2012. Extraído de http://assembleit.net/wp-content/uploads/2016/09/Media-Technologies-Cognition-and-Consciousness-Expansion.pdf, em Abril de 2017.
19. NICOLELIS, Miguel; Muito além do nosso eu, Editora Companhia das Letras, São Paulo, 2011.
20. NICOLESCU, Basarab, O manifesto da transdisciplinaridade, TRIOM, São Paulo, 1999.
21. NICOLESCU, Basarab. Conferência no Congresso International "A Responsabilidade da Universidade para com a Sociedade", International Association of Universities, Chulalongkorn University, Bangkok, Thailand, de 12 a 14 de novembro de 1997.
22. NONAKA, Ikujiro, TAKEUCHI, Hirotaka, The knowledge-creating company: how japanese companies create the dynamics of innovation, Oxford University Press, New York, 1995.
23. RANDOM, Michel, O Pensamento Transdisciplinar e o Real, entrevistas com: Michel Camus, Olivier Costa de Beauregard, Nicola Dallaporta, Jaqueline Kelen, Gilbert Durand, Roberto Juarroz, Lima de Freitas, Edgar Morin, Basarab Nicolescu, Philippe Quéau, Editora Trion, São Paulo, 2000.

24. RITTO, Antonio Carlos de Azevedo. Avaliação Transdisciplinar – Gestão e acompanhamento de intervenções, no Livro Governança: Estratégias de inovação na gestão, organização de RITTO, Antonio Carlos de Azevedo e CARVALHO, Marinilza Bruno. Editora Ciência Moderna, Rio de Janeiro, 2018
25. RITTO, Antonio Carlos de Azevedo, Organizações em Rede - ordem e caos na estruturação do trabalho. Monografia apresentada como exigência curricular para obtenção do Diploma do Curso de Altos Estudos de Política e Estratégia, Edição ESG, Rio de Janeiro, 2004a.
26. RITTO, Antonio Carlos de Azevedo. CARVALHO, Marinilza Bruno. Empreendedorismo e tecnologias inovadoras, Editora Ciência Moderna, Rio de Janeiro, 2018.
27. RITTO, Antonio Carlos de Azevedo. Consciência, Ciência e Espiritualidade, Capítulo do Livro Estudos da Consciência – A Consciência segundo diferentes linhas de pensamento, Editora Ciência Moderna, Rio de Janeiro, 2017.
28. RITTO, Antonio Carlos de Azevedo. Consciência, Ciência e Espiritualidade, Capítulo do Livro Estudos da Consciência – Compliance e Ética – Uma nova consciência em tempos de trabalhos em rede, Editora Ciência Moderna, Rio de Janeiro, 2019
29. RITTO, Antonio Carlos de Azevedo. Inovações Tecnológicas e Expansão da Consciência, no Livro Tecnologias Inovadoras e Expansão da Consciência, Editora Ciência Moderna, Rio de Janeiro, 2018.
30. RITTO, Antonio Carlos de Azevedo. Metodologia para produção de conhecimento socialmente robusto, Editora Ciência Moderna, Rio de Janeiro, 2010.
31. RITTO, Antonio Carlos de Azevedo. Organizações caórdicas – modelagem de organizações inovadoras. Editora Ciência Moderna, Rio de Janeiro, 2004.
32. TOURAINE, Alan; Um Novo Paradigma – para compreender o mundo de hoje, Tradução de Gentil Avelino Titton, Editora Vozes, Petrópolis, 2006.

Capítulo 2

Transformação Sustentável: Integrando Inovação Tecnológica e Cultural na UERJ

Alfredo Akira Ohnuma Junior, Luiz Fernando Martins Joia,
Lusiana Brandão Pessanha dos Santos,
Geraldo Luiz Ferreira Cerqueira.

2.1 Inovação tecnológica como elemento de integração de âmbito institucional

A inovação tecnológica é essencial para a promoção da sustentabilidade ambiental, pois oferece soluções criativas para os desafios atuais relacionados ao uso eficiente dos recursos naturais (Bazzo e Kubo, 2011). Projetos que combinam água, energia e alimentação são fundamentais, na medida em que reconhecem a interdependência desses elementos e buscam otimizá-los de maneira integrada e sustentável (Stefan, Paolo e Andrea, 2018).

No contexto da Universidade do Estado do Rio de Janeiro (UERJ), a implementação de sistemas de aproveitamento de água de chuva, energia solar, carregadores de veículos elétricos, coleta seletiva e alimentação sustentável representa um passo rumo à transformação social e cultural na instituição. Esses projetos não apenas proporcionam benefícios diretos em termos de eficiência energética e conservação de recursos, mas também promovem uma mudança de mentalidade entre estudantes, professores e funcionários, com incentivo às práticas mais responsáveis e sustentáveis (Rosa e Kantor, 2018).

A implantação de projetos de sistemas de aproveitamento de água de chuva, por exemplo, para irrigação de jardins, lavagem de pisos e descarga em bacias sanitárias não só reduz a dependência de recursos externos, mas também cria oportunidades educacionais e de engajamento da comunidade acadêmica (adaptado Hopwood, Mellor e O'Brien, 2005).

Além disso, os projetos possuem um impacto positivo na sociedade ao promover a integração da universidade com empresas e a sociedade, a partir da divulgação de pesquisas em eventos científicos. Ao resolver problemas reais com soluções inovadoras, a UERJ se posiciona como um modelo de liderança em sustentabilidade, demonstrando o valor da pesquisa aplicada e de engajamento social (Droste, Schaltegger e Ziegler, 2016). A colaboração com parceiros externos, incluindo empresas, governos e organizações não governamentais, amplia o alcance e a eficácia dessas iniciativas, como contribuição para um desenvolvimento mais sustentável e inclusivo (Hermann, Krozel e Zuellig, 2013).

Assim, a importância de projetos de inovação tecnológica no âmbito da sustentabilidade ambiental na UERJ é considerada, além de integrada, multifacetada. Os projetos constituem-se não apenas de modo auxiliar na conservação de recursos e redução de impactos ambientais, mas também como medida de avaliação de desempenho no papel de transformação da cultura institucional e de integração com a sociedade. Esses projetos demonstram como a inovação pode ser uma ferramenta poderosa para resolver problemas complexos de maneira criativa e eficaz, promovendo um futuro mais sustentável (Bazzo e Kubo, 2011; Rosa e Kantor, 2018).

O objetivo principal deste capítulo é explorar e destacar a importância da implantação de projetos de inovação tecnológica, em especial do Projeto Integra UERJ, com foco na sustentabilidade ambiental na Universidade do Estado do Rio de Janeiro (UERJ). Especificamente, o capítulo visa apresentar como a integração de sistemas de aproveitamento de água de chuva, energia solar, carregadores de veículos elétricos, alimentação sustentável e programas de coleta seletiva contribuem para a transformação social e cultural de forma institucional, promovendo uma gestão eficiente dos recursos e uma maior integração com a comunidade acadêmica. Além disso, o capítulo busca demonstrar como essas iniciativas podem servir como modelo de liderança sustentável, incentivando a adoção de práticas inovadoras e responsáveis, tanto na academia, quanto na comunidade, em geral.

2.2 Problemática e justificativa para a implementação de projetos ambientais inovadores na UERJ

A necessidade de práticas sustentáveis com tecnologias inovadoras tem sido cada vez mais aplicadas em diversos setores da sociedade, no sentido de enfrentar os desafios ambientais contemporâneos. A Universidade do Estado do Rio de Janeiro (UERJ), como instituição pública de ensino, pesquisa e extensão reconhece a urgência, quanto à implantação de projetos ambiciosos capazes de integrar ações que visem uma gestão mais sustentável, em relação ao uso da água, energia, alimentação e geração de resíduos sólidos.

De forma geral, os projetos de inovação na UERJ visam não apenas a redução do impacto ambiental da instituição, mas também na promoção de uma mudança cultural que inspire a comunidade acadêmica e a sociedade.

A implantação de projetos ambientais na UERJ baseia-se em problemáticas ambientais e sociais, como: a escassez de recursos hídricos, o aumento da demanda por energia não-renovável, a necessidade de redução de poluentes atmosféricos e geração de resíduos sólidos e o aumento da demanda por uma alimentação mais saudável no Restaurante Universitário da UERJ, são questões fundamentais que exigem soluções inovadoras e integradas (adaptado Bazzo e Kubo, 2011).

2.3 Projetos de inovação tecnológica e sustentável na UERJ

Projetos tecnológicos podem ser aplicados em uma instituição de ensino, de modo a se constituírem como resposta aos diversos problemas ambientais e como elementos de apoio na integração entre as demandas institucionais.

Sistemas de aproveitamento de água de chuva, por exemplo, surgem como uma medida eficaz à crescente escassez hídrica. Em muitos locais, incluindo regiões urbanas do Brasil, a demanda por água potável tem superado a capacidade de abastecimento e distribuição, agravada por uso indiscriminado, adensamento populacional, urbanização desordenada e irregularidade na sazonalidade climática. Sistemas de captação, tratamento, armazenamento e distribuição de água de chuva podem aliviar a pressão sobre os sistemas de abastecimento de água convencionais, na medida em que fornecem uma fonte alternativa para usos não potáveis, como descarga em bacias sanitárias, irrigação e limpeza (Hopwood, Mellor e O'Brien, 2005).

A Figura 1 ilustra o projeto do sistema de aproveitamento de água de chuva, em atendimento às demandas de uso da água não potável no Restaurante Universitário (RU) da UERJ. Composto por 6 reservatórios inferiores de 15 m³ e 4 reservatórios superiores de 5 m³, com capacidade de armazenamento e aproveitamento da água da chuva de 110 m³ ou 110.000 litros, o volume total é capaz de atender parte da demanda de água não potável da instituição, com benefícios sociais, ambientais e econômicos, além da promoção de pesquisas e estudos aplicados a gestão hídrica no campus.

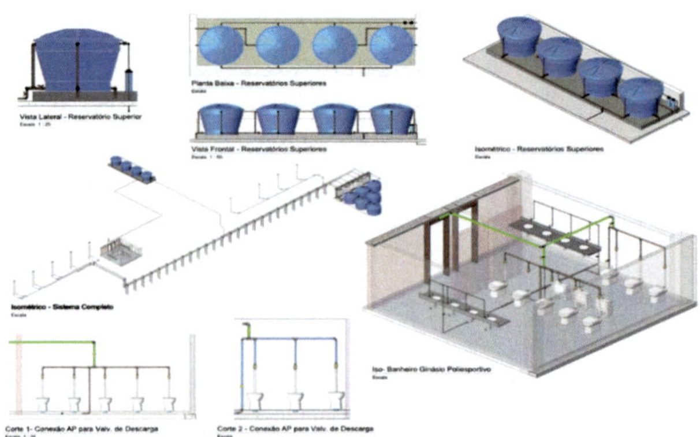

Figura 1 – Projeto de implantação do sistema de aproveitamento de água da chuva na UERJ (CALLADO, 2023)

Sistemas fotovoltaicos, com aproveitamento da energia solar, por sua vez representam uma alternativa viável e sustentável para a geração de eletricidade, especialmente em um país com alta incidência solar como a cidade do Rio de Janeiro-RJ, Brasil. A instalação de painéis solares na UERJ não apenas reduz a dependência de fontes de energia não renováveis, mas também diminui os custos operacionais da instituição a longo prazo (Stefan, Paolo e Andrea, 2018).

Outra medida eficaz, é a instalação de carregadores de veículos elétricos capaz de atender a uma necessidade crescente de infraestrutura de apoio à mobilidade urbana, na transição para transportes mais limpos. Veículos elétricos emitem significativamente menos poluentes em comparação com os veículos movidos a combustíveis fósseis, contribuindo para a melhoria da qualidade do ar e a mitigação das mudanças climáticas (Hermann, Krozel e Zuellig, 2013).

As Figuras 2 e 3 apresentam o projeto de implantação do sistema carport solar com placas fotovoltaicas e capacidade de potência pico de 24,75 KWp.

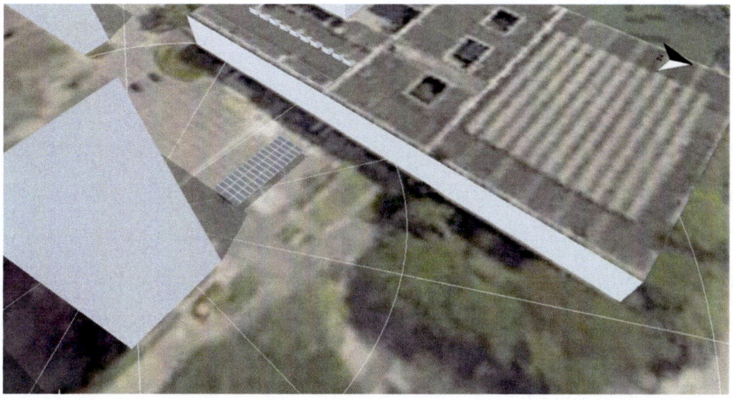

Figura 2 – Layout de implantação do sistema de aproveitamento de energia solar na UERJ (SEED, 2023)

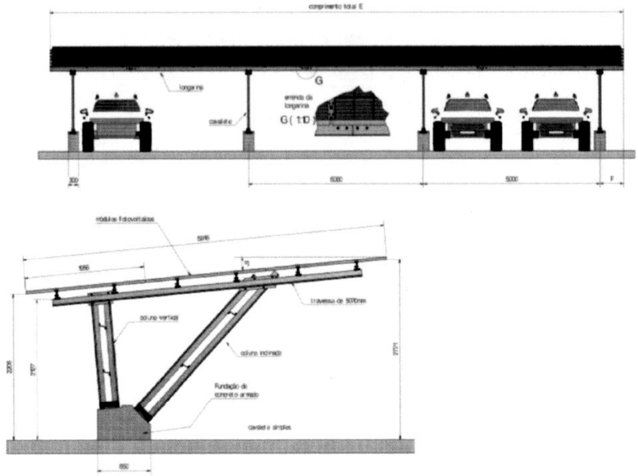

Figura 3 – Projeto de estrutura do sistema Carport Solar na UERJ (SEED, 2023)

Os carports solares para carregadores de veículos elétricos representam uma solução inovadora e sustentável que integra a produção de energia renovável com a mobilidade elétrica. São sistemas que oferecem uma série de benefícios ambientais e econômicos, na promoção de um ambiente sustentável, rumo a uma transição energética institucional.

A adoção de uma alimentação mais saudável e sustentável no Restaurante Universitário da UERJ atende a uma promoção da saúde e bem-estar de estudantes, professores e técnicos-administrativos, em geral da instituição. Práticas alimentares sustentáveis podem contribuir para a redução do impacto ambiental da instituição, na medida em que utilizam menos recursos, como por exemplo, na redução das pegadas de carbono e hídrica. A integração da dimensão "alimentação" ao projeto existente de sustentabilidade reforça a abordagem holística que o projeto busca alcançar, a partir de uma abordagem que atenda às necessidades alimentares, junto com a gestão de água e energia.

De maneira complementar aos projetos relacionados à abordagem do nexo água, energia e alimentação, a implantação de um programa de coleta seletiva na Universidade do Estado do Rio de Janeiro (UERJ) pode trazer diversos benefícios para a gestão integrada e colaborativa dos resíduos sólidos na instituição. A gestão eficiente dos resíduos sólidos tem se tornado um desafio crescente para instituições de ensino superior, que geram uma variedade significativa de resíduos diariamente. A implantação de um programa de coleta seletiva na UERJ pode transformar esse desafio em uma oportunidade de desenvolvimento sustentável e de educação ambiental para a comunidade acadêmica.

Desse modo, como metodologia de inovação, no contexto ambiental, o Projeto Integra UERJ aborda o Nexus Água, Energia e Alimentação ou WEF como uma forma de apresentar de maneira mais explícita a interconexão entre esses três fatores, água, energia, que somado à alimentação sustentável, representa o quanto podem estar interligados, e são interdependentes para o alcance do equilíbrio socioambiental. Para Hoff (2011) a premissa principal da abordagem Nexus é que as conexões entre água, energia e alimentação (WEF) são cada vez mais interdependentes e o impacto de um dos setores pode afetar os demais.

Essa interligação busca o equilíbrio em um setor pautado no desenvolvimento dos outros (Figura 4), onde é possível estabelecer a relação ou interconexão e interdependência entre dois ou mais setores (Ferroukhi et al., 2015).

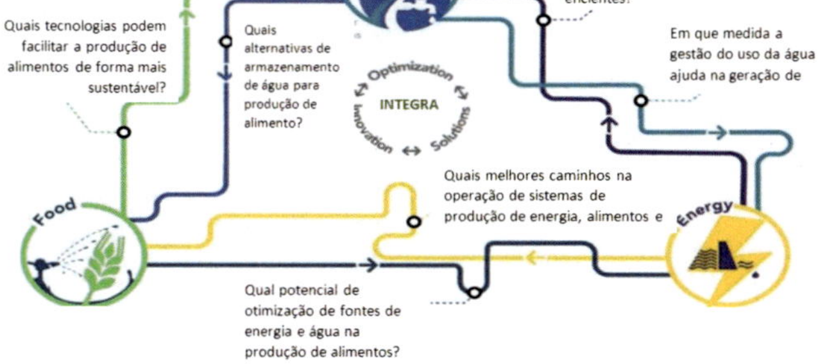

Figura 4 – Interconexão e relações entre água, energia e alimentação como medidas de integração e sustentabilidade

Energia e água são recursos intimamente ligados, fundamentais para o crescimento urbano e o funcionamento de atividades básicas como: provisão de água, tratamento de efluentes e abastecimento elétrico (Larsen e Drews, 2019). A conexão entre os elementos discute questões como, por exemplo, o armazenamento de água de forma sustentável pode garantir o aumento da eficiência na produção de alimentos ou como o uso de tecnologias de energia renovável podem favorecer a otimização de processos internos na gestão do uso da água e na produção de alimentos.

Os projetos citados compõem ações do projeto intitulado "INTEGRA UERJ, a nova Política de Inovação da UERJ, empreendedorismo e inovação articulando e Integrando Ações da UERJ", no âmbito do Edital nº 24/2021 – Programa de Apoio à Ações Integradas de Inovação em Instituições de Ciência e Tecnologia Fluminenses", com apoio da Fundação de Amparo à Pesquisa do Estado do Rio de Janeiro (FAPERJ), Processo E-26/290.133/2021, sob a coordenação da Profª Marinilza Bruno de Carvalho. A Célula Meio Ambiente obteve apoio fundamental da Prefeitura dos Campi da UERJ, em especial do Departamento de Arquitetura e Engenharia (DAENG), Divisão de Arquitetura (DIARQ) e Divisão de Instalações (DINST).

2.4 Importância e consequências da implantação de ações de sustentabilidade do projeto Integra UERJ

No aspecto ambiental, o projeto Integra UERJ, de forma geral, representa um avanço, quanto à transformação institucional, na medida em que promove a implementação de ações capazes de garantir a sustentabilidade de recursos e o fortalecimento de estruturas de apoio ao ensino, pesquisa e extensão.

2.5 Integração curricular no Ensino

A inclusão de projetos de sustentabilidade nos conteúdos curriculares dos cursos da UERJ, de Engenharia, em geral, Ciências Biológicas, Ciências Ambientais,

Geografia, Arquitetura e Urbanismo, Nutrição e Administração e outros, pode enriquecer o conhecimento acadêmico e proporcionar uma experiência prática aos alunos, onde terão a oportunidade de aprender sobre tecnologias sustentáveis e sua aplicação prática, promovendo assim uma educação mais abrangente e atualizada.

A Tabela 1 apresenta os principais benefícios que os cursos da UERJ podem obter, em função da implantação de projetos de sustentabilidade aplicados a instituição.

Tabela 1 – Benefícios de projetos de sustentabilidade aplicados aos cursos de graduação da UERJ

Curso	Benefícios dos Projetos de Sustentabilidade
Engenharia Ambiental	Estudos práticos sobre gestão de recursos hídricos, energias renováveis e gestão de resíduos sólidos. Aulas práticas e projetos em campo dentro do campus.
Engenharia Civil	Aplicação de conceitos de captação e uso de água de chuva, eficiência energética em construções, e projetos de infraestrutura sustentável.
Engenharia Elétrica	Experiência prática com sistemas de energia solar, desenvolvimento de redes elétricas sustentáveis e integração de fontes renováveis de energia.
Engenharia Mecânica	Estudos sobre eficiência energética, energias renováveis e projetos de sistemas mecânicos sustentáveis.
Ciências Biológicas	Pesquisas sobre biodiversidade, impacto ambiental de práticas sustentáveis, e desenvolvimento de projetos de conservação e uso sustentável dos recursos naturais.
Ciências Ambientais	Foco em políticas ambientais, gestão de recursos naturais, e práticas de sustentabilidade aplicadas ao meio urbano e rural.
Geografia	Estudos sobre mudanças climáticas, uso e ocupação do solo, e planejamento ambiental urbano.
Arquitetura e Urbanismo	Desenvolvimento de projetos sustentáveis, arquitetura bioclimática, e planejamento urbano sustentável.
Nutrição	Estudos sobre alimentação sustentável, hortas urbanas, e impacto ambiental da produção de alimentos.

Curso	Benefícios dos Projetos de Sustentabilidade
Administração	Gestão de projetos sustentáveis, responsabilidade social corporativa, e desenvolvimento de estratégias para sustentabilidade empresarial.

2.6 Apoio aos Laboratórios Acadêmicos

A implantação de sistemas de aproveitamento de água de chuva, energia solar e programas de coleta seletiva atuam como "laboratórios vivos" em diversas disciplinas, dos cursos de Engenharia, Ciências Ambientais e de Gestão, em geral, de modo que os estudantes possam realizar experimentos e projetos práticos, aumentando o engajamento e a compreensão dos conceitos teóricos.

2.7 Incentivo à Pesquisa

A implementação de novas tecnologias e ações, de maneira aplicada, como de sistemas de aproveitamento de água de chuva, energia solar, programas de coleta seletiva e alimentação saudável no Restaurante Universitário da UERJ, constituem um ambiente propício para a pesquisa e o desenvolvimento de soluções sustentáveis, em diversos programas de pós-graduação (Tabela 2). Desse modo, pesquisadores podem avaliar a eficiência, a viabilidade e o impacto dessas tecnologias, gerando novos conhecimentos e inovações.

Tabela 2 – Benefícios de projetos de sustentabilidade aplicados aos programas de pós-graduação da UERJ

Programa de Pós-Graduação	Benefícios dos projetos de sustentabilidade
Engenharia Ambiental	Pesquisa avançada sobre tecnologias sustentáveis, impacto ambiental e desenvolvimento de soluções inovadoras para problemas ambientais.
Ciências Ambientais	Estudos interdisciplinares sobre sustentabilidade, políticas ambientais e gestão de recursos naturais.

Programa de Pós-Graduação	Benefícios dos projetos de sustentabilidade
Energia	Pesquisa sobre energias renováveis, eficiência energética e desenvolvimento de novas tecnologias para geração e armazenamento de energia.
Engenharia Civil	Estudos avançados sobre infraestrutura sustentável, gestão de recursos hídricos e materiais de construção sustentáveis.
Sustentabilidade	Pesquisa e desenvolvimento de estratégias de sustentabilidade em diferentes setores, integração de práticas sustentáveis em políticas públicas e empresariais.
Ciências Biológicas	Pesquisa sobre conservação da biodiversidade, impacto ambiental de práticas sustentáveis e desenvolvimento de biotecnologias verdes.
Geografia	Estudos avançados sobre planejamento ambiental, mudanças climáticas e gestão territorial sustentável.
Administração	Pesquisa sobre gestão sustentável, responsabilidade social corporativa e estratégias empresariais para sustentabilidade.

2.8 Parcerias e Financiamentos

Projetos sustentáveis, de maneira aplicada, podem atrair parcerias com empresas, ONGs e órgãos governamentais, bem como financiamentos específicos para pesquisa em sustentabilidade. As ações, uma vez implantadas, promovem maior capacidade de investimento em pesquisa e desenvolvimento, além de oportunidades de colaboração interinstitucional.

A obtenção de parcerias e financiamentos de projetos de sustentabilidade na UERJ envolve uma abordagem estratégica que inclui:

- identificação de interessados na elaboração de propostas técnicas e científicas, em editais de agências de pesquisa, como CNPq, FINEP e FAPERJ. A equipe do projeto pode estar composta de pesquisadores, tanto da instituição, como demais parceiros, empresas, ONG's e poder público. O objetivo do projeto deve estar alinhado com benefícios mútuos, de acordo com ações que possam assegurar o suporte necessário para o desenvolvimento de pesquisas e produtos inovadores que contribuam para a sustentabilidade e o avanço institucional da UERJ;

- estabelecimento de networking em eventos, conferências e plataformas de colaboração e captação de recursos;

- elaboração e divulgação de relatórios de impactos, de modo aumentar a credibilidade e o reconhecimento do projeto.

2.9 Percepção e mudança de cultura a partir de projetos sustentáveis aplicados à UERJ

Na implantação de projetos de sustentabilidade, relacionados ao Nexo água, energia, alimentação e resíduos sólidos, apresentam como principais benefícios aos envolvidos o(a):

i. **desenvolvimento de habilidades** a partir da participação em projetos de sustentabilidade relacionados às práticas de gestão de recursos, inovação tecnológica e práticas sustentáveis;

ii. **sensibilização ambiental** com a promoção de uma maior conscientização sobre a importância da sustentabilidade e práticas ecológicas;

iii. **capacitação**, na medida em que permite a contribuição de cada envolvido o processo de realização e aprendizado com resultados tangíveis de ações sustentáveis.

Na equipe do projeto, a colaboração e o trabalho em conjunto fortalecem a coesão do grupo em um objetivo comum, bem como a capacitação profissional oferece oportunidades de treinamento em novas tecnologias e práticas sustentáveis, além de aumentar a motivação e o engajamento ao trabalhar em projetos com impacto positivo e significativo.

Os projetos também atuam no sentido de melhorar a infraestrutura laboratorial, na medida em que propõe o desenvolvimento de tecnologias que podem ser testadas e aplicadas no âmbito local, com potencial de submissão de patentes de metodologias e produtos de sistemas de captação de água de chuva e energia solar. Junto aos grupos de pesquisa da instituição, os projetos também constituem um ambiente rico para pesquisa prática e desenvolvimento de novas soluções sustentáveis. Recursos e financiamentos, a partir de editais de fomento à pesquisa, também podem ser obtidos para novos projetos de sustentabilidade ou em continuidade aos projetos existentes.

A Figura 5 ilustra a importância dos projetos de sustentabilidade, quanto à percepção acadêmica e respectivos potenciais benefícios institucionais.

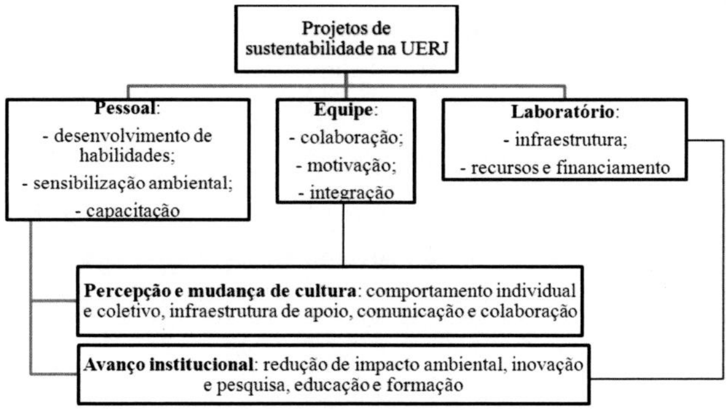

Figura 5 – Percepção e impactos dos projetos de sustentabilidade na UERJ

Quanto à percepção e mudança de cultura na UERJ, sobretudo em relação à transformação social de forma sustentável e mudança de paradigmas, pode-se elencar os pontos da Tabela 3. De forma geral, a transformação sustentável pode ser observada como uma mudança de paradigma institucional, que requer esforços de todos os envolvidos, a partir de aspectos relacionados ao comportamento individual e coletivos, bem como estruturantes, em laboratórios de ensino e pesquisa. As observações indicam uma mudança cultural em direção à sustentabilidade, com a UERJ se posicionando como um modelo de liderança e inovação em práticas sustentáveis.

Tabela 3 – Percepção cultural e transformação sustentável de projetos da UERJ

Aspecto	**Observações de Mudança**
Comportamento dos Estudantes e Funcionários	- Uso reduzido de recursos (água, energia); - Participação em programas de reciclagem; - Engajamento em eventos e *workshops* de sustentabilidade e - Iniciativas individuais e coletivas sustentáveis.
Mudanças Curriculares	- Inclusão de disciplinas focadas em sustentabilidade; - Desenvolvimento de projetos interdisciplinares; - Aumento de teses e dissertações sobre sustentabilidade e - Maior participação em conferências e publicações científicas.
Infraestrutura e Ambiente Físico	- Instalação de sistemas de energia solar; - Captação e uso de água da chuva; - Construção de edifícios sustentáveis (LEED) e - Criação de áreas verdes e hortas comunitárias.
Comunicação e Divulgação	- Campanhas visuais e informativos sobre sustentabilidade; - Uso de mídias sociais para promover práticas sustentáveis; - Publicação de relatórios de sustentabilidade e - Coleta de feedback da comunidade acadêmica.
Colaboração e Parcerias	- Parcerias com ONGs e empresas para projetos sustentáveis; - Desenvolvimento de projetos comunitários e - Participação em redes globais de universidades sustentáveis.

Aspecto	Observações de Mudança
Impactos Tangíveis	- Dados de redução de emissões de gases de efeito estufa; - Estatísticas de economia de água e energia e - Recebimento de prêmios e certificações de sustentabilidade.

adaptado Hermann, Krozel e Zuellig, 2013; Hopwood, Mellor e O'Brien, 2005; Silva, 2010).

2.10 Sustentabilidade aplicada à Projetos de Extensão em benefício da sociedade

A partir da criação de programas comunitários, a UERJ pode desenvolver programas de extensão que levem o conhecimento sobre tecnologias sustentáveis para a comunidade local, promovendo a educação ambiental. Dessa forma, a comunidade externa pode se beneficiar do conhecimento técnico de práticas sustentáveis aplicadas na instituição, de modo a garantir uma melhor qualidade de vida e de conscientização ambiental.

De modo geral, a extensão universitária se fortalece ao promover a interação entre a universidade e a sociedade, a partir da aplicação do conhecimento acadêmico em benefício público.

Na implantação de medidas de sustentabilidade ambiental, a UERJ se beneficia também da economia de recursos com a utilização de água de chuva e energia solar, que pode reduzir os custos operacionais da instituição. Os recursos economizados podem ser reinvestidos em outras áreas da universidade, como infraestrutura e programas acadêmicos.

A redução do impacto ambiental a UERJ pode ser observado, na medida em que, por exemplo, programas de coleta seletiva e o uso de energia renovável ajudam a diminuir a pegada ecológica da instituição. Dessa forma, essas ações contribuem para a preservação do meio ambiente e para a imagem institucional da UERJ como líder em sustentabilidade.

A formação de cidadãos conscientes pode ser observada, a partir da exposição dos alunos às práticas sustentáveis implantadas, que contribui para a formação de profissionais e cidadãos mais conscientes e comprometidos com a sustentabilidade. A difusão do conhecimento e dos valores adquiridos pelos estudantes durante o processo de ensino e aprendizagem poderão ser propagados para suas futuras carreiras e comunidades.

A implantação de sistemas de aproveitamento de água de chuva, energia solar, alimentação sustentável e programas de coleta seletiva na UERJ fortalece assim as estruturas de apoio ao ensino, pesquisa e extensão ao integrar práticas sustentáveis ao cotidiano acadêmico. Essas iniciativas não só proporcionam benefícios diretos à instituição e à comunidade acadêmica, mas também promovem uma cultura de sustentabilidade, com potencial de divulgação e conscientização junto a sociedade, em geral.

Na integração com a sociedade, os projetos de sustentabilidade aplicados têm como potencial: o enfrentamento de desafios, o desenvolvimento de tecnologias inovadoras, o estabelecimento de parcerias e colaborações e o incentivo às práticas sociais, como descrito na Tabela 4.

Tabela 4 – Projetos de sustentabilidades aplicados na UERJ e de integração com a sociedade

Projeto de sustentabilidade	**Enfrentamento de desafios**	**Desenvolvimento de tecnologias**	**Parcerias e colaborações**	**Integração e impacto social**
Aproveitamento de Água de Chuva	Gestão eficiente dos recursos hídricos, redução do risco de enchentes urbanas	Desenvolvimento de sistemas eficientes de captação, tratamento e armazenamento, como filtros de separação de poluentes atmosféricos	Parcerias com empresas de saneamento e órgãos governamentais para implementação em áreas públicas e privadas	Educação e conscientização sobre conservação da água e práticas de uso sustentável

Projeto de sustentabilidade	**Enfrentamento de desafios**	**Desenvolvimento de tecnologias**	**Parcerias e colaborações**	**Integração e impacto social**
Energia Solar	Redução da dependência de fontes não renováveis, mitigação das mudanças climáticas	Pesquisa e desenvolvimento de tecnologias solares mais eficientes, incluindo painéis, armazenamento e microgeração	Colaborações com empresas de energia renovável, incentivos fiscais e subsídios governamentais	Redução da pegada de carbono, promoção de uma cultura de sustentabilidade
Coleta Seletiva	Redução do volume de resíduos em aterros, promoção da reciclagem	Criação de tecnologias para separação automática de resíduos, otimização da logística de coleta	Trabalho com cooperativas de catadores e empresas de reciclagem, inclusão social	Criação de empregos verdes, promoção de uma cultura de reciclagem e responsabilidade ambiental
Alimentação Sustentável	Promoção da segurança alimentar e saúde pública, redução do desperdício de alimentos	Desenvolvimento de métodos de cultivo urbano, como hortas comunitárias e técnicas de compostagem	Parcerias com produtores locais, mercados orgânicos e ONGs para promover alimentação saudável e sustentável	Melhoria da saúde pública, incentivo ao consumo consciente, impactos positivos na qualidade de vida

De maneira adicional, os projetos de (1) aproveitamento de água de chuva podem ser usados em campanhas educativas de sensibilização à comunidade sobre a importância da conservação da água; (2) energia solar sugerem incluir programas de treinamento para estudantes e comunidade sobre instalação e manutenção de sistemas solares; (3) coleta seletiva permitem o envolvimento de projetos de pesquisa sobre novos materiais recicláveis e métodos de reciclagem inovadores e (4) alimentação sustentável podem promover workshops e eventos de culinária sustentável para a comunidade universitária e local.

2.11 Considerações Finais

A implementação de projetos de inovação tecnológica e cultural na UERJ, no contexto do projeto Integra UERJ, representa um impacto significativo na transformação institucional, rumo à mudança de paradigma cultural e à sustentabilidade. Os projetos não apenas melhoram a eficiência no uso de recursos naturais, como água e energia, mas também promovem uma mudança de comportamento entre estudantes, professores e funcionários, incentivando práticas mais responsáveis e sustentáveis.

A implantação de sistemas de aproveitamento de água de chuva, energia solar, carregadores de veículos elétricos, coleta seletiva e alimentação sustentável são exemplos de como a inovação pode ser aplicada de forma integrada a instituição para resolver problemas ambientais complexos. Esses projetos têm a capacidade de reduzir a dependência de recursos externos, diminuir os custos operacionais e promover uma educação mais prática e atualizada.

Além disso, a integração dos projetos ao currículo e aos laboratórios acadêmicos enriquece o conhecimento dos alunos, de modo a proporcionar uma experiência prática com tecnologias sustentáveis. O apoio à pesquisa e o desenvolvimento de novas soluções também são incentivados, a partir de um ambiente propício para a inovação contínua.

A UERJ, ao implementar essas ações, posiciona-se como um modelo de liderança em sustentabilidade, com valor de pesquisa aplicada e engajamento acadêmico e social. A colaboração com parceiros internos e externos, sobretudo da Prefeitura dos Campi e de empresas, possibilitou o alcance e a eficácia das iniciativas.

Em termos de percepção e mudança de cultura, os projetos sustentáveis implementados têm promovido a conscientização ambiental e a capacitação dos envolvidos, a partir do fortalecimento e coesão do grupo, com motivação e engajamento. A infraestrutura laboratorial melhorada e os recursos adicionais obtidos através de parcerias e financiamentos são outros benefícios tangíveis das ações implementadas.

Em resumo, os projetos de inovação tecnológica e cultural na UERJ representam um avanço na transformação cultural de maneira sustentável da instituição. As ações, uma vez implementadas, demonstram como a inovação pode ser uma ferramenta poderosa na resolução de conflitos e desafios ambientais, de modo a promover um ambiente mais sustentável, integrando os atores internos da universidade, com potencial de transferência do conhecimento junto a sociedade, em geral, além da contribuição na formação de cidadãos mais conscientes e comprometidos com a sustentabilidade.

Referências Bibliográficas

1. Bazzo, W. A.; Kubo, R. B. Inovação tecnológica e sustentabilidade: desafios contemporâneos. Revista Brasileira de Ensino de Ciência e Tecnologia, v. 4, n. 2, p. 1-15, 2011. Disponível em: https://periodicos.utfpr.edu.br/rbect/article/view/1127. Acesso em: 24 jul. 2024.

2. Callado, R.M. Modelagem e dimensionamento das instalações hidráulicas prediais do sistema de aproveitamento de água da chuva do restaurante universitário da UERJ. Trabalho de Conclusão de Curso. Engenharia Civil. Universidade do Estado do Rio de Janeiro. 2023.

3. Droste, N.; Schaltegger, S.; Ziegler, R. Sustainable entrepreneurship: The role of perceived barriers and drivers for the growth intentions of entrepreneurs. International Journal of Entrepreneurial Behavior & Research, v. 22, n. 6, p. 804-830, 2016. Disponível em: https://www.emerald.com/insight/content/doi/10.1108/IJEBR-02-2016-0080/full/html. Acesso em: 24 jul. 2024.

4. Ferroukhi, Rabea; Nagpal, Divyam; Lopez-Peña, Alvaro and Hodges, Troy; Mohtar, Rabi; Daher, Bassel; Mohtar, Samia and Keulertz, Martin. Renewable Energy in the Water, Energy & Food Nexus. International Renewable Energy Agency (IRENA). Texas A&M University and Purdue University. January 2015.

5. Hermann, B. G.; Krozel, V.; Zuellig, R. Innovative technologies for sustainable development: perspectives on future technologies. Clean Technologies and Environmental Policy, v. 15, n. 3, p. 1-12, 2013. Disponível em: https://link.springer.com/article/10.1007/s10098-013-0605-1. Acesso em: 24 jul. 2024.

6. Hopwood, B.; Mellor, M.; O'Brien, G. Sustainable development: mapping different approaches. Sustainable Development, v. 13, n. 1, p. 38-52, 2005. Disponível em: https://onlinelibrary.wiley.com/doi/abs/10.1002/sd.244. Acesso em: 24 jul. 2024.

7. Larsen, M. A. D.; Drews, M. Water use in electricity generation for water-energy nexus analyses: The European case. Science of The Total Environment, Volume 651, Part 2, 15 February 2019, Pages 2044-2058. https://doi.org/10.1016/j.scitotenv.2018.10.045

8. Rosa, P.; Kantor, L. Impactos da sustentabilidade na educação superior: análise das iniciativas de instituições brasileiras. Revista Eletrônica de Educação, v. 12, n. 1, p. 79-98, 2018. Disponível em: https://www.reveduc.ufscar.br/index.php/reveduc/article/view/2043. Acesso em: 24 jul. 2024.

9. SEED Energia Solar. Estudo de viabilidade técnica e econômica do Projeto Solar Fotovoltaico, serviços de instalação, gestão e execução do projeto na UERJ. 2022.

10. Silva, M. E. Educação ambiental e coleta seletiva em instituições de ensino superior. Revista de Educação Ambiental, v. 25, n. 2, p. 123-134, 2010. Disponível em: https://www.scielo.br/j/rema/a/HJMRX3HFVVJ8LRH7DGPJ5FJ/?lang=pt. Acesso em: 24 jul. 2024.

11. Stefan, M.; Paolo, R.; Andrea, C. Water-Energy-Food Nexus: Toward Sustainable Development Goals. Frontiers in Environmental Science, v. 6, p. 1-9, 2018. Disponível em: https://www.frontiersin.org/articles/10.3389/fenvs.2018.00135/full. Acesso em: 24 jul. 2024.

Capítulo 3

Tecnologias Educacionais, Empreendedorismo e Inovação como Agentes promotores de mudança Institucional.

Profa Maria Isabel de Castro de Souza

As universidades têm uma importante contribuição na formação de profissionais para o mercado de trabalho contudo, sua missão tem sido ampliada, seguindo as transformações e complexidade da sociedade. O desenvolvimento científico e tecnológico nos espaços acadêmicos beneficiou a humanidade com suas inovações em todas as áreas de conhecimento.

Vivenciamos uma era de transformação e disrupção na área de educação geradas por eventos mundiais que alavancam ou, muitas vezes, catapultam, mudanças sociais e tecnológicas. As tecnologias digitais de informação e comunicação e novas metodologias de ensino, trazem em si a necessidade de repensarmos o modelo tradicional de educação. (RITTO, 2017)

Uma Instituição de Ensino Superior (IES) é um ambiente inovador, pois nele reside a produção e difusão de conhecimento, por outro lado, é também um ambiente resistente a processos de mudança, considerando que discutir o empreendedorismo e inovação em uma instituição pública pode ser um choque para um ambiente onde a burocracia é característica predominante. MARQUES (2016)

A maior barreira para qualquer tipo de processo de mudança encontra-se na resistência a mudanças. Romper com o que existe e estabelecer mudanças através de seus atores ou por políticas institucionais dependem de ações incrementais. (AUDY, 2017)

O desenvolvimento de atividades de educação nos temas de empreendedorismo e inovação, por meio de propostas pedagógicas de cunho teórico e prático e, contextualizadas no ambiente universitário, vai de encontro as políticas brasileiras de Ciência, Tecnologia e Inovação (CTI) que visam o desenvolvimento econômico e social das regiões e do país.

Segundo ETZKOWITZ e ZHOU (2017), esse novo papel das IES reforça a teoria da Hélice Tríplice do sistema de Inovação, no qual a universidade é um dos pilares, junto ao governo e às empresas, tendo como finalidade transformar o conhecimento científico em inovação tecnológica.

Além disso, o uso de ações e atividades de empreendedorismo e inovação em uma instituição de ensino superior (IES) pode trazer benefícios individuais e coletivos, tanto para as equipes e setores envolvidos quanto para a mudança de cultura dentro da instituição, quanto para gestão administrativa.

O fomento institucional à cultura de inovação contribui para a mudança de cultura dentro de uma IES, ao incentivar a busca por soluções criativas e inovadoras, novas oportunidades e ao aprendizado contínuo, criando assim um ciclo virtuoso, tendo como base a pesquisa, vetor o empreendedorismo e a inovação, capital social como força propulsora e consequência, o desenvolvimento. (Figura 1)

Figura 1 – Ciclo virtuoso da cultura de inovação.

Neste sentido, a Célula da Educação do Projeto INTEGRA/UERJ/Faperj traz em seu nascedouro a perspectiva de instigar a criatividade, habilidades e competências na comunidade uerjiana, através de diferentes ambientes e metodologias.

Promover ações educacionais baseadas em tecnologias e metodologias ativas que contribuam para a educação em empreendedorismo e inovação, interagindo e integrando espaços diversos, estimular a capacitação, desenvolver habilidades e competências que reforcem o perfil empreendedor, foram metas cumpridas mantendo a determinação constitucional relacionada à indissociabilidade entre ensino, pesquisa e extensão e oferecidas aos professores, estudante e técnicos da UERJ. (Figura 2)

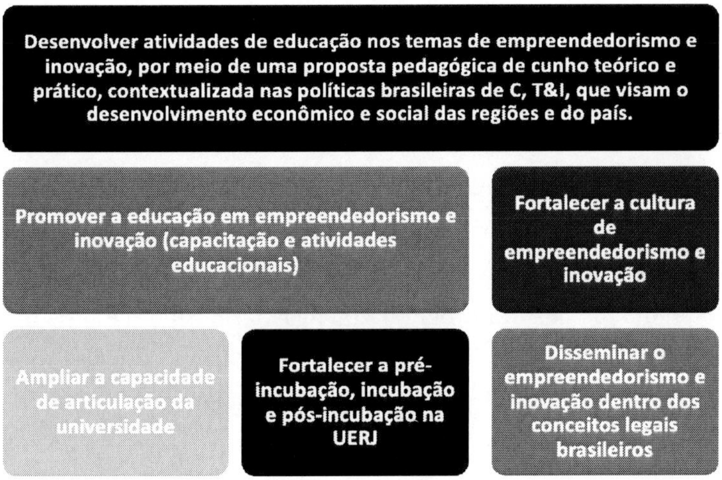

Figura 2 – Desafios da Célula da Educação.

As ações realizadas cumpriram papel importante para articulação entre a comunidade interna da universidade, empresas juniores e incubadas e, setores da sociedade. Essa colaboração entre diferentes áreas promoveu a troca de conhecimentos, a diversidade de perspectivas e o fortalecimento das relações entre os membros da instituição.

Este simples e complexo ecossistema promoveu um ambiente de trocas atrativo para pessoas com diferentes habilidades e competências que puderam experimentar novas experiências, incentivando talentos (criativos e empreendedores) e novas perspectivas para a instituição.

A estratégia das ações seguiu dois conceitos principais: 1) o uso das tecnologias no processo de ensino-aprendizagem, capacitação e treinamento e, 2) o entendimento das IES como ferramentas promotoras do processo de desenvolvimento econômico e social numa nova relação entre ensino, pesquisa e extensão. Neste sentido, destacaremos as ações como:

- Educação e Capacitação
- Educação e Hackathons
- Educação e FabLab
- Educação e plataformas/repositórios virtuais

3.1 Educação e Capacitação

Similar a um Bootcamp, os cursos de capacitação para comunidade da UERJ foram representados por um programa intensivo, que abordaram a exposição de teorias, estudo de casos, *networking* e intercâmbio de experiências com carga horária de 45 horas, sendo trazidos e trabalhados problemas da universidade.

O pensamento criativo foi desenvolvido como um fio condutor para a inovação e atitude criativa de seus participantes, sendo essencial para o desenvolvimento de um profissional, suas atividades e sua instituição - inovação e progressão dependem do fomento de aspectos criativos. (ALBUQUERQUE, 2013)

O principal objetivo desta atividade foi atuar como instrumento de inovação fomentando e desenvolvendo novas ideias, projetos, produtos ou serviços dentro do ambiente acadêmico e, promover uma capacitação aos participantes juntamente com a transferência de *know-how* sobre metodologias ativas na formação de novos tutores dentro da universidade.

As abordagens metodológicas foram pautadas na educação empreendedora de forma imersiva com momentos de exploração (divergência) e definição (convergência), aproximando problemas em diferentes perspectivas.

As abordagens metodológicas do curso Ideação envolveram:

- Trilha de ideação: no formato online, para aquisição do conhecimento da testagem problema-solução com entregáveis das diferentes etapas;

- Workshops: encontros online responsáveis por apresentar conteúdos-chave e promover a discussão conjunta entre os participantes e tutores, assim como facilitar a absorção do entendimento de conhecimentos adquiridos;

- Tutorias: encontros online com tutores da UERJ, com foco em apoio personalizado para a construção dos desafios particulares.

A realização dessa jornada permitiu apoiar os mecanismos da universidade em seus desafios, auxiliar na transformação dos mecanismos em modelos de negócio sustentáveis e, estruturar projetos que possam seguir adiante, suportados e apoiados pelos mecanismos da UERJ.

Sendo assim, aplicação deste programa de ideação cumpriu o objetivo de desenvolver pessoas e ideias dentro da Universidade do Estado do Rio de Janeiro, buscando ideias inovadoras para transformar o ambiente acadêmico em um ecossistema que possibilite o fomento e desenvolvimento de projetos pessoais ou profissionais, produtos ou serviços e, atuando como instrumento facilitador e capacitante.

3.2 Educação e hackathons

Um dos maiores desafios da educação é tornar seu processo mais atrativo para estimular o protagonismo do estudante.

O relatório do futuro do trabalho publicado em 2020 pelo Fórum Econômico Mundial destacou 15 habilidades para o profissional do futuro que estão em consonância com o Relatório para a Unesco da Comissão Internacional sobre Educação para o Século XXI: 1) aprender a conhecer; 2) aprender a fazer; 3) aprender a conviver e 4) aprender a ser. Este novo perfil profissional dialoga com a mudança dos processos de ensino-aprendizagem, incluindo nelas as tecnologias educacionais. (DOURADO, 2023)

As maratonas tecnológicas também conhecidas como *hackathons* foram aplicadas áreas da universidade em diferentes versões e formatos, integrando sempre as três categorias da comunidade: professores, técnicos e estudantes.

Um evento de competição de projetos, envolvendo separadamente diferentes perfis, tendo como pano de fundo novas tecnologias, problemas reais da universidade e sustentabilidade.

O objetivo principal desta atividade da Célula da Educação foi proporcionar uma experiência de desenvolvimento de soluções voltadas para problemas relevantes com participação ativa de uma equipe multidisciplinar em um ambiente preparado para interação e colaboração e ferramentas para desenvolvimento e prototipagem.

A metodologia de execução para todos os eventos foi baseada em dois principais momentos: preparatório e imersão ("mão na massa").

O momento preparatório, geralmente via plataforma online, foi composto por conteúdos balanceados sobre a temática proposta e ferramentas para desenvolvimento das *softskills*.

Já o momento de imersão proporcionou aos participantes das equipes uma vivência com o grupo de pessoas ou setores demandantes do problema ("dor").

As equipes passavam por mentorias e bancas para apresentação final de suas soluções com pitch de 3 ou 5 minutos.

Na grande maioria dos eventos, a formação das equipes foi proposta pela coordenação da atividade, o que possibilitou uma maior integração entre diferentes perfis da universidade.

O desenvolvimento desta metodologia ativa de educação se mostrou uma abordagem inovadora na UERJ, engajadora e criativa para integrar áreas e perfis, destacando sua capacidade interdisciplinar, atrativo para a comunidade que vivenciou diferentes problemas em áreas do conhecimento distintas.

3.3 Educação e FabLabs

Um FabLab (do termo em inglês *fabrication laboratory)* é um ambiente no qual agrega-se o referencial teórico com a liberdade de criação, inovação, compartilhamento de projetos e trabalho em equipe.

Estes espaços de construção e desenvolvimento de conhecimento são considerados plataformas de prototipagem rápida de objetos físicos e fornecem estímulo ao empreendedorismo e ao aprendizado coletivo. (EYCHENNE e NEVES, 2013)

É um ambiente que propicia o aprendizado multidisciplinar, estimulando a abordagem pessoal de problemas, com o objetivo de despertar em seus usuários o prazer pelo trabalho em equipe e busca do conhecimento, autonomia e iniciativa.

Sua grande inovação encontra-se na abertura de diferentes tecnologias para todos os usuários e na troca de experiências entre diferentes públicos, sendo um fator primordial no desenvolvimento e democratização de soluções.

Os métodos de ensino tradicionais centrados no professor e conteúdo dão espaço a abordagem pedagógica das metodologias ativas, cujo principal foco e objetivo é colocar o aluno como protagonista de seu próprio processo de ensino-aprendizagem. (MARTINS e AZEVEDO, 2022)

Cabe destacar que este é um espaço que permite o uso de diferentes metodologias ativas como: a sala de aula invertida, a rotação por estações, a aprendizagem por pares, o ensino sob medida, a aprendizagem baseada em equipes, a aprendizagem baseada em problemas, a aprendizagem baseada em projetos, a gamificação, o estudo de casos e a aprendizagem baseada em jogos. (ALCANTARA, 2020) Ou seja, é um ambiente que permite aos seus usuários experimentar diferentes formas de desenvolvimento do conhecimento.

O desenvolvimento de ambientes estilo FabLab na nossa instituição proporcionou a interdisciplinaridade e o trabalho em equipe para resolver problemas reais da UERJ, assim como o desenvolvimento de outras habilidades e competências através de projetos que se iniciaram com a identificação de um problema e a ideação de soluções.

3.4 Educação e plataformas/repositórios virtuais

A utilização de ambientes virtuais (vitrines tecnológicas) por uma universidade pode ser uma ferramenta importante para o suporte ao armazenamento e difusão da informação em ciência e tecnologia das soluções e serviços gerados por ela. Este tipo de ferramenta proporciona a aproximação entre a sua própria comunidade e também com a sociedade.

Porém, para que as informações em ciência e tecnologia, disponibilizadas nas vitrines tecnológicas, desempenhem todo o seu potencial, é necessário que elas sejam acessíveis, recuperáveis e usuais, de forma a torná-las um ativo significativo para dar visibilidade às criações tecnológicas. (MELO, 2018)

A tríade que é alicerce do ambiente universitário passa a ter um caráter não só profissionalizante mas também de introdução de novos modelos de educação, pesquisa e desenvolvimento de ciência e tecnologia, incentivado pela Lei de Inovação (Lei 10.973, de 2 de dezembro de 2004), que estimulou a incorporação maior do empreendedorismo e inovação.

O uso do ambiente virtual, não só como repositório, mas como agente de transmissão da informação dos produtos e serviços tecnológicos da universidade, mas também para que ela mesma tenha conhecimento de seus campos de atuação e possibilidades de integração, tornando-se indispensável.

A coleta de informações envolveu as empresas juniores e abordou as ações e atividades dos três pilares (graduação, pesquisa, extensão) em diferentes linhas de apresentação: vídeos, podcasts, materiais didáticos, produtos e serviços. (Figura 3)

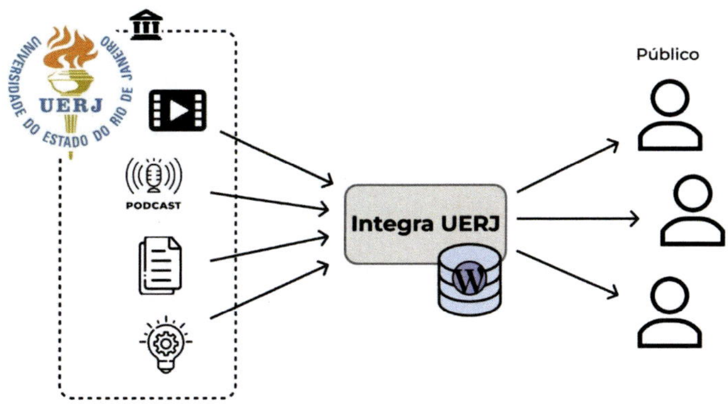

Figura 3 – Montagem básica da vitrine tecnológica de empreendedorismo e inovação.

Nesse sentido, as vitrines tecnológicas atuam como meio de transmissão dessas informações e como forma de apresentação de suas aplicabilidades ao setor privado.

3.5 Considerações Finais

As ações de empreendedorismo e inovação da Célula da Educação proporcionaram um ambiente propício para o desenvolvimento da criatividade e do pensamento crítico na UERJ.

Ao envolver as equipes e setores distintos da instituição foi possível estimular a geração de novas ideias, a busca por soluções inovadoras e o desenvolvimento de habilidades empreendedoras em todos os seus participantes.

As atividades propostas promoveram um ambiente de aprendizado prático, no qual os participantes e setores da instituição puderam desenvolver habilidades e competências essenciais para a atuação na instituição como também no futuro mercado de trabalho: pensamento crítico, resolução de problemas, trabalho em equipe, liderança, gestão de projetos e capacidade de adaptação.

O estímulo à interdisciplinaridade e colaboração permitiu o reconhecimento de outras áreas pelos participantes auxiliando e sensibilizando as equipes a encontrar soluções inovadoras e abordar desafios complexos.

Sob a ótica dos estudantes, o estímulo ao empreendedorismo e à inovação dentro de uma instituição de ensino superior pode preparar os estudantes para a realidade do mercado de trabalho, no qual habilidades empreendedoras e a capacidade de inovar são cada vez mais valorizadas.

Sob a perspectiva dos servidores técnicos, as atividades proporcionaram a integração com outras áreas de conhecimento distintas de seus setores e o desenvolvimento de habilidade e competências que possam melhorar suas atribuições.

Sob a visão dos servidores docentes, as atividades propostas puderam aproximar as metodologias ativas de suas práticas nas disciplinas, bem como o conhecimento e interlocução com diferentes setores da universidade.

O uso de projetos de empreendedorismo e inovação em uma instituição de ensino superior é importante pois estimula a criatividade, fomenta uma cultura de inovação, desenvolve habilidades e competências, promove a interdisciplinaridade e colaboração, e prepara os estudantes para o mercado de trabalho. Essas consequências resultam em equipes mais engajadas, setores mais eficientes e uma instituição de ensino superior mais preparada para os desafios do futuro.

Referências Bibliográficas

1. ALBUQUERQUE, E.M. Inovação em Celso Furtado:criatividade humana e crítica ao capitalismo. Belo Horizonte: UFMG/CEDEPLAR, 2013.

2. ALCANTARA, E.F.S. (organizadora). Inovação e renovação acadêmica: guia prático

3. de utilização de metodologias e técnicas ativas. Volta Redonda: FERP, 2020.

4. AUDY, J. A inovação, o desenvolvimento e o papel da Universidade. Estudos Avançados, v. 31, n. 90, p. 75-87, 1 maio 2017.

5. BRISCOE, G.; Mulligan, C. Digital Innovation: The Hackathon Phenomenon. Londres, 2019.

6. DOURADO, ASX. O hackathon como uma proposta de aprendizagem baseada em problemas em saúde e meio ambiente na Educação Básica. Trabalho Conclusão de Curso. Universidade Federal de Pernambuco, 2023

7. DUARTE, S. M. Os impactos do modelo tradicional de ensino na transposição didática e no fracasso escolar. 2018. Tese de Doutorado. Universidade Fernando Pessoa (Portugal).

8. EYCHENNE, F.; NEVES, H. Fab Lab: A Vanguarda da Nova Revolução Industrial. São Paulo: Editorial Fab Lab Brasil, 2013.

9. ETZKOWITZ, H. e ZHOU, C. Hélice Tríplice: inovação e

empreendedorismo -indústria-governo.Estudos Avançados, v. 31, n. 90, 2017.

10. MARQUES, T. W. R. O empreendedorismo universitário pela dinâmica da ação empreendedora no Centro de Informática da Federal de Pernambuco. 2016. 120 f. Dissertação (Mestrado Profissional em Administração) — Universidade Federal de Pernambuco, Recife-PE, 2016. Disponível em: https://repositorio.ufpe.br/handle/123456789/25061.

11. MARTINS, G.; AZEVEDO, G. X. Metodologias ativas: um caminho de novas possibilidades. Goiânia: IGM, 2022.

12. MELO, J.S. Proposta de reestruturação da vitrine tecnológica da Universidade de Brasília sob a perspectiva da arquitetura da informação. 2018. 89f. Dissertação (Mestrado Profissional em Propriedade Intelectual e Transferência de Tecnologia para a Inovação) – Universidade de Brasília.

13. MONTEIRO, P. O. et al. Educação, inovação e empreendedorismo: a universidade e o seu novo papel na sociedade. Revista Brasileira de Gestão e Desenvolvimento Regional, v. 15, n. 6, 2019.

14. NASCIMENTO, J. L.; FEITOSA, R. A. Metodologias ativas, com foco nos processos de ensino e aprendizagem. Research, Society and Development, v. 9, n. 9, p. e622997551-e622997551, 2020.

15. RITTO, A.C.A. et al. Tecnologias inovadoras e expansão da consciência. Editora Ciência Moderna Ltda. Rio de Janeiro, 2017.

Capítulo 4

Construindo Sustentabilidade e Empreendedorismo com a Serra Jr. Engenharia

Ana Cristina Fontes Moreira
Leticia dos Santos Aguillera

4.1 UERJ em Nova Friburgo e o Projeto INTEGRA-UERJ

A UERJ em Nova Friburgo teve o privilégio de contribuir e participar do Projeto INTEGRA - UERJ através das atividades de hackathons promovidos e parcerias estabelecidas com a empresa júnior pela célula de educação do projeto. Participamos de dois hackathons: o Hack 2030 e o Hack na Ilha, em ambos alcançamos com muita honra, o primeiro lugar! A participação no Hack 2030 deu visibilidade a esta unidade acadêmica tão distante da UERJ Maracanã, proporcionando interação e integração em outros setores da universidade.O Hack na Ilha tornou evidente a necessidade de implementar a cultura de sustentabilidade em nosso curso de graduação. Nos dois hackathons a professora Ana Cristina Fontes Moreira foi a líder do Serra HackClub.

A Serra Jr Engenharia, empresa júnior da UERJ em Nova Friburgo, coordenada pela professora Letícia dos Santos Aguilera, fez parte da equipe de desenvolvimento da plataforma INTEGRA do mesmo projeto, além de ter sido contemplada com investimentos para a criação do primeiro FabLab da UERJ, o tão planejado e almejado SerraLab. A sua inauguração ocorreu em julho de 2024 e contou com a participação de membros ativos e egressos da Serra Jr Engenharia, em conjunto com Hackathon Serra Sirius, evento de integração entre a Serra Jr. Engenharia, através do SerraLab, e a Rede Sirius de bibliotecas da UERJ.

Neste capítulo serão apresentados os resultados dessa parceria e os impactos identificados para a comunidade UERJ em Nova Friburgo.

4.2 UERJ em Nova Friburgo - um pouco de história

A UERJ se tornou presente em Nova Friburgo em maio de 1993, quando o Instituto Politécnico (IPRJ), anteriormente vinculado à Secretaria de Estado de Ciência e Tecnologia, foi incorporado à Universidade do Estado do Rio de Janeiro como Campus Regional. A pesquisa *stricto-sensu* e o empreendedorismo foram as primeiras iniciativas no recém incorporado IPRJ. Em 1995 foi criada a Incubadora de Empresas de Base Tecnológica (IEBTec) e o programa de pós-graduação em Modelagem Computacional. Em seguida, em 1999 foi aberta a primeira turma do curso de graduação em Engenharia Mecânica que completa 25 anos neste ano de 2024. A unidade acadêmica foi criada em 2001 vinculada ao Centro de Tecnologia e Ciências (CTC) e possui um corpo docente integralmente titulado em nível de doutorado nas áreas de matemática, física, engenharia e materiais. Em 2008 foi aberta a primeira turma de graduação em Engenharia de Computação, completando a oferta de cursos de graduação da UERJ em Nova Friburgo.

Em 2011, devido às intensas chuvas que atingiram a região serrana do Estado do Rio, o acesso às instalações da UERJ em Nova Friburgo foi afetado. Por esse motivo, no início de 2012 o campus mudou de endereço, passando a se situar em dois prédios localizados junto às instalações da Fábrica Triumph (antiga Fábrica Filó), em local central e de fácil acesso.

A UERJ em Nova Friburgo tem tido uma atuação direta na formação de engenheiros empreendedores buscando estabelecer um relacionamento de cooperação com o setor empresarial, através da Incubadora de Empresas de Base Tecnológica (IEBTec) e com a empresa júnior, a Serra Jr Engenharia. Desta forma, é dada a oportunidade aos estudantes de iniciarem atividades de consultoria e formulação de inovações tecnológicas, sob a supervisão de docentes, abrindo o caminho para que venham a constituir empresas de base tecnológica. Alguns passarão então da situação de candidatos a emprego à situação de empregadores. Além disso, mesmo aqueles, provavelmente a maioria, que venham a procurar emprego em um mercado de trabalho que está cada vez mais restrito a profissionais de alto nível e bem preparados, se beneficiam do contato com o empreendedorismo, uma vez que a sua permanência em uma empresa, centro de pesquisa ou universidade poderá estar relacionada à sua atitude inovadora, criativa e empreendedora ao abordar os problemas a serem equacionados.

Em números, a UERJ em Nova Friburgo (IPRJ) é constituída atualmente por 300 estudantes do curso de Engenharia Mecânica, 200 estudantes do curso de Engenharia de Computação, 67 estudantes dos cursos de Mestrado e Doutorado no Programa de Pós Graduação em Modelagem Computacional e 19 estudantes do curso de Mestrado do Programa de Pós Graduação em Ciência e Tecnologia de Materiais.

4.3 A extensão universitária na UERJ em Nova Friburgo: o IPRJ e o envolvimento com a sua comunidade

As atividades de extensão na unidade IPRJ (UERJ em Nova Friburgo) têm crescido de forma significativa nos últimos anos, este comportamento pode ser explicado pela renovação do corpo docente que a unidade vem vivenciando ao longo dos últimos anos e a necessidade da integralização curricular da extensão nos cursos de graduação, conforme prevê a Resolução nº 7/2018 do CNE/CES.

A extensão universitária é definida como a realização de ações integradas à matriz curricular através de processos interdisciplinares que perpassam atividades educacionais, culturais, científicas e tecnológicas, que juntas atuam na transformação da sociedade, através da difusão e produção de conhecimento articulado com o ensino e a pesquisa.

As atividades de extensão na UERJ podem ser desenvolvidas através de programas, projetos, cursos, eventos e prestações de serviços. Após 24 anos da abertura da primeira turma de graduação na unidade acadêmica, em 2023, foi implementado o primeiro programa de extensão: ECOS - Educação Com Sustentabilidade, através do AEDA 045/2023. Os programas são resultado da existência de projetos de extensão na mesma área de atuação, representando o crescimento em ações de extensão da unidade. A figura 1 mostra a evolução do número de projetos ativos na unidade ao longo da última década, alcançando o valor atual de 44 projetos ativos.

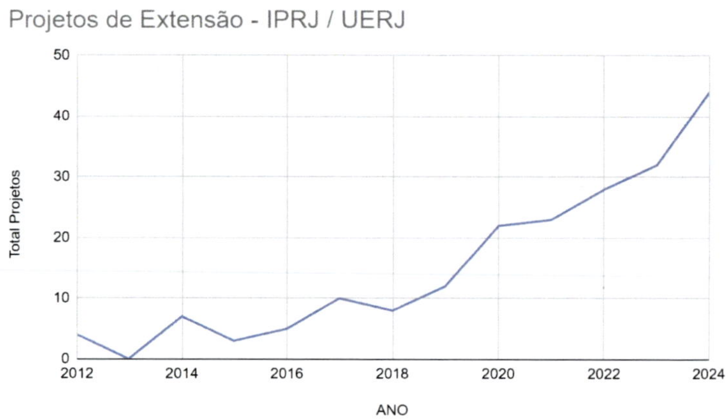

Figura 1: Número de projetos ativos na UERJ/IPRJ entre 2012 e 2024.

Fonte: autores, 2024

As áreas temáticas de atuação destes projetos são, na maioria (70%), em tecnologia e produção, e educação, que se correlacionam de forma mais direta com os cursos de graduação da unidade e com o corpo docente, majoritariamente nas áreas de ciências exatas e engenharias. As áreas temáticas de comunicação e meio ambiente surgem de forma mais reduzida, em cerca de 20% dos projetos, e podem ser consideradas áreas transversais e interdisciplinares, tornando-se mais próximas às necessidades e demandas da sociedade.

A cidade de Nova Friburgo está localizada na região serrana do Estado do Rio de Janeiro, a uma distância de 136 km da capital fluminense. Ocupa uma área de 935,429 Km^2 e possui, além da região central, os seguintes distritos: Riograndina, Campo do Coelho, Amparo, Lumiar, Conselheiro Paulino, São Pedro da Serra e Mury. As principais atividades econômicas são baseadas em: indústria metalúrgica, moda íntima, olericultura, caprinocultura e indústria têxteis e de confecção e turismo.

A cidade possui cerca de 200 mil habitantes, distribuídos entre a região urbana (centro), área rural (Campo do coelho, Rio Grandina, Amparo) e áreas de proteção ambiental, como Lumiar e São Pedro da Serra. É na região de Macaé de cima que se encontra a nascente do Rio Macaé, assim como outros importantes atrativos ambientais se destacam na cidade, Monumento Natural Pedra do Cão Sentado, Parque Estadual dos Três Picos, Encontro dos Rios, e muitos outros (IBGE, 2024).

Este cenário municipal mostra diversas oportunidades de atuação para a UERJ, e certamente o projeto INTEGRA foi uma importante ferramenta para o desenvolvimento interno da instituição, podendo intensificar as ações de extensão, pesquisa e ensino.

4.4 A Serra Jr. Engenharia

A Serra Jr. Engenharia, um projeto de extensão do IPRJ, iniciou sua trajetória em 2002. Em seu website (https://www.serrajr.eng.br), a empresa oferece um panorama detalhado de seu histórico, portfólio, serviços e informações de contato, refletindo sua jornada de crescimento e compromisso com a excelência.

A Serra Jr. Engenharia conta atualmente com 26 membros, promovendo o engajamento do corpo discente nas atividades extracurriculares da instituição, contribuindo, com a formação acadêmica complementada pelas experiências empresariais obtidas na Empresa Júnior. A Serra Jr. Engenharia, vem se firmando como uma alternativa de fomento ao empreendedorismo universitário, tornando-se mais um exemplo do sucesso do movimento das empresas juniores no Brasil.

A cidade de Nova Friburgo, onde a Serra Jr. Engenharia atua, tem seu mercado produtivo voltado para o terceiro setor e o segmento metalmecânico. São nestas áreas de mercado que a empresa júnior tem oferecido seus produtos de serviços de consultoria tecnológica (sites, automação, desenho técnico e modelagem 3D e sistemas WEB).

No decorrer dos últimos anos a Serra Jr. Engenharia passou por alguns momentos de reconstrução. De forma sucinta podemos citar os acontecimentos em ordem cronológica: 2011, o ano das tragédias climáticas na região serrana no Rio de Janeiro, deixando a empresa inativa por 2 anos; 2013 - o ano do soerguimento da empresa - reestruturação física e administrativa; 2014 - retomada de negócios - oferecimento de produtos/projetos no setor produtivo local. Embora progredindo com limitações, a Serra Jr. Engenharia vem se reestruturando para oferecer serviços de qualidade para a indústria e comércio regionais. Em 2017 a empresa esteve no auge do processo de federação junto à Rio Júnior (Federação das Empresas Juniores no Estado do Rio de Janeiro). Isto garantiu à Serra Jr. Engenharia a credibilidade frente ao mercado estadual e o pioneirismo na região centro-norte fluminense, sendo a primeira empresa júnior federada na área em que está inserida. Tal feito permitiu a ampliação do raio de prospecção de clientes, bem como o aumento da gama de serviços.

A Serra Jr. Engenharia coloca-se como alternativa viável ao momento econômico vigente tanto para o setor produtivo quanto para os discentes que fazem parte dela. Ao participar da empresa júnior o estudante amplia suas competências teóricas com a prática de gestão empresarial e elaboração e execução de projetos técnicos na área de mecânica e computação. Portanto, as empresas juniores no geral são celeiros de estímulo da inovação, cooperativismo, comprometimento e responsabilidades no âmbito das universidades, assim como proporcionam efetivar na prática os ensinamentos obtidos ao longo da caminhada acadêmica.

O movimento de empresas juniores é bem conhecido e data de 1989, quando o movimento se iniciou no Brasil, inserindo nas universidades o empreendedorismo como ferramenta de complementação profissional dos estudantes (RODRIGUES, 2017). As empresas juniores foram legalmente estruturadas e suas atividades inseridas como extensão nas instituições de ensino em 2016, através da Lei nº 13.267 de 06 de abril de 2016 (BRASIL, 2016). Numa relação mútua entre a universidade, discentes, docentes e empresas, a empresa júnior torna-se uma ferramenta didática de ensino para todos os envolvidos no processo. Torna-se orgânica a relação entre o ensino (teoria), a pesquisa (desenvolvimento tecnológico) e a extensão (serviços oferecidos ao setor produtivo e comunidade geral), na forma como atua a empresa júnior. Além de possibilitar a introdução de habilidades e capacidades importantes no mundo empresarial, como: trabalho em grupo, habilidades gerenciais e de negociar com clientes e fornecedores, criatividade, oratória, liderança e o respeito à liderança e proatividade, antecipando funções profissionais que se estabelecem no mercado de trabalho e nas organizações.

Muitas ações têm sido realizadas com impacto na formação dos estudantes. Os estudantes que ingressaram participaram de trilhas de aprendizagem voltadas para capacitação técnica. Um programa de capacitação em destaque foi o Serra Jr.: dia a dia no mercado de trabalho, contribuindo com a aprendizagem de ferramentas de gestão de equipe mais eficientes com controle de ações através do Trello e sistema de gamificação das atividades executadas. Outros programas de capacitação oferecidos rotineiramente são: Introdução ao SolidWorks, Introdução ao Arduíno, Desenho Técnico e Prototipagem 3D, Montagem, manuseio e manutenção de impressoras 3D, Introdução ao desenvolvimento web (*React and React Native*) e Ferramentas de BackEnd (programação). A experiência discente na empresa júnior é, sem dúvida, um diferencial no currículo destes estudantes. Além disso, estes discentes tiveram a oportunidade de desenvolver e aprimorar suas habilidades interpessoais, característica fundamental para atuar de forma eficiente na construção de relações profissionais e sociais.

Habilidades como comunicação oral, capacidade de análise crítica, ética, negociação e trabalho em equipe são exemplos de potencialidades desenvolvidas pelo discente durante o tempo de experiência na Serra Jr. Além do desenvolvimento interpessoal, os discentes foram expostos a problemas reais e, sob a orientação de diferentes docentes, trabalharam nas soluções para tais questões.

O desenvolvimento das propostas de projeto e projetos para submissão em editais de fomento envolveram a conceituação de problemas de engenharia tais como, soluções em sistemas de sensoriamento e automação, equipamento para melhoria de processo de empacotamento de produtos, automação de equipamentos na agricultura e ainda o desenvolvimento de sistemas e sites.

Estes são importantes exemplos da via de colaboração mútua entre a universidade, empresa júnior e sociedade, onde os discentes tiveram a oportunidade de aprender e trabalhar com problemas reais de engenharia e a sociedade teve acesso ao conhecimento desenvolvido na universidade.

Em 2023, pela primeira vez, a Serra Jr escreveu, submeteu e apresentou trabalhos completos em Congressos Nacionais, sendo eles:

IV Congresso Brasileiro Interdisciplinar em Ciência e Tecnologia (COBCET) (2023), com 2 trabalhos apresentados [https://www.even3.com.br/anais/cobicet2023/]:

- TECNOLOGIAS DE PROTOTIPAGEM APLICADA NA DIDÁTICA TRADICIONAL MODELAGEM 3D E DESENHO TÉCNICO. DOI: 10.29327/1298891.4-223.

- METODOLOGIAS DE AVALIAÇÃO NO AUXÍLIO DA FORMAÇÃO DISCENTE EM EMPRESAS JUNIORES. DOI: 10.29327/1298891.4-312.

- 51º Congresso Brasileiro de Educação em Engenharia (COBENGE), 2023, com 3 trabalhos apresentados [https://www.abenge.org.br/sis_artigos.php]:

- EMPRESA JÚNIOR E A OPORTUNIDADE DA MULTIDISCIPLINARIDADE: RELATO DE PROJETO ARTÍSTICO INTERNACIONAL. DOI: 10.37702/2175-957X.COBENGE.2023.4285

- A PANDEMIA E A NECESSIDADE DE ADAPTAÇÃO DO MERCADO: RELATO DA SERRA JR. COMO DESENVOLVEDORA DE SOLUÇÃO. DOI: 10.37702/2175-957X.COBENGE.2023.4280

- METODOLOGIA ATIVA DE ENSINO: UMA ABORDAGEM DA PERSPECTIVA DE IMPLEMENTAÇÃO DOS CLICKERS COMO FERRAMENTA DO ENSINO DE ENGENHARIA. DOI: 10.37702/2175-957X.COBENGE.2023.4292.

Os investimentos recebidos a partir do projeto INTEGRA deram suporte também ao setor de marketing da empresa, incrementando a disponibilidade de equipamentos para filmagem e fotografia, áudio e som. Tais equipamentos foram utilizados para cobertura da participação da Serra Jr Engenharia no evento XVI Encontro Nacional de Modelagem Computacional e o XIV Encontro Nacional de Ciência e Tecnologia de Materiais que aconteceu entre 25 e 27 de outubro de 2023 em Nova Friburgo, sediado pelo IPRJ. A Serra Jr Engenharia fez parte da organização e Cerimonial do Evento.

4.5 O SerraHack Club

O SerraHack Club foi fundado em agosto de 2022 pelos alunos Caio Nogueira Bindella, Kauan Peçanha Lira, Manoel Rodrigues da Silva e Victor Luís Teixeira Reis, com o propósito inicial para competir em Hackathons — e na primeira delas, O Hacktudo 2022, o grupo ficou entre os 10 melhores do país.

Em novembro do mesmo ano, durante o Hack2030 da UERJ, foi alcançado o primeiro lugar, com uma solução denominada ODSQuiz, que posteriormente foi continuada pela Secretaria do Estado de Ambiente e Sustentabilidade (SEAS). Em 2023, no Hacktudo, o grupo alcançou o 4° lugar no Brasil. E no ano seguinte, em abril de 2024, o grupo foi mais uma vez campeão no Hack na Ilha, ocorrido em Ilha Grande. Nele, o time foi responsável pela proposta do produto Dual Watt, que será detalhado a seguir.

Durante toda a sua história, a equipe foi composta por cerca de oito membros, entre eles seis alunos e duas professoras. Houve a participação de Fellipe de Sá Moraes, discente de Engenharia Mecânica, o qual foi importantíssimo para a marca de 4° lugar nacional do grupo em 2023, e André Flávio das Chagas Barros, contribuindo para o 1° lugar do grupo em 2024 (Hack na Ilha). Além dos alunos, a Professora Doutora Ana Cristina Fontes Moreira, presente nas duas competições nas quais a Serra Hackclub foi campeã, e a Professora Doutora Maria Isabel de Castro Souza, na competição mais recente que o grupo participou, o II Hackathon de Tecnologias em Saúde do ISNF, promovido pela Universidade Federal Fluminense (UFF), ambas fundamentais para a plena compreensão das temáticas abordadas e desenvolvimento das soluções.

4.6 Hack 2030

A participação da UERJ em Nova Friburgo nos dois hackathons organizados pelo projeto INTEGRA foi uma iniciativa dos discentes do curso de graduação em

Engenharia de Computação, através do Serra HackClub. O tema do hackathons na área de sustentabilidade foi a motivação para o convite à participação da professora Doutora Ana Cristina Fontes Moreira para o Hack 2030, realizado no segundo semestre de 2023. O tema deste hackathon, a agenda 2030 e seus objetivos de desenvolvimento sustentável, é uma área de atuação do Laboratório de Sustentabilidade e Química de Polímeros (LaSQPol), coordenado pela professora. Isto explica o convite da Serra HackClub e, desta forma, a equipe se torna completa com o conhecimento da área de sustentabilidade adicionado à experiência e vivência em hackathons da equipe da empresa júnior. Essa construção coletiva de conhecimentos é uma das bases da metodologia de hackathons (Rys *et al.* ,2024 e Martins *et al.*, 2024), que alia a teoria, ou o conhecimento científico e técnico com a materialização na forma de produtos de mercado. O desafio proposto no Hack 2030 pela Secretaria de Estado do Ambiente e Sustentabilidade (SEAS) foi "*Criar uma ferramenta virtual que identifique os ODS na comunidade*". O resultado desta equipe foi consagrado com a premiação do primeiro lugar, através da entrega do produto ODS Quiz.

4.7 O ODS Quiz

O ODS Quiz conta com duas funcionalidades principais, o quiz para identificar em que estágio a comunidade do usuário se encontra em relação aos 17 Objetivos de Desenvolvimento Sustentável e o cadastro de iniciativas. Para acessar ambas as opções, deve-se criar uma conta na plataforma. Com a conta criada, é possível logar a qualquer momento e de onde quiser no sistema, tendo acesso a um painel onde se pode escolher responder o quiz ou cadastrar uma iniciativa. Se escolher responder o quiz, o usuário será redirecionado para uma página com 22 perguntas objetivas com 5 opções, onde, mediante suas respostas, uma pontuação será calculada para cada ODS atendido na comunidade. Após enviar, o usuário é redirecionado para a página Resultados, onde poderá ver a pontuação de cada objetivo e o que mais pontuou, com uma breve descrição do que se trata, um link redirecionando para o site odsbrasil.gov.br, se desejar mais informações, e um botão para imprimir um relatório, caso assim deseje. A figura 2 apresenta as telas desenvolvidas na solução.

(a) (b)

Figura 2: Telas do ODS Quiz: (a) inicial, (b) resultados. Fonte: SerraHack Club, 2023

Se escolher o cadastro de iniciativas, um outro formulário aparece, com campos de texto e de marcar, onde o usuário poderá colocar dados sobre a iniciativa, qual é seu foco de atuação, a quantidade de pessoas atendidas, sua localização, entre outras coisas. Ao enviar sua resposta, uma pontuação também é calculada para cada objetivo sendo possível observar, também na aba Resultados, como a ação cadastrada se adequa aos 17 ODS.

Outras funcionalidades do sistema são a aba Termômetro, que mostra a média de pontuação total dos usuários e iniciativas cadastradas no sistema e a aba Iniciativas, onde elas são listadas em um mapa interativo e por meio de cards, tornando possível ver suas informações, localização e o ODS mais pontuado de cada uma.

No critério de pontuação do quiz individual, cada pergunta foca em um ODS específico e as respostas valem as seguintes pontuações para o dado objetivo: a) 100 pontos; b) 200 pontos; c) 300 pontos; d) 400 pontos e e) 0 pontos.

No cadastro de iniciativas, cada item que pode ser marcado está relacionado a um ODS em específico e conta 100 pontos para aquele objetivo. Com esses dados, é calculada uma pontuação por ODS, que é mostrada na aba Resultados e uma pontuação total, que é a soma da pontuação dos 17 objetivos, sendo usada na aba Termômetro e Iniciativas.

A plataforma tecnológica desenvolvida utilizou como frontend: React (Usando Vite e Yarn), Bootstrap, JavaScript, Leaflet e Axios. A interface gráfica do site foi feita usando React e JavaScript, tendo sido utilizado o Bootstrap para detalhes do formulário do quiz. O Leaflet, que é uma biblioteca gratuita de mapas, foi utilizada na aba Iniciativas do site, para poder localizar as iniciativas cadastradas em um mapa interativo. A conexão entre o frontend e o backend é feita por meio do Axios, permitindo enviar requisições e buscar dados por meio de uma API. Toda a aplicação está hospedada no plano grátis do serviço Netlify, permitindo fazer deploys rápidos a partir de mudanças realizadas em um repositório do projeto no GitHub.

No backend foram utilizadas as seguintes tecnologias: Express, CORS, Bcrypt, MongoDB e LocationIQ. Todas as requisições feitas pelo Axios do frontend são tratadas em rotas específicas criadas usando as bibliotecas gratuitas Express e CORS. Tais rotas permitem a comunicação com o banco de dados do Mongo, tornando possível criar, remover, atualizar e deletar dados (CRUD). Senhas usadas para cadastro de usuários são criptografadas via a biblioteca Bcrypt em um hash antes de serem enviadas para o banco, permitindo que nem administradores tenham acesso à elas. O banco de dados no MongoDB foi criado no plano Shared, permitindo 512MB à 5GB de armazenamento. Para a geolocalização o endereço das iniciativas e dos usuários cadastrados é usada a API LocationIQ, que em seu plano básico gratuito permite até 5000 requisições por dia. Todo esse sistema está hospedado na plataforma Heroku, também de forma gratuita usando seu plano básico.

4.8 O Hack na Ilha

A equipe SerraHack Club novamente junto com a Professora Ana Cristina Fontes Moreira participaram de um novo desafio, que de forma indireta também poderia ser solucionado com práticas sustentáveis. O hackathon foi realizado na Ilha Grande para solucionar problemas de energia e conectividade do Centro de Estudos Ambientais e de Desenvolvimento Sustentável da Universidade do Estado do Rio de Janeiro, o CEADS/UERJ. A equipe mergulhou na busca por energias renováveis, de baixa emissão de carbono, baixo custo e rápida implementação para resolver as questões relacionadas à energia do CEADS. O produto entregue e novamente ganhador do hackathon foi o "Dual Watt", que prevê a instalação de micro rede composta por geração de energia da água pluvial, da água do reservatório da vila e de placas solares, gerenciadas por um aplicativo. A descrição mais detalhada deste desenvolvimento pode ser encontrada no *E-Book* Hack na Ilha (2024) e em artigos científicos em processo de publicação.

4.9 Plataforma INTEGRA

A Plataforma INTEGRA foi um incentivo em parceria com a célula de Educação do Projeto INTEGRA para a criação de uma plataforma digital na qual foram adicionados diversos tipos de materiais didáticos, divididos em: Extensão, Pesquisa e Ensino. Como exemplo dos materiais inclusos na plataforma, temos UDTs, cursos, projetos, programas, podcasts, livros, disciplinas universais, entre outros.

O principal objetivo do projeto foi democratizar e facilitar o acesso de estudantes e professores aos conteúdos incluídos, além de promover a interação entre campi e aproximar as unidades acadêmicas da instituição.

A Serra Jr. Engenharia envolveu ativamente 13 membros da Serra Jr. Engenharia e as atividades realizadas incluem a participação em reuniões, a criação de um documento prévio para a inclusão dos conteúdos no site e a inserção do material na plataforma após a finalização do site.

Essa oportunidade aproximou a Serra Jr. Engenharia de outras Empresas Juniores, e de professores externos ao IPRJ pelo trabalho realizado em conjunto e pelo contato direto em reuniões. Além disso, a participação também promoveu um trabalho em conjunto internamente entre os membros, e trouxe um retorno financeiro positivo para a empresa.

4.10 SerraLab: O primeiro FabLab da UERJ e a integração Serra Sirius

Em complementação aos recursos adquiridos em Edital FAPERJ E_16/2021 – Programa Apoio às Empresas Juniores no Estado do Rio de Janeiro – 2021, Edital de Convocação para Projeto Acadêmico de Empresa Júnior da UERJ, edições 2022/2023, 2023/2024 e 2024/2025, o Projeto INTEGRA, permitiu a consolidação da estrutura física requerida para o SerraLab - Laboratório de Fabricação, Prototipagem e Automação, contemplando aquisição de bancadas secas apropriadas para utilização de equipamentos e ferramentas pesadas, bancada úmida, serviços de instalação de tubulação de ar comprimido, serviço de manutenção e instalação de rede elétrica adequada aos equipamentos, assim como exaustão forçada para trabalhos que produzem gases e outros voláteis, bem como insumos e consumíveis para execução das atividades previstas.

O SerraLab, Laboratório de Fabricação, Prototipagem e Automação, é um laboratório com bancadas destinadas às diferentes áreas de atuação da empresa, expandindo a oferta de serviços e viabilizando a produção e desenvolvimento de projetos, protótipos e produtos, entendendo a demanda atual da indústria.

A Serra Jr Engenharia tem ao longo dos últimos anos adquirido itens básicos para o SerraLab. O IPRJ disponibilizou espaço físico de cerca de $60m^2$ para instalar os equipamentos adquiridos e após remanejamento de setores internos, foi possível realizar adequações do espaço físico para a implantação do laboratório. A distribuição do espaço interno do SerraLab foi planejada com base em três setores: eletrônica, pneumática e mecânica. E, desta forma, poder atender às demandas de projeto da empresa e apoiar os dois cursos de graduação: Engenharia Mecânica e Engenharia de Computação. O SerraLab é um laboratório multiusuário e interdisciplinar, gerido pela Empresa Serra Jr. Engenharia, aberto para toda a comunidade interna e externa que precise e deseje desenvolver projetos, protótipos e atividades de ensino, pesquisa e extensão para encorajamento à inovação e empreendedorismo universitário. Os detalhes, vídeos e mais informações podem ser acessados pelo Instagram @serrajreng.

4.11 Espaço de Prototipagem

Contando com modernas impressoras 3D que utilizam os filamentos ABS (copolímero de acrilonitrila-butadieno-estireno) e PLA (poli(ácido lático)), a bancada é uma das principais promotoras de serviços e cursos. O laboratório conta com impressoras 3D tradicionais do mercado, além de uma impressora 3D de resina, incluindo resinas próprias para serem usadas na área médica e odontológica.

4.12 Espaço Mecânica

Esta bancada conta com torno, policorte, furadeira, esmeril e uma série de outras ferramentas elétricas e manuais que permitirão que os alunos possam exercer a parte prática de determinadas disciplinas da graduação, tendo contato com ferramentas e criando objetos que auxiliarão o desenvolvimento de projetos.

4.13 Espaço Eletrônica

A bancada destinada ao conhecimento da eletrônica conta com todos os equipamentos obrigatórios para o desenvolvimento de atividades simples e mais complexas, como osciloscópio, multímetro, solda eletrônica, fonte, cuba ultrassônica e afins.

As instituições de ensino e pesquisa ao redor do mundo têm utilizado de instrumentos educacionais e de desenvolvimento inovadores para aproximar os cursos de graduação das empresas. Os FabLab, ou espaços maker, são um exemplo de ferramentas de ensino, pesquisa e extensão para aproximar o meio acadêmico do setor empresarial e empreendedor.

É importante ressaltar que no Brasil já existem 119 FabLab ativos, conforme mostra a plataforma https://www.fablabs.io/labs. No entanto, poucas IES públicas possuem esta estrutura para seus alunos de graduação (UFMT, UFSC, IFRS, UFPB, UFAL, UFJ, IFRS).

A motivação para a criação de FabLabs tem estreita relação com as áreas tecnológicas, segundo a FabFoudation (https://fabfoundation.org/) este é um local para ensinar e aprender de forma inovadora, e que permite a conexão entre países e diversas regiões do mundo.

O SerraLab é um laboratório com infraestrutura destinada às diferentes áreas de atuação da empresa, ampliando a oferta de serviços multidisciplinares que atendem atualmente aos setores de educação, indústria, serviços, profissionais liberais e autônomos, conforme a demanda atual dos clientes da Serra Jr Engenharia.

A oportunidade da implantação do SerraLab foi concretizada, com a pré-inauguração ocorrida em 12 de junho e a inauguração em 16 de julho de 2024, no evento Serra Sirus.

O Serra Sirius consistiu em um evento (Hackathon) que fez parte das atividades da Célula de Educação do Projeto INTEGRA/UERJ/FAPERJ, sob a Coordenação da Profa Maria Isabel de C. de Souza, tendo como parceiros a Rede Sirius e o IPRJ, através da Serra Jr Engenharia no SerraLab.

O evento aconteceu nos dias 12/07 (online) e 16/07 (presencial no IPRJ) e foi destinado apenas à comunidade do IPRJ. Puderam se inscrever estudantes, servidores docentes e servidores técnicos. O evento teve como objetivo pensar e desenvolver uma ideia inovadora sobre acessibilidade para pessoas com deficiência na rede de bibliotecas da UERJ. As equipes contaram com a ajuda de um grupo de mentores externos que auxiliaram o processo de construção da solução.

4.14 A cultura de sustentabilidade nos cursos de graduação na UERJ em Nova Friburgo

Um resultado extra da participação nos hackathons (Hack 2030 e Hack na Ilha) foi o questionamento sobre como a UERJ está atuando em relação à Educação Ambiental no ensino superior. Conforme a Lei Federal n.º 9.795, a Educação Ambiental deve ser desenvolvida como uma prática educativa integrada, contínua e permanente, sendo trabalhada no âmbito dos currículos por meio dos princípios básicos da concepção do meio ambiente em sua totalidade, considerando a interdependência entre o meio natural, o socioeconômico e o cultural, sob o enfoque da sustentabilidade (BRASIL, 1999).

Os documentos institucionais da UERJ, Projeto Pedagógico Institucional (2015) e Plano de Desenvolvimento Institucional (2023), foram consultados e analisados para identificar diretrizes relacionadas à sustentabilidade. No entanto, não foram identificados itens relacionados diretamente com atividades, direções ou políticas de sustentabilidade (UERJ, 2024).

As instituições de ensino superior (IES) estão sendo avaliadas mundialmente em relação às práticas de sustentabilidade. Os indicadores consideram vários níveis englobando os pilares ambiental, sociocultural e econômico. As IES têm papel fundamental na formação do cidadão, tornando-se primordial a internalização da cultura e do entendimento do conceito de sustentabilidade como função central, nas três esferas de atuação acadêmica: ensino, pesquisa e extensão. E mais além considerar as práticas sustentáveis das IES em relação à gestão administrativa e à liderança e estratégia institucional.

O estudo realizado por Patrícia Zeni de Sá e Tamara Simone Van Kaick (2024) avaliou como na prática os cursos de Engenharia Civil da Universidade Tecnológica Federal do Paraná (UTFPR) inserem as questões de sustentabilidade, baseado nos indicadores internacionais de rankeamento. Constatou-se que há baixa introdução de conteúdo nas disciplinas, em especial nas obrigatórias, para efetivamente permitir a formação de engenheiros com cultura sustentável, e em parte a explicação é a falta de cultura sustentável dos docentes de IES baseadas em tecnologias.

Em nossa unidade acadêmica observa-se o mesmo comportamento, uma vez que ambos os cursos são tecnológicos nas áreas das engenharias, e as disciplinas obrigatórias presentes no currículo são ainda muito incipientes em relação à sustentabilidade. Os hackathons organizados pelo projeto INTEGRA mostram a necessidade de dinamizar os currículos acadêmicos para incorporar conceitos modernos e atuais como a cultura de sustentabilidade. O maior desafio é contribuir para a atualização do corpo docente, em especial em temas não relacionados à centralidade técnica da formação do engenheiro.

O trabalho realizado por Brene *et al.* (2024) avaliou os hábitos de consumo sustentáveis em discentes no curso de Administração da Universidade do Norte do Estado do Paraná através de um formulário intitulado "Análise da Economia Comportamental e das Habilidades Sociais para Alunos do CCSA campus Cornélio Procópio". A pesquisa alcançou cerca de 25% dos estudantes matriculados no curso em 2018. Embora o questionário tenha se baseado em atitudes simples como: "fechar a torneira ao escovar os dentes", "fazer a coleta seletiva em casa" ou mesmo em "planejar as compras", o resultado foi no mínimo desanimador. Observaram que os níveis de ações e consumo sustentáveis não se correlacionam com o decorrer dos anos na graduação, ou seja a IES não contribui para novos hábitos de consumo, ou mesmo de geração de cultura sustentável. Também foi ressaltado que mesmo a presença de disciplina de sustentabilidade no curso não foi o suficiente para engajar e aumentar o nível de conhecimento e de atitudes sustentáveis.

Pode-se observar que os cursos de área humana, como o curso de administração, também não demonstram eficiência na incorporação do conceito sustentável ao longo do percurso universitário. Segundo Lacerda (2024), em sua dissertação de mestrado as IES na cidade de Foz do Iguaçu na área de Administração de empresas têm se organizado para trabalhar a temática de sustentabilidade, embora o tema não seja evidenciado nos objetivos e no foco dos cursos. As disciplinas que envolvem o tema estão se desenvolvendo nos cursos e os professores têm trabalhado a sustentabilidade, baseando-se, na maior parte das vezes, em suas vivências sociais dentro e fora do âmbito acadêmico, mas sem considerar a perspectiva interdisciplinar que o tema requer, ou seja, o tratamento do tema é fragmentado e individualizado.

Na UERJ, em Nova Friburgo ou de forma ampla e institucional, observamos poucos movimentos para integrar e incorporar a cultura de sustentabilidade nos mais diversos campos de formação das pessoas. Contudo a célula de educação do projeto INTEGRA-UERJ proporcionou aos estudantes da equipe Serra HackClub, assim como aos demais participantes das duas edições de hackathons, incorporar de forma rápida, efetiva, colaborativa e na prática alguns conceitos de sustentabilidade, em especial os relacionados aos objetivos de desenvolvimento sustentável (ODS/Agenda 2030) e às diferentes formas de geração de energia sustentáveis em um ambiente de conservação e preservação ambiental.

O projeto INTEGRA contribuiu de forma relevante para a UERJ em Nova Friburgo, através do incentivo em atividades complementares com investimento em conhecimento e habilidades extra sala de aula, valorizando ações para além dos muros da universidade. A UERJ hoje se equipara às universidades com suporte aos estudantes em projetos de empreendedorismo universitários, por meio de facilitadores no desenvolvimento de projetos, protótipos, espaços de criação e interlocuções entre setores e demandas institucionais.

O SerraLab se projeta como um espaço multidisciplinar e multiusuário em Nova Friburgo, visando ser um ambiente de inovação, criativo e de pensamento crítico, aliado a uma rede de suporte robusta e conectada às demandas reais da sociedade.

Referências Bibliográficas

1. BRASIL. Lei no 9.795, de 27 de abril de 1999. Política Nacional de Educação Ambiental. Brasília, DF: 1999.

2. BRASIL, LEI Nº 13.267, de 06 de abril de 2016. Disciplina a criação e a organização das associações denominadas empresas juniores, com funcionamento perante instituições de ensino superior.

3. BRENE, Paulo Rogério Alves, *et al.* Atitudes e consumo sustentáveis de discentes de uma Universidade Estadual do Paraná , Revista Caderno Pedagógico – Studies Publicações e Editora Ltda., Curitiba, v.21, n.7, p. 01-25. 2024.

4. DE SÁ, Patrícia Zeni, VAN KAICK, Tamara Simone. Análise da inserção da cultura de sustentabilidade na graduação de engenharia civil da UTFPR, Revista Brasileira de Educação Ambiental, São Paulo, V. 19, No 2: 318-337, 2024.

5. DE SOUZA, Maria Isabel de C., DIAS, Jacques Fernandes e TERRA, Branca (org.) Hack na ilha [livro eletrônico]. Rio de Janeiro: Teleodonto UERJ, 2024. ISBN 978-65-999405-7-6.

6. IBGE, Cidades, Disponível em: https://cidades.ibge.gov.br/brasil/rj/nova-friburgo/panorama, acessada em ago/2024.

7. LACERDA, Aline Cristiane Rocha. Dimensões perceptivas sobre sustentabilidade no contexto acadêmico: uma análise multicasos de Administração de Foz do Iguaçu-PR. 2024, 177 f.Tese (Doutorado em Energia e Sustentabilidade) - Instituto Latino-Americano de Tecnologia, Infraestrutura e Território, Universidade Federal da Integração Latino-Americana, Foz do Iguaçu - PR, 2024.

8. MARTINS Pacheco NM, *et al.* Learning by doing? The relationship between effort, learning effect and product quality during hackathons of novice teams. Design Science. 2024;10:e9. doi:10.1017/dsj.2024.9

9. RODRIGUES, Carolina Marques et al. A atuação da Mandala empresa júnior na formação profissional diferenciada dos alunos de engenharia ambiental da UFRGS. Simpósio Brasileiro de Recursos Hídricos (22.: Florianópolis, 2017). Anais [recurso eletrônico].[Porto Alegre: ABRH, 2017], 2017. Disponível em: <https://anais.abrhidro.org.br/job.php?Job=2701>

10. RYS, M., *et. al.* (2024). Navigating the hackathon: Exploring participant experience, confidence and anxiety. European Journal of Education, 00, e12656. https://doi.org/10.1111/ejed.12656

11. UERJ, Projeto Pedagógico Institucional (2015) e Plano de Desenvolvimento Institucional (2023). Disponível em https://www.uerj.br/a-uerj/a-universidade/. Acesso em 02 de agosto de 2024.

Capítulo 5

A Faperj e a Promoção da Inovação: O caso do Edital Ações Integradas.

Marcelo Corenza[1], Guilherme de Oliveira Santos[1,2], Renata Angeli[1,3]

1 - Diretoria de Tecnologia, Faperj

2 – Instituto de Economia, UFRJ

3 – Faculdade de Ciências Biológicas e da Saúde, UERJ

5.1 Introdução

O Marco Legal da Inovação no Brasil traz a possibilidade da interação universidade-empresa como sendo de fundamental importância para a Inovação. Sendo assim, a partir de 2004, data de publicação da Lei de Inovação, cujos pilares são: estimular a inovação nas instituições de ensino, facilitar a inserção das instituições de ensino no ecossistema de inovação e estimular a inovação nas empresas, é que as instituições de ensino e pesquisa começaram a fazer resoluções para mudar a cultura e começaram a pensar em criar e interagir com empresas. (Brasil, 2004)

Contudo, vinte anos depois da publicação da Lei e quase dez anos após a promulgação do Marco Legal da Ciência, Tecnologia e Inovação em 2016, que atualiza a legislação, trazendo uma maior segurança jurídica para todos, o país ainda parece caminhar a passos lentos nessa interação figurando em 2023 na 49º posição no *ranking* de inovação do *Global Innovation Index,* em 2023 (GII, 2023)

Atualmente, começamos a ver no país um movimento de criação de *startups* universitárias e de uma maior relação universidade-empresas através do desenvolvimento conjunto e transferência de tecnologia e também novos editais das instituições de fomento públicas como FINEP, CNPq e as Fundações Estaduais de Amparo à Pesquisa (FAP) para a promoção da inovação.

A Fundação Carlos Chagas Filho de Amparo à Pesquisa do Estado do Rio de Janeiro – FAPERJ foi criada em 1980 com o objetivo de apoiar a Ciência e Tecnologia em âmbito estadual. Atualmente, todos os estados do país possuem uma fundação de apoio que tem objetivos semelhantes. No estado do Rio de Janeiro, a Fundação tem criado diversos editais para apoiar as iniciativas de ciência, tecnologia e inovação nas mais diversas áreas.

A partir de 2017, com o foco também no Marco Legal e atuando no fomento para a construção de um ecossistema de inovação estadual, a FAPERJ vem apoiando inclusive o processo de inovação em empresas. A FAPERJ figura como a segunda maior Fundação de Amparo à Pesquisa estadual em volume de recursos disponibilizados, perdendo apenas para a Fundação de Amparo à Pesquisa do Estado de São Paulo (FAPESP) (SUBPLE, 2022).

A estrutura organizacional da Fundação está apresentada na Figura 1 e conta com a Presidência e três diretorias, quais sejam, administração e finanças, científica e tecnológica, esta última, por sua vez, é o foco deste capítulo e do livro, pois é a responsável pelo edital Ações Integradas para Inovação, cujo objetivo é apoiar a estruturação da Política de Inovação nas Instituições de Ciência e Tecnologia fluminenses.

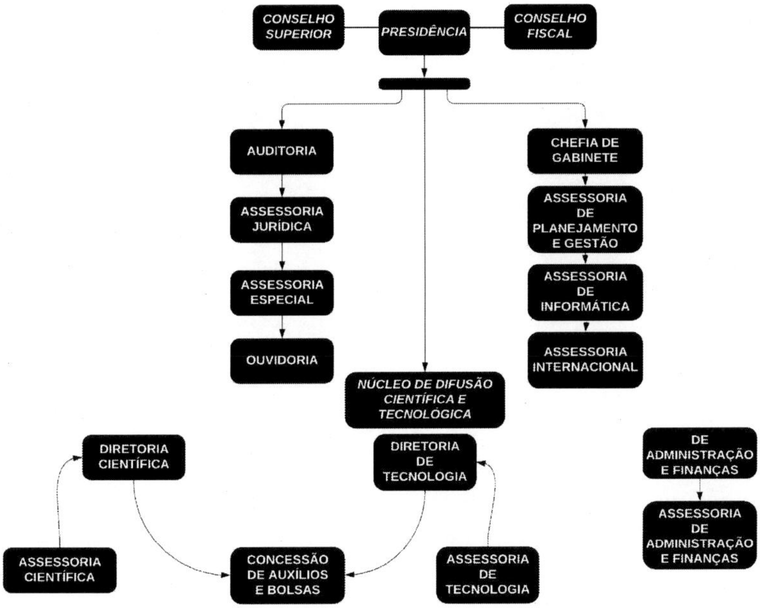

Figura 1: Organograma da Faperj

O edital, lançado em 2021, teve uma demanda de 23 projetos. Destes, 21 foram aprovados com prioridade, seguindo a classificação apresentada no edital, entre entidades privadas, federais e estaduais e 19 estão ativos. Ainda, dez estão sediadas na capital, três na região Norte Fluminense e seis nas demais mesorregiões do estado.

Portanto, a partir de 2004, as instituições de ensino e pesquisa passaram a traduzir também o conhecimento em atividade econômica. Ou seja, a universidade aparece não só como formadora de recursos humanos e sim criando empresas, a universidade também é empreendedora.

Além dessa introdução, esse capítulo conta com mais quatro seções. A segunda versa sobre a Inovação sob o viés da Hélice Tripla, na terceira iremos apresentar a

Diretoria de Tecnologia e os editais com foco na promoção da inovação para além do Ações Integradas. A quarta seção irá descrever em detalhes o referido edital, e, por último, teremos a conclusão. A metodologia a ser empregada será uma revisão sistemática da literatura com meta-síntese (GALVÃO; RICARTE 2020), além de um estudo de caso exploratório (YIN, 1994).

5.2 Inovação e Hélice Tripla

Proposto originalmente por Henry Etzkowitz e Loet Leydesdorff no final dos anos 1990, o modelo da Hélice Tripla trouxe a universidade para o centro da análise, uma vez que a mesma é vista como a maior contribuinte no processo de geração de conhecimento (Leydesdorff e Smith, 2021). A demanda por uma melhor compreensão das relações entre governo, universidade e empresas (as três hélices) impulsionou a formulação do modelo. Segundo os autores pioneiros essa relação não era plenamente explicada pelo conceito de sistema de inovação, limitado às relações de mercado e às relações institucionais entre os atores do sistema, sem levar em consideração a produção de conhecimento que coevolui com as outras relações. Assim, três dimensões devem ser levadas em consideração no modelo: a dimensão da novidade, gerada pela indústria; a dimensão do conhecimento, gerada pela universidade; e a dimensão normativa, gerada pelo Governo (Santos e La Rovere, 2022).

A abordagem de Hélice Tripla postula que essas interações entre universidades, empresas e governos trazem benefício para a sociedade ao promover absorção de conhecimento, desenvolvimento econômico, social e tecnológico, geração de renda e de vantagens competitivas (BASSO et al., 2021, p.1), e permite analisar as interações entre atores do ecossistema empreendedor no que se refere ao desenvolvimento de inovações.

Nas duas décadas posteriores ao lançamento do modelo, o mesmo ganhou popularidade entre acadêmicos, formuladores de políticas públicas e profissionais envolvidos com inovação de forma ampla. Cabe ressaltar, contudo, que existem diferentes vertentes dentro da abordagem de Hélice Tripla, que se distinguem de acordo com o grau de autonomia de cada ator. Enquanto no modelo estatista a academia e a indústria são controladas pelo Estado, no modelo *laissez-faire* esta relação é de autonomia. Por fim, o modelo equilibrado (balanceado) é caracterizado por uma sobreposição de papéis entre os três atores, que não possuem limites rígidos entre suas funções.

Segundo Cai e Etzkowitz (2020), a interação entre as três hélices no modelo equilibrado solidifica as bases de conhecimento de uma região através de determinadas condições tangíveis e intangíveis:

> As condições tangíveis são: **competências das universidades**; capacidade de absorção das empresas; **infraestrutura de suporte a *startups*, *spin-offs* e transferência de tecnologia**; e empreendedores institucionais que têm uma visão de economia baseada em conhecimento e promovem a interação entre as três hélices. As condições intangíveis incluem: valor do conhecimento enquanto chave para o crescimento econômico; cultura organizacional orientada para o mercado; sistema de proteção à propriedade intelectual; concorrência entre as empresas; **gestão de processos de produção de conhecimento**; diálogo com a sociedade civil organizada; e **implementação de políticas públicas de forma democrática** (Santos e La Rovere, 2022, p. 368, grifos nossos).

No início dos anos 2010, alguns autores sugeriram a introdução de mais duas hélices no modelo – a hélice da sociedade civil organizada e a hélice do meio ambiente (Carayannis e Campbell, 2010; Carayannis, Barth e Campbell, 2012). A despeito da influência dessas novas hélices na formulação de políticas públicas, alguns autores defendem que este acréscimo não oferece, necessariamente, maior compreensão do fenômeno das interações entre os atores do sistema. Nesse sentido, Cai (2022) propõe uma integração entre os modelos de hélice tripla, quádrupla e quíntupla, num modelo denominado pelo autor de *neo-Triple Helix*, que, por sua vez, busca integrar as abordagens neoinstitucionalista e neoevolucionária do modelo, propondo a análise não apenas das esferas das três hélices, como também das suas funções que são o controle normativo, a produção de conhecimento e a produção de riqueza, e dos seus espaços, que são o *espaço da inovação*, o *espaço do conhecimento* e o *espaço do consenso*. Desse modo, as interações entre as hélices para promover inovação e empreendedorismo correspondem aos genes, as estruturas sociais aos organismos e as condições naturais do território ao ambiente do ecossistema de inovação. (Santos e La Rovere, 2022).

Cabe ressaltar ainda que o modelo de Triple Helix não é útil apenas para explicar a interação entre os atores, mas também para trazer para a análise dos ecossistemas de inovação o conceito de universidade empreendedora, elemento crucial para entender as relações entre estas entidades e as empresas e governos. As universidades empreendedoras promovem a inovação e o empreendedorismo através da criação de *startups* e do desenvolvimento de sistemas de produção de conhecimento abertos, que desenvolvem modos criativos de combinar, recombinar e integrar diferentes princípios de produção e de aplicação de conhecimento" (Carayannis *et al.*, 2018).

O modelo de Hélice Tripla, portanto, traz inúmeras contribuições e possibilidades para a formulação de políticas públicas de apoio ao empreendedorismo e à inovação centrada na universidade empreendedora e na indução das relações da mesma com as empresas e o governo. A seguir vamos detalhar como a FAPERJ, representante da hélice "governo", estruturou uma série de editais baseados nesses pressupostos. O destaque será o edital de Apoio a Ações Integradas de Inovação nas Instituições de Ciência e Tecnologia fluminenses, que buscava direta e indiretamente fortalecer as condições tangíveis e intangíveis para consolidar ecossistemas de inovação regionais baseados em um modelo de Hélice Tripla balanceado.

5.3 Faperj – Editais da Diretoria de Tecnologia

A FAPERJ a partir de 2008 (com a publicação da Lei de Inovação Estadual do Rio de Janeiro), e mais fortemente a partir de 2017, quando atualiza seu estatuto para atender o Marco Legal de Inovação, passa a fomentar a promoção da inovação como o pilar das ações para uma integração maior entre o conhecimento e a sociedade. Em 2022 foi aprovada e sancionada uma nova legislação que institui o Sistema Estadual de Ciência, Tecnologia e Inovação do Estado do Rio de Janeiro - Lei Nº 9809/2022 (RIO DE JANEIRO, 2022). A nova norma prevê e organiza, em regime de colaboração, as atividades de entre entes públicos e privados. O Sistema, como foi chamado, tem como objetivo promover o desenvolvimento científico e tecnológico, além da inovação, que passa a ser elemento central da estratégia de desenvolvimento social, econômico e tecnológico fluminense, portanto, incorporando elementos do Marco Legal de Inovação Federal publicado em 2016 (BRASIL/2016).

Ademais, são elencados um conjunto de princípios, conforme Art. 2º, que regem a nova institucionalidade, entre outros:

- X - fortalecimento das capacidades operacional, científica, tecnológica e administrativa das Instituições científicas e tecnológicas estaduais;

- XV - promoção da cooperação e interação entre o ente público estadual com outros entes estaduais, municipais e federal, entre os setores público e privado e entre empresas e outras organizações do setor privado;

- XXIV - incentivo à equidade racial e de gênero nas ações e no financiamento de projetos e programas de ciência, de tecnologia e de inovação, bem como às atividades nessas áreas desenvolvidas em territórios de favela e demais áreas populares, em consonância com a Lei nº 9.131, de 14 de dezembro de 2020.

Além destes 3 preceitos, outros 21 são elencados como direcionamentos específicos da legislação, que ordenam determinados valores a serem perseguidos pela legislação e, consequentemente pelos integrantes do Sistema Estadual de Ciência, Tecnologia e Inovação do Estado do Rio de Janeiro. Entre os entes públicos e privados, a Fundação Carlos Chagas Filho de Amparo à Pesquisa do Estado do Rio de Janeiro (FAPERJ).

A Lei 9809/2022 divide-se em cinco capítulos, que estão assim distribuídos: o capítulo um, trata do estímulo à construção de ambientes especializados e cooperativos de inovação; o dois, do estímulo à participação das ICTs do estado do Rio de Janeiro e da Faperj no processo de desenvolvimento tecnológico e de inovação; o terceiro, do estímulo ao processo de inovação nas empresas; Já o quarto capítulo, da tecnologia e das compras do setor público estadual e o último capítulo, do estímulo à participação do inventor independente no processo de inovação. Sem nos aprofundarmos em outros aspectos da legislação trazida, mas partindo dos princípios e o propósito em seus capítulos, buscamos nos editais da Faperj, notadamente os dirigidos pela sua Diretoria de Tecnologia que é responsável pelas ações de promoção da inovação, subsídios que informem "formulação de políticas públicas de apoio ao empreendedorismo e à inovação centrada na universidade empreendedora e na indução das relações da mesma com as empresas e o governo", tal como abalizado no modelo de hélice tripla.

Sendo coerente ao recorte proposto, tomamos como base os editais lançados após 2017, ano em que a Faperj inaugurou uma nova missão institucional, pela sua Diretoria de Tecnologia. Desde então, foram lançados os seguintes editais, conforme quadro 1:

Edital	Ano	Objetivo
Startup Rio 2019: Apoio à Difusão de Ambiente de Inovação em Tecnologia Digital no Estado do RJ	2018	Incentivar, estimular, apoiar e promover iniciativas que versem sobre a temática da Difusão do Ambiente de Inovação em Tecnologia Digital, de forma a motivar a cultura de inovação tecnológica, criatividade e empreendedorismo no estado do Rio de Janeiro.
Programa de Apoio a Projetos de Inovação no Campo da Segurança Pública - Ciência Forense	2018	Estimular a pesquisa forense a fim de gerar condições para qualificar metodologias e tecnologias de pesquisa e de atuação relevantes para a segurança pública, especialmente nas áreas da informática e tecnologia da informação; laboratórios analíticos forenses; avanços metodológicos e tecnologias inovadoras na investigação do crime de homicídio, ampliando o espaço de difusão e troca nos e entre os diferentes campos do conhecimento; 1.2 Apoiar o desenvolvimento tecnológico e científico de empresas inovadoras nascentes e já estabelecidas na atuação junto à resolução de problemas no campo da ciência forense do Estado do Rio de Janeiro.
Programa de Apoio às Incubadoras de Empresas do RJ	2018	O objetivo do presente Edital é apoiar, por meio da concessão de recursos não reembolsáveis (Auxílios), a consolidação, reposicionamento e melhoria das Incubadoras de Empresas (..)
Programa de Apoio a Projetos de Núcleos de Inovação Tecnológica – NIT's	2018	Apoiar por meio da concessão de recursos não reembolsáveis (auxílios) a capacitação e aumento da eficiência dos Núcleos de Inovação Tecnológica, especialmente em estudos e atividades relacionadas à busca de anterioridade, pedidos de patentes, transferência de tecnologia, prospecção de mercado e análises de viabilidade técnica, comercial e econômica.

Programa de Apoio ao Empreendedorismo de Impacto Socioambiental do Estado do Rio de Janeiro	2018	Apoiar o desenvolvimento de iniciativas e empreendimentos já estabelecidos que atuam no enfrentamento de problemas do Estado do Rio de Janeiro, em especial nos segmentos ligados à saúde, educação, empregabilidade, tecnologias assistivas, mediação e resolução de conflitos, sistema prisional, desigualdade étnico-raciais, geracional, de gênero e orientação sexual;
Programa Apoio à Inserção de Pesquisadores em Empresas	2019	Fomentar a inserção de pesquisadores (mestres e doutores) para executar projetos de Pesquisa, Desenvolvimento e Inovação em Micro, Pequenas e Médias Empresas (MPMEs), sediadas no Estado do Rio de Janeiro, com objetivo de estimular atividades de Pesquisa, Desenvolvimento e Inovação nessas empresas, ampliar a sua competitividade no mercado e fortalecer sua capacidade de se relacionar com Instituições de Ciência e Tecnologia.
Programa Apoio às Empresas Juniores no Estado do Rio de Janeiro	2019	Apoiar as Empresas Juniores nas ações de prospecção e retenção de novos clientes;
Programa "Doutor Empreendedor: Transformando Conhecimento em Inovação	2019	Fomentar a transformação de projetos de Pesquisa, Desenvolvimento e Inovação conduzidos por doutores residentes no Estado do Rio de Janeiro em empreendimentos científico/tecnológico.
Startup Rio 2020: Apoio à Difusão de Ambiente de Inovação em Tecnologia Digital no Estado do RJ	2019	O Programa STARTUP RIO visa incentivar, estimular, apoiar e promover iniciativas que versem sobre a temática da Difusão do Ambiente de Inovação em Tecnologia Digital, de forma a motivar a cultura de inovação tecnológica, criatividade e empreendedorismo no estado do Rio de Janeiro.

Programa de "Apoio à Inovação em Micro, Pequenas e Médias Empresas no Estado do Rio de Janeiro InovAÇÃO RIO (em parceria com a AGERIO)	2019	Fomentar projetos de Desenvolvimento e Inovação em Micro, Pequenas e Médias Empresas (MPMEs), instaladas no Estado do Rio de Janeiro, com objetivo de ampliar a sua competitividade no mercado através da inovação.
Programa Doutor Empreendedor: Transformando Conhecimento em Inovação	2021	Fomentar a transformação de projetos de Pesquisa, Desenvolvimento e Inovação conduzidos por doutores residentes no Estado do Rio de Janeiro em empreendimentos baseados em conhecimento científico e/ou tecnológico.
Programa de Apoio à Projetos Científicos e Tecnológicos em Mobilidade Urbana	2021	Apoiar projetos científicos e tecnológicos em Mobilidade Urbana
Programa Apoio a Projetos de Inovação no Campo da Segurança Pública - Ciências Forenses	2021	Estimular Projetos de Inovação no Campo das Ciências Forenses, como Química Forense, Antropologia Forense, Física Forense, Cromatografia, Espectroscopia, Papiloscopia, Datiloscopia, Ciência Forense Computacional, Balística, Medicina Legal, Direito e Ciências Sociais entre outras áreas do conhecimento que contribuam para a elucidação de crimes, em especial o de homicídios;
Programa Apoio às Empresas Juniores no Estado do Rio de Janeiro	2021	Apoiar a participação de Empresas Juniores em eventos empresariais e outros ligados ao movimento Junior nacional, com foco na divulgação da marca da Empresa Junior, de seu portfólio de projetos e na conquista de novos clientes;

PROGRAMA INSERÇÃO DE PESQUISADORES EM EMPRESAS	2021	Fomentar a inserção de pesquisadores (mestres e doutores) para executar projetos de Pesquisa, Desenvolvimento e Inovação (P,D&I) em Micro, Pequenas e Médias Empresas (MPMEs) sediadas no Estado do Rio de Janeiro, com objetivo de estimular atividades de P,D&I nessas empresas, ampliar a sua competitividade e inserção nos mercados nacional e internacional e fortalecer sua capacidade de se relacionar com Instituições de Ciência e Tecnologia.
Programa de Apoio ao Empreendedorismo de Impacto Socioambiental Positivo do Estado do Rio de Janeiro	2021	Apoiar o desenvolvimento de iniciativas e empreendimentos já estabelecidos que atuam no enfrentamento de problemas estruturantes do Estado do Rio de Janeiro, em especial nos segmentos ligados à saúde, educação, energia, turismo, empregabilidade, tecnologias sociais e assistivas, mobilidade urbana, sistema prisional, desigualdade étnico-raciais, geracional, de gênero; orientação sexual; e qualidade de vida em aglomerados subnormais (comunidades carentes);
Apoio de Ações Integradas de Inovação em Instituições de Ciência e Tecnologia Fluminenses	2021	Financiar o desenvolvimento de projetos mobilizadores das iniciativas de inovação nas instituições de ciência e tecnologia (ICT) do Estado do Rio de Janeiro, em linha com o marco legal de Ciência, Tecnologia e Inovação, sancionado em 2016 e regulamentado em 2018 pelo decreto n° 9.283 - que determina que as ICTS disponham de suas políticas de inovação específicas, propondo maior flexibilidade e fomento das relações entre a produção do conhecimento, o desenvolvimento tecnológico, o setor produtivo e a sociedade.

Programa Favela Inteligente em Apoio às Bases para o Parque de Inovação Social e Sustentável na Rocinha	2021	Apoiar iniciativas de instituições, com ou sem fins de lucro, estabelecidas no Estado do RJ, em ações que promovam dinamismo econômico do território da Rocinha com base em ciência, tecnologia e inovação (C,T&I), em segmentos que sejam vetores de geração de energia verde; de preservação dos recursos naturais; educação básica, inclusive educação profissional, e educação superior, incluindo atributos de empregabilidade; atenção primária em saúde, inclusive estratégias de saúde da família e de segurança e soberania alimentar; geração de trabalho, riqueza, emprego e renda; arte e cultura; esporte e lazer; inclusão digital e inovação tecnológica, inclusive a geração de empreendimentos inovadores locais e de qualidade de vida para população local; saneamento básico; prevenção a catástrofes; segurança pública e prevenção a todos os tipos de violência, inclusive combate à violência contra as mulheres e serviço de atendimento às mulheres em situação de violência; combate a todas as formas de discriminação; mobilidade e acessibilidade; assistência social e direitos humanos.
Programa de Apoio à Inovação em Micro, Pequenas e Médias Empresas no Estado do Rio de Janeiro - InovAÇÃO RIO	2021	Fomentar projetos de Desenvolvimento e Inovação em Micro, Pequenas e Médias Empresas (MPMEs), instaladas no Estado do Rio de Janeiro, com objetivo de ampliar a sua competitividade no mercado através da inovação;
Equipes Discentes em Projetos de Base Tecnológica para Competições de Caráter Educacional	2022	Apoiar projetos de iniciação ou pré-iniciação tecnológica que permitam aos discentes aplicarem conhecimentos teóricos na execução de projetos práticos, com a finalidade de participarem em competições, nacionais ou internacionais, cujo objeto seja a experiência com nova tecnologia, inovação ou empreendedorismo, especificamente de caráter educacional.

Programa Pesquisador na Empresa	2022	Fomentar a integração de mestres e doutores para executar projetos de Pesquisa, Desenvolvimento e Inovação (P,D&I) em Micro, Pequenas e Médias Empresas (MPMEs) ou Organizações da Sociedade Civil (OSCs) sediadas no Estado do Rio de Janeiro, com objetivo de estimular atividades de P,D&I nessas organizações, ampliar a sua competitividade e inserção nos mercados nacional e internacional, fomentar o desenvolvimento de soluções inovadoras de impacto socioambiental positivo e fortalecer sua capacidade de se relacionar com Instituições de Ciência e Tecnologia.
Doutor Empreendedor: Transformando Conhecimento em Inovação	2022	Fomentar a transformação de projetos de Pesquisa, Desenvolvimento e Inovação conduzidos por doutores residentes no Estado do Rio de Janeiro em empreendimentos baseados em conhecimento científico e/ou tecnológico.
Programa Apoio à Promoção de Indicações Geográficas no Estado do Rio de Janeiro	2022	Selecionar propostas de projetos destinados ao desenvolvimento de Indicações Geográficas no estado do Rio de Janeiro para valorização dos ativos econômicos territoriais fluminenses.
Programa Nacional de Apoio à Geração de Empreendimentos Inovadores – Centelha 2 RJ	2023	Estimular o empreendedorismo inovador por meio de capacitações para o desenvolvimento de produtos (bens e/ou serviços) ou de processos inovadores e, apoiar por meio da concessão de recursos de subvenção econômica (recursos não reembolsáveis), a geração de empresas de base tecnológicas a partir da transformação de ideias inovadoras em empreendimentos que incorporem novas tecnologias aos setores econômicos estratégicos do estado de Rio de Janeiro.

Programa Doutor Empreendedor: Transformando Conhecimento em Inovação	2023	Fomentar a transformação de projetos de Pesquisa, Desenvolvimento e Inovação conduzidos por doutores residentes no Estado do Rio de Janeiro em empreendimentos baseados em conhecimento científico e/ou tecnológico.
Programa Pesquisador na Empresa	2024	Fomentar a integração de mestres e doutores para executar projetos de Pesquisa, Desenvolvimento e Inovação (P,D&I) em Micro, Pequenas e Médias Empresas (MPMEs) ou Organizações da Sociedade Civil (OSCs) sediadas no Estado do Rio de Janeiro, com obje vo de estimular a vidades de P,D&I nessas organizações, ampliar a sua compe vidade e inserção nos mercados nacional e internacional, fomentar o desenvolvimento de soluções inovadoras de impacto socioambiental positivo e fortalecer sua capacidade de se relacionar com Instituições de Ciência e Tecnologia;
Apoio a Equipes Discentes em Projetos de Base Tecnológica para Competições de Caráter Educacional	2024	Apoiar projetos de iniciação ou pré-iniciação tecnológica que permitam aos discentes aplicarem conhecimentos teóricos na execução de projetos práticos, com a finalidade de participarem em competições, nacionais ou internacionais, cujo objeto seja a experiência com nova tecnologia ou invento, especificamente de caráter educacional.
Programa Doutor Empreendedor – Fase 2 Acelerando Negócios de Base Tecnológica	2024	Fomentar a conexão entre empreendedores oriundos da academia e investidores de risco privados; Inserir bens e serviços inovadores e baseados em conhecimento científico-tecnológico no mercado e na sociedade;

INOVATRIP – Programa Tripartite de Pesquisa, Desenvolvimento e Inovação Tecnológica	2024	O Programa Tripartite de Pesquisa, Desenvolvimento e Inovação Tecnológica (INOVATRIP) tem por objetivo selecionar, credenciar e financiar Núcleos de Pesquisa envolvidos em P,D&I para promover a interação Empresa-ICT no Estado do Rio de Janeiro; complementar o modelo da Hélice Tripla (Empresa-ICT-Governo) com a participação do Governo do Estado do Rio de Janeiro, através da FAPERJ, promovendo parcerias e compartilhando custos e riscos da execução de projetos de pesquisa, desenvolvimento e inovação (P,D&I) que envolvam Núcleos de Pesquisa selecionados e credenciados como Unidades de Pesquisa, Desenvolvimento e Inovação Tecnológica FAPERJ e EMPRESAS INTERESSADAS, com ênfase nas Pequenas e Médias Empresas (PME), Micro Empresas e Startups.

Fonte: Faperj, elaboração própria.

O que quadro 1 demonstra, sumariamente, não é apenas o número de editais lançados pela Diretoria de Tecnologia ao longo recorte temporal por nós definido, que foram 29[1], uma média superior a 4 editais por ano[2]. Pudemos inferir que aos poucos editais recorrentes foram sofrendo pequenas alterações em seus objetivos, que passaram a induzir, de forma mais clara, a absorção de conhecimento pelas empresas, diversificação produtiva, agregação de valor aos produtos, ampliação do relacionamento entre academia e empresas, reconhecimento da inovação social como vetor de soluções inovadoras que impactam a sociedade, em um arranjo no qual Estado, setor privado, academia e organizações da sociedade civil colaboram para o desenvolvimento econômico, social e ambiental do estado do Rio de Janeiro. Além disso, ficou patente a presença do modelo de hélice tripla, que

[1] O ano de 2021 teve 9 editais.

[2] Em 2020 não houve editais lançados pela Diretoria de Tecnologia da Faperj, que voltou-se quase integralmente para as ações de combate a Pandemia de SARS-CoV-2.

aparece consubstanciada no edital denominado Inovatrip, que será alvo de trabalhos futuros por ser ainda incipiente e não haver dados para análise.

De modo ilustrativo, fizemos um exercício de verificar se os editais estão alinhados ao modelo de hélice tripla e ao arcabouço legal trazido por nós, construímos uma nuvem de palavras a partir dos objetivos dos editais. Abaixo o resultado encontrado, na figura 1.

Fonte: Elaboração própria.

Desenvolvimento, inovação e Rio estão no centro. Pudemos verificar, desta forma, que os objetivos dos editais carregam elementos normativos e conceituais que informam o direcionamento das políticas e a indução, por parte da Faperj (estado), da pesquisa, desenvolvimento e inovação, transferência tecnológica, fortalecimento do mercado, oportunidade de trabalho para doutores e aplicação do conhecimento, com centralidade em desenvolvimento econômico e social, competitividade das empresas e empreendedorismo.

Em especial, o edital Ações Integradas para Inovação, cujo objetivo é apoiar a estruturação da Política de Inovação nas Instituições de Ciência e Tecnologia fluminenses, lançado em 2021, carrega parte importante destes objetivos, que passaremos a tratar mais especificamente na próxima seção.

5.4 Edital: PROGRAMA DE APOIO A AÇÕES INTEGRADAS DE INOVAÇÃO EM INSTITUIÇÕES DE CIÊNCIA E TECNOLOGIA FLUMINENSES

O edital Ações Integradas para Inovação publicado em 2021 é o resultado de uma série de editais lançados pela fundação de apoio aos NITs e Incubadoras que foram lançados pela Diretoria de Tecnologia desde 2015.

Assim, o primeiro edital para os NITs, lançado em 2015, com recurso total de 1 milhão, contemplou 11 instituições já com o foco na Lei de Inovação, mas com o viés maior para a proteção intelectual das criações desenvolvidas na universidade.

Nesse mesmo ano, a Faperj lançou o primeiro edital para Parques Tecnológicos - Programa Apoio ao Sistema Fluminense de Parques Tecnológicos - FLUTEC com o objetivo de apoiar, por meio da concessão de recursos de subvenção econômica, a infraestrutura física e administrativa dos parques tecnológicos em operação e em implantação vinculados a ICTs do Estado do Rio de Janeiro (Sistema FLUTEC). Sete instituições foram contempladas entre elas: UFRJ, UFF, PUC e UERJ.

Ainda a Diretoria de Tecnologia lançou anualmente o edital para o NITs de 2016 a 2018, ano em que também foi lançado o edital para Incubadoras. Neste, com recursos da ordem de R$4.500.000,00, foram contempladas 15 incubadoras de diferentes instituições fluminenses.

Em 2021 então a Diretoria de Tecnologia inova propondo um edital que não tinha foco no NIT ou Incubadora e sim na promoção do ecossistema de inovação nas ICTs para o desenvolvimento de projetos mobilizadores das iniciativas de inovação nas ICTs do Estado do Rio de Janeiro, em linha com o marco legal de Ciência, Tecnologia e Inovação para que elas disponham de suas políticas de inovação específicas, propondo maior flexibilidade e fomento das relações entre a produção do conhecimento, o desenvolvimento tecnológico, o setor produtivo e a sociedade.

Outro objetivo, indireto, fortalecer, estruturar e promover a criação de iniciativas em torno das atividades de inovação nas ICTs fluminenses, sobretudo as ações que viabilizem o desenvolvimento tecnológico, os mecanismos de apoio ao empreendedorismo, as diversas formas de transferência de conhecimento e o relacionamento ICTs e setor produtivo, bem como o abrigo e fomento a inovações sociais e estimular o desenvolvimento de projetos que evidenciem o caráter sistêmico de articulação das iniciativas presentes nas ICTs fluminenses, para além de programas isolados, respeitando a indissociabilidade do ensino, pesquisa e extensão, apoiando as ICTs fluminenses no desenvolvimento e na implementação das ações delineadas em suas Políticas de Inovação, tal qual recomenda o Marco Legal de Ciência, Tecnologia e Inovação, decreto de nº 9.283 de 2018.

O edital contou com recursos da ordem de R$ 30.000.000,00 (trinta milhões de reais) distribuídos por faixas de valores por projeto de acordo com os cursos de pós-graduação stricto sensu oferecidos, quais sejam:

Faixa A: IES, pública ou privada sem fins lucrativos, que oferece um número maior ou igual a 80 cursos de pós-graduação stricto sensu (acadêmicos ou profissionais) avaliados pela CAPES (censo 2018), e presente com campus em pelo menos três municípios do estado do Rio de Janeiro.

Faixa B: IES, pública ou privada sem fins lucrativos, que oferece entre 21 e 79 cursos de pós-graduação stricto sensu (acadêmicos ou profissionais) avaliados pela CAPES (censo 2018), com campus no estado do Rio de Janeiro.

Faixa C: IES, pública ou privada sem fins lucrativos, que oferece entre 1 e 20 cursos de pós-graduação stricto sensu (acadêmicos ou profissionais) avaliados pela CAPES (censo 2018), com campus no estado do Rio de Janeiro.

Faixa D: IES, pública ou privada sem fins lucrativos, sem a oferta de programa de pós-graduação stricto sensu (acadêmicos ou profissionais) avaliado pela CA-

PES (censo 2018), que apresente proposta de projeto de articulação com as redes institucionais, empresariais e/ou outras universidades, de modo a fortalecer as capacidades empreendedoras e de inovação de sua região de atuação, a partir do seu campus no estado do Rio de Janeiro.

Faixa E: As ICTs, pública ou privada sem fins lucrativos, que não se enquadrem como IES, com a sua sede no estado do Rio de Janeiro.

O edital recebeu 23 propostas e 21 projetos das ICTs foram contemplados, desde instituições tradicionais como a UFRJ, FIOCRUZ e UERJ, como também as ICTs recém-criadas do Ministério da Saúde: INCA e INC.

Dois projetos foram descontinuados depois de aprovados: A UEZO foi incorporada pela UERJ e o coordenador do projeto do LNCC foi transferido para outra instituição. Ainda dos 19 ativos, temos 3 projetos que pertencem a instituições privadas: PUC, Fundação Dom André Arcoverde - Centro de Ensino Superior de Valença e Instituto de Estudos do Mar Almirante Paulo Moreira. A tabela abaixo mostra o resultado publicado no site da fundação com os outorgados, instituição e nome do projeto.

Tabela 2: Projetos e instituições contempladas com o edital *Projetos cancelados.

Pesquisador(a)	Instituição	Título do Projeto
Ana Carolina Oliveira de Andrade Pinto	Instituto Nacional de Metrologia Qualidade e Tecnologia	Estruturação e implantação de programa baseado em TRL para atendimento às demandas do setor produtivo no Inmetro
Andrea Camardella de Lima Rizzo	Centro de Tecnologia Mineral	Ativos Intangíveis, Inovação & Empreendedorismo: a base tecnológica no ambiente de inovação do CETEM – AMINOTEM

Carla Maia Einsiedler	Fiocruz	Fortalecimento da conexão da Fiocruz com o Ecossistema de Inovação em Saúde no Rio de Janeiro por meio do aprimoramento e estruturação das atividades de relacionamento com o mercado
Cristhiane Oliveira da Graça Amâncio	Centro Nacional de Pesquisa de Agrobiologia	Vitrine de tecnologias de inovação para agropecuária de baixo carbono direcionadas para o estado do Rio de Janeiro
Cristiane da Cruz Lamas	Instituto Nacional de Cardiologia	Criação e Implementação do Núcleo de Inovação Tecnológica do Instituto Nacional de Cardiologia
Denise Pires de Carvalho	UFRJ	Esteira UFRJ de Inovação
*Flávio Barbosa Toledo	LNCC	Ampliação das Ações Integradas de Inovação do LNCC
Henrique Rego Monteiro da Hora	Instituto Federal de Educação, Ciência e Tecnologia Fluminense	Acompanhamento das ações de Inovação do IFFluminense
Hugo Leandro Azevedo da Silva	Fundação Dom André Arcoverde - Centro de Ensino Superior de Valença	Implementação de laboratório de controle de qualidade de alimentos de curso de medicina veterinária do UNIFAA, Valença/RJ como ferramenta tecnológica de estímulo ao empreendedorismo rural
Jorge Roberto Lopes dos Santos	IMPA	Centro PI / VISGRAF - IMPA : Um locus de experimentação para realidade expandida em espaços midiáticos compartilhados

Marcelo Gattass	PUC -RJ	Ecossistema de Formação e Inovação para a Sociedade Digital Inclusiva e Sustentável
Marcelo Portes de Albuquerque	CBPF	Estruturação de ambiente colaborativo para inovação e empreendedorismo para a ciência no CBPF
Marcia Gomes de Oliveira	INT	Programa INOVA–INT: Consolidação da Política de Inovação e Empreendedorismo do Instituto Nacional de Tecnologia.
Mariana Lima Boroni Martins	Instituto Nacional do Câncer	Projeto de estruturação do núcleo de inovação tecnológica do Instituto Nacional de Câncer
Marinilza Bruno de Carvalho	UERJ	A nova Política de Inovação da UERJ: Empreendedorismo e Inovação articulando e Integrando Ações - INTEGRA UERJ:
Mariza Costa Almeida	UNIRIO	Estratégia de Empreendedorismo, Compartilhamento de Conhecimento e Inovação da UNIRIO
*Renata Angeli	UEZO	West Valley: Centro de Empreendedorismo, Inovação e Negócios.
Ricardo Coutinho	Instituto de Estudos do Mar Almirante Paulo Moreira	Planejamento, Implantação e Gestão de uma Entidade
RICARDO HENRIQUES LEAL	UFF	Rede UFF de Inovação: Disseminação e Integração de Ambientes Promotores de Inovação em Vários Campi

Ricardo Luis Louro Berbara	UFRRJ	Inovação da terra ao mar: a tríplice hélice em movimento no contexto da Baixada Fluminense e da Baía de Sepetiba
Victor Haber Perez	UENF	Ações integradas de inovação da UENF para o desenvolvimento da região Norte/ Noroeste Fluminense: aproveitamento de resíduos agroindustriais para a produção de produtos de alto valor agregado

De acordo com o item 2.4 do edital os outorgados deveriam:

a. Realizar um evento de Lançamento do Programa para mobilização e promoção em sua comunidade acadêmica e rede de parceiros, até três meses após o recebimento da primeira parcela de recursos financeiros.
b. Disseminar em suas redes sociais e canais próprios de comunicação as ações previstas no projeto.
c. Estabelecer metas quantitativas para cada uma das iniciativas previstas em seu projeto.
d. Explicitar mecanismos e estratégias de financiamento para a continuidade das ações propostas.
e. Apresentar política de inovação aprovada nas instâncias colegiadas, como Conselhos Superiores, no prazo de até 12 meses após o início do projeto.
f. Participar da rede de contemplados a ser formada para o acompanhamento, compartilhamento de boas práticas e lições aprendidas, durante a vigência do Programa.
g. Esses pontos deverão ser demonstrados nos relatórios técnicos parciais e finais.
h. Sempre que possível, os projetos devem fazer referência ao apoio recebido pela FAPERJ.

A vigência do edital está prevista para seu término no final de 2024 quando todos os projetos devem fazer suas entregas finais e então serão avaliados os impactos com mais detalhes, verificando sua eficácia quanto aos seus objetivos. Contudo, já é possível analisar alguns dados. A maioria das instituições, por exemplo, não conseguiu entregar a Política de Inovação publicada após 12 meses demonstrando o quanto ainda é sensível essa discussão dentro das ICTs, não sendo uma prioridade da gestão por parte das instituições. Ainda foram observados muitos pedidos de remanejamento dos projetos dentro dos valores aprovados para cada instituição com compras de equipamento para pesquisa. Ou seja, aquilo que era para ser gasto para gestão da inovação foi trocado por bens de capital.

Por fim, fatores como propriedade intelectual depositada, patentes licenciadas, transferências de tecnologia para empresas, compartilhamento de laboratórios e criação de startups universitárias serão avaliadas para a discussão da continuidade do edital e eventuais mudanças para melhor cumprimento dos objetivos do mesmo.

5.5 Conclusão

Essa breve análise teve por objetivo apresentar o "Edital Ações Integradas" lançado pela Fundação Carlos Chagas Filho de Amparo à Pesquisa do Estado do Rio de Janeiro, em 2021 e que este ano, 2024, terá seu fechamento após o fim de sua vigência.

Foram apresentados os seus objetivos principais, a principal teoria que o embasou (*triple helix*), bem como alguns dados quantitativos desde o seu lançamento.

Oportunamente, na seção 3, foram descritos outros editais da FAPERJ, de modo que houvesse uma demonstração da trajetória das ações promovidas pela sua Diretoria de Tecnologia, com relação às ações para a promoção da integração entre ICTs e empresas.

Verificou-se, no entanto, que os principais objetivos do edital ainda não foram alcançados, notadamente a publicação das políticas de inovação das instituições contempladas. Podemos inferir que questões internas e burocráticas, bem como outros fatores de ordem de valores, podem ser responsáveis aparente atraso na publicação de tais políticas.

Santos e Souza (2022), ao analisarem elementos de governança nas Universidades Públicas Federais, cotejados com os resultados da última avaliação realizada pelo Tribunal de Contas da União (TCU) no ano de 2021, chegaram a conclusão se que eram insatisfatórios quanto à gestão de recursos e a implementação de políticas públicas.

A Controladoria Geral da União[3], em avaliação recente em seu Relatório nº 817023, intitulado "Economia da Inovação nas Universidades Federais: Rede de Universidades Federais e Órgãos Integrantes do Sistema Nacional de Ciência, Tecnologia e Inovação - MEC, MCTI, MDIC, CAPES, CNPq E FINEP", teve como questão central:

> "Os arranjos jurídico-institucionais, os incentivos, capacidades, atividades e recursos das IFES são suficientes para a rede de universidades federais desempenhar seu papel conforme o modelo da Tríplice Hélice"?

Entre os resultados, o avanço no registro de patentes pelas instituições de ensino superior federais, de mais de 400% entre 2010 e 2020, com impactos significativos nos serviços públicos prestados e na diversificação econômica do país.

A diretoria de tecnologia continua focando em projetos com base na hélice tripla, mais recentemente foi lançado o edital INOVATRIP – Programa Tripartite de

[3] Ver em: https://www.gov.br/cgu/pt-br/assuntos/noticias/2023/12/cgu-avalia-papel-das-universidades-federais-no-ecossistema-nacional-de-inovacao. Acesso em: 12/08/2024

Pesquisa, Desenvolvimento e Inovação Tecnológica cujo objetivo é a promoção de parcerias compartilhando custos e riscos da execução de projetos de P,D&I com a participação do Governo do Estado do Rio de Janeiro, através da FAPERJ, Núcleos de Pesquisa selecionados e credenciados como Unidades de Pesquisa, Desenvolvimento e Inovação Tecnológica - esses núcleos será formadas nas ICTs e empresas interessadas, com ênfase nas Pequenas e Médias Empresas (PME), Micro Empresas e Startups baseado no modelo EMBRAPII (Faperj, 2024) O edital conta com 45 milhões de orçamento e as inscrições se encerram em agosto de 2024 com previsão de publicação do resultado final em dezembro deste ano. Mais informações no site da fundação[4] (https://www.faperj.br)

Dessa forma, a fundação cumpre com o seu estatuto em fomentar a inovação, o empreendedorismo inovador e a transferência de tecnologia entre instituições de pesquisa e empresa corroborando para que o estado e o país avancem nos *rankings* de inovação e competitividade.

Referências Bibliográficas

1. ALERJ – ASSEMBLEIA LEGISLATIVA DO ESTADO DO RIO DE JANEIRO. Projeto de Lei nº 278-A/2019: Institui o Sistema Estadual de Ciência, Tecnologia e Inovação do Estado do Rio de Janeiro, na forma que menciona, e dá outras providências. ALERJ, **2022**.

2. BASSO, Fernanda Gisele; PEREIRA, Cristiano Gonçalves; PORTO, Geciane Silveira. Cooperação e áreas tecnológicas nas universidades estaduais paulistas: Uma análise sob a ótica do modelo da tríplice hélice. Tecnologia na Sociedade, v. 65, p. 101566, **2021**.

3. BRASIL, Lei nº 10.973, de 2 de dezembro de 2004. Dispõe sobre incentivos à inovação e à pesquisa científica e tecnológica no ambiente produtivo, com vistas à capacitação e ao alcance da autonomia tecnológica e ao desenvolvi-

[4] https://www.faperj.br. Acesso em 10/08/2024

mento do setor produtivo nacional e dá outras providências. Brasília, DF, **2004**. Disponível em: https://www.planalto.gov.br/ccivil_03/_Ato2004-2006/2004/Lei/L10.973.htm

4. BRASIL, Lei nº 13.243, de 11 de janeiro de 2016. Dispõe sobre estímulos ao desenvolvimento científico, à pesquisa, à capacitação científica e tecnológica e à inovação e altera a Lei nº 10.973, de 2 de dezembro de 2004 e outras. DF, **2016**. Disponível em: https://www.planalto.gov.br/ccivil_03/_Ato2015-2018/2016/Lei/L13243.htm

5. CAI, Y. Neo-Triple Helix Model of Innovation Ecosystems: Integrating Triple, Quadruple and Quintuple Helix Models. Triple Helix, v. 9, n. 1, p. 76-106, DOI: https://doi.org/10.1163/21971927-bja10029. **2022.**

6. CAI, Y. & ETZKOWITZ, H. Theorizing the Triple Helix model: Past, present, and future. Triple Helix. 6. 1-38. 10.1163/21971927-bja10003. **2020.**

7. CARAYANNIS, E. & CAMPBELL, D. Triple Helix, Quadruple Helix and Quintuple Helix and How Do Knowledge, Innovation and the Environment Relate To Each Other? International Journal of Social Ecology and Sustainable Development. 1. 41-69. **2012.**

8. CARAYANNIS, E.; G.; BARTH; THORSTEN D.; CAMPBELL, D.F.J. The Quintuple Helix innovation model: global warming as a challenge and driver for innovation. Journal of innovation and entrepreneurship, v. 1, p. 1-12, **2012.**

9. CARAYANNIS, E. G.; GRIGOROUDIS, E.; CAMPBELL, D. F. J.; MEISSNER, D.; SAMATI, D. The ecosystem as helix: an exploratory theory-building study of regional co-opetitive entrepreneurial ecosystems as Quadruple/Quintuple Helix Innovation Models. R&D Management 48, 1, p. 148-8. **2018.**

10. Galvão, M.C.B. e Ricarte, I.L.M.trads. REVISÃO SISTEMÁTICA DA LITERATURA: CONCEITUAÇÃO, PRODUÇÃO E PUBLICAÇÃO. Logeion: Filosofia da Informação. 6, 1 (set. 2019), 57–73162, **2019.**

11. Global Innovation Index 2023, 15th Edition [Internet]. 2023. [acesso em 09/08/2024]. Disponível em: https://www.wipo.int/global_innovation_index/en/2023/

12. LEYDESDORFF, Loet; SMITH, Helen Lawton. Triple, quadruple, and higher-order helices: historical phenomena and (neo-) evolutionary models. Triple Helix, v. 9, n. 1, p. 6-31, **2022.**

13. SANTOS, D. J.; SOUZA, K. R. A governança nas instituições de ensino superior públicas brasileiras. Revista Ibero-Americana de Estudos em Educação, Araraquara, v. 17, n. 3, p. 1532–1557. DOI: 10.21723/riaee.v17i3.17085. **2022** Disponível em: https://periodicos.fclar.unesp.br/iberoamericana/article/view/17085. Acesso em: 12 ago. 2024.

14. SUBPLE – SUBSECRETARIA DE PLANEJAMENTO ESTRATÉGICO. Nota Técnica nº 004 - CIÊNCIA, TECNOLOGIA E INOVAÇÃO NO ESTADO DO RIO DE JANEIRO. Rio de Janeiro, **2022.**

15. SANTOS, G. O.; LA ROVERE, R. L. As Possibilidades e os Limites da Triple Helix como Alavanca de Desenvolvimento Regional no Estado do Rio De Janeiro: uma análise baseada nas especificidades dos Sistemas Regionais de Inovação. As Hélices da Inovação Interação universidade-empresa-governo-sociedade no Brasil Volume 1. 1ed., Curitiba: CRV, v. 1, p. 365-394. **2022**

16. Yin, R. K. Pesquisa Estudo de Caso - Desenho e Métodos (2 ed.). Porto Alegre: Bookman. **1994**

Capítulo 6

A Relevância de Ambientes Colaborativos para o Empreendedorismo Inovador Sustentável.

Adriana Gonçalves de Oliveira Santos,
Leonardo Vieira Pessanha,
Thayaná Gonçalves da Cunha.

6.1 Introdução

A importância deste projeto se caracteriza pela consolidação das atividades de Inovação e Empreendedorismo da UERJ iniciadas em 1992, cujas comemorações de 30 anos, completos em 2022 foram realizadas em agosto de 2023, com o lançamento do livro 30 anos de inovação.

O projeto da UERJ foi um dos 21 contemplados no Edital 24/2021 da Fundação Carlos Chagas Filho de Amparo à Pesquisa do Estado do Rio de Janeiro - FAPERJ, que estabeleceu o Programa de Apoio a Ações Integradas de Inovação em Instituições de Ciência e Tecnologia (ICTs) Fluminenses. O referido edital definiu que cada universidade apresentasse uma única proposta, justamente para incentivar a prática da política de inovação com ações integradas. O projeto Integra UERJ tem o objetivo de atualizar a Política de Inovação, reunindo metodologias de diversas áreas do conhecimento.

As atividades do projeto tiveram como foco o Empreendedorismo, Inovação e Legislação, em conjunto com os pilares do perfil empreendedor de visão de futuro, flexibilidade de paradigmas e liderança, as várias práticas de Gestão de Pessoas e a disseminação da Cultura de Empreender e Inovar, usando como base os preceitos da Academia e toda a legislação de Inovação, Propriedade Intelectual e a LGPD. Este projeto tem em sua metodologia cinco células envolvidas que são das áreas de Meio Ambiente, Saúde, Educação, Tecnologia e Inovação / Legislação.

A de Meio Ambiente teve o objetivo de promover a segurança hídrica e energética na UERJ e em comunidades urbanas. Para racionalização no uso dos recursos, foram instalados, no campus Maracanã, reservatórios de água pluvial junto ao Restaurante Universitário - RU propondo uma metodologia para integrar água, energia e alimento, conhecida na literatura como WEF (Water-energy-food nexus), para tornar a produção no RU mais sustentável. Já no estacionamento do campus, a princípio, foram instaladas placas solares para recarga de veículos elétricos (carros, bicicletas, scooters) inaugurando uma nova atividade de redução das emissões de gases poluentes e a promoção de tecnologias limpas.

A área de Saúde se concentrou na tecnologia tridimensional, desde a modelagem computacional até a imersão virtual pela realidade aumentada e a impressão de modelos para uso cirúrgico. O laboratório Saúde 3D começou a ser montado dentro do Centro de Pesquisa Multiusuário - CePeM do Hospital Universitário Pedro Ernesto - HUPE. A impressão 3D permite a confecção de objetos customizados e a produção em pequena escala, possibilita a criação de próteses mais adequadas ao paciente e, por outro, de modelos para visualização mais precisos, levando a melhor planejamento e redução do tempo de cirurgias. O laboratório terá a missão de facilitar o acesso às novas tecnologias, garantindo a formação dos estudantes de graduação e pós-graduação e a atualização dos profissionais.

A célula de Educação propôs ações para diferentes segmentos da Universidade, abrangendo desde aqueles que não têm nenhum conhecimento sobre empreendedorismo e inovação até aqueles que já usam essas ferramentas. Foram realizadas maratonas tecnológicas (hackathons), utilizadas como ferramentas de educação e capacitação, utilizando recursos e plataformas gratuitas para sua concepção. As maratonas se apresentam como novos métodos de ensino e aprendizagem, estimulando a integração e participação da comunidade acadêmica na criação de soluções inovadoras para um problema da instituição.

Já a proposta da célula de Tecnologia foi implementar uma *software house*, a fim de desenvolver sistemas próprios para a Universidade e entidades externas. Inicialmente chamada de Casa de Software, a Casa Digital UERJ vai auxiliar no processo de aceleração que envolverá a avaliação tecnológica, o estudo de mercado e análise do negócio, com formação de grupos de trabalho formados majoritariamente por funcionários da UERJ e de outros órgãos a partir dos aspectos de inovação em software.

Parte dos investimentos feitos em hardware para aquisição de versões mais modernas de equipamentos como desktops, notebook, datashow, impressora, switch e ponto de acesso, possibilitaram a ampliação do alcance de distribuição da rede de internet cabeada e sem-fio e o aumento de performance de laboratórios de pesquisa, extensão, incubadora de empresas e empreendimentos incubados em departamentos de duas Unidades Acadêmicas do Centro de Tecnologia e Ciêcias da UERJ: no Centro de Empreendedorismo - CEMPRE, no Laboratório de Avaliação, Tecnologia Social e Inovação - LATESI, na Incubadora Tecnológica e de Empreendimentos Sociais e Cooperativas Sociais - ITECS do Departamento de Informática e Ciências da Computação - DICC do Instituto de Matemática e Estatística - IME, no campus Francisco Negrão de Lima (Maracanã), e no Laboratório de Redes Industriais e Sistemas de Automação - LARISA, do Departamento de Eletrônica e Telecomunicações - DETEL, da Faculdade de Engenharia - FEN, na unidade externa Fonseca Teles (São Cristóvão).

A célula de Empreendedorismo, Inovação e Legislação foi a responsável por apresentar a Política de Inovação da UERJ versão 2023, prevendo e discutindo os protocolos de inovação, propriedade intelectual e empreendedorismo essenciais à universidade. A célula também foi responsável por formatar os resultados dos estudos de caso de cada célula em cinco e-books distintos, reunindo todas essas "emendas", agregando metodologias que permitam contribuir, promover e acelerar ideias, projetos e ações inovadoras.

Ao longo desse capítulo serão destacadas abordagens sobre empreendedorismo e inovação, bem como, serão apresentadas diretrizes estratégicas desenvolvidas para orientar a implementação de ações inovadoras que promoveram a integração entre a universidade, o mercado e a sociedade.

6.2 O empreendedorismo na Universidade

Vivemos em uma sociedade em constante mudança tecnológica e social. Este novo contexto demanda novas abordagens e atitudes. É parte fundamental da missão das universidades conectar seus alunos ao mercado de trabalho e à sociedade. O empreendedorismo, nesse sentido, pode ser visto como uma extensão das atividades universitárias, especialmente quando seus trabalhos e projetos de pesquisa visam contribuir ativamente no desenvolvimento social do país.

Contudo, para que as pesquisa desenvolvidas na academia se transforme em verdadeira inovação, é fundamental que ela tenha aplicabilidade prática na sociedade, gerando um impacto significativo. A educação empreendedora, que envolve a capacidade de identificar oportunidades, criar soluções inovadoras, assumir riscos calculados e manter-se em constante aprendizado e reflexão, tornou-se essencial para profissionais de todas as áreas. Assim, as universidades devem se preparar para orientar, incentivar e disseminar essa postura empreendedora inspirando e engajando tanto seu corpo funcional quanto o corpo discente.

As universidades desempenham um papel crucial na criação, gestão e preservação do conhecimento científico e tecnológico e na promoção de desenvolvimento. Ao longo dos séculos, diferentes paradigmas universitários emergiram, sendo que, mais recentemente, ganhou destaque o modelo de universidades empreendedoras. O conceito de empreendedorismo dentro das universidades começou a se consolidar na década de 90, e ao longo do século XX, a transição para uma sociedade do conhecimento impulsionou a ascensão desse paradigma.

Universidade Empreendedora é aquela que se distingue por apoiar ativamente atividades empreendedoras, possuir estruturas que facilitam a transferência de tecnologia e à formação de novas empresas. A ideia central é que essas universidades não se limitam às funções tradicionais de ensino e pesquisa, mas também se destacam por suas iniciativas empreendedoras, buscando gerar impacto econômico e social através da inovação. Desse modo, essas instituições de ensino passam a oferecer uma gama de atividades para a aprendizagem do empreendedorismo através da inserção da temática no currículo de diversos cursos e na disseminação desse conhecimento através de atividades de extensão.

O perfil empreendedor a ser desenvolvido na comunidade acadêmica envolvem competências, propósito e mentalidade. As competências empreendedoras são formadas através de conhecimentos, habilidades e experiências adquiridas por meio da educação, experiência profissional e observação, que capacitam o indivíduo a empreender. O propósito é a paixão, a energia, que impulsiona o empreendedor a realizar seus objetivos, podendo ser emocional ou racional. Já a mentalidade empreendedora é a forma como o empreendedor encara os desafios, dividindo-se em três aspectos: cognitivo (modelos mentais para pensar e decidir), comportamental (ação em busca de oportunidades) e emocional (gestão do estresse, risco e fracasso).

Em ambientes universitários, criar um ecossistema empreendedor envolve diversas iniciativas como palestras com ex-alunos empreendedores, competições de soluções para problemas reais, criação de Empresas Juniores que preparam os alunos para o mercado, atendendo a clientes reais e Incubadoras de Empresas que auxiliam o empreendedor a transformar seu projeto em um negócio sustentável.

Contudo, a promoção do empreendedorismo na universidade não se limita apenas às práticas, mas também à criação de diretrizes e protocolos que gerenciem a inovação, a propriedade intelectual e o empreendedorismo desenvolvido pela comunidade acadêmica fomentando uma cultura empreendedora, bem como assegurando que o conhecimento produzido tenha impacto real e sustentável na sociedade.

6.3 As legislações internas

A UERJ, ao longo de sua existência, desenvolveu diversos documentos internos para instaurar, disseminar e potencializar ações inovadoras na instituição. A existência desses atos normativos internos foi fundamental para garantir que as atividades realizadas dentro da instituição fossem conduzidas de maneira consistente e alinhada com seus objetivos estratégicos.

Esses documentos estabeleceram diretrizes de criação, formalização e funcionamento dos projetos institucionais, definindo missão, responsabilidade e procedimentos a serem seguidos. Além disso, os atos normativos internos também servem como um mecanismo de governança e transparência, garantindo que a instituição opere em conformidade com as leis e/ou regulamentos externos.

Na UERJ, a primeira disciplina de empreendedorismo foi criada em 1996 com a primeira turma ministrada no segundo semestre de 1997. Já a Deliberação 012 de 1998 criou a disciplina Empreendedor em Tecnologia de Informação como Eletiva Universal do Instituto de Matemática e Estatística. Uma década após à criação da disciplina, o Ato Executivo de Decisão Administrativa (AEDA) 005 de 2006 instituiu o Programa de Empreendedorismo como Programa de Extensão, com a missão de disseminar a gestão empreendedora na comunidade interna e externa, bem como prever a criação do Centro de Empreendedorismo do IME - CEMPRE com vistas a responder uma intrigante questão: Como integrar os conhecimentos científicos e tecnológicos com os saberes locais na solução dos problemas reais? Este este é o desafio do CEMPRE integrando a tecnologia e a educação que podem ser instrumentos de transformação e de inclusão social proporcionando sobrevivência para uns e melhoria na qualidade de vida para todos.

Os objetivos do CEMPRE são desenvolver o perfil empreendedor de alunos da Universidade e da comunidade externa; Atender ao máximo as ODS da agenda 2030; Apoiar o planejamento de negócios dos empreendedores envolvidos; Promover a geração de redes de trabalho entre profissionais e empresas; Divulgar projetos inovadores e empreendedores da Universidade; Promover a integração e a negociação de projetos e propostas inovadoras e empreendedoras desenvolvidas na UERJ; Orientar a proteção de produtos e de serviços desenvolvidos pela UERJ; Buscar ser um centro de referência na educação como agente da transformação social, de modo a promover o desenvolvimento das habilidades de gestão, inovação, empreendimento na geração de maior trabalho e renda.

É importante observar que umas das atividades previstas nos programas de empreendedorismo era promover a integração e a negociação de projetos e propostas empreendedoras e orientar a proteção de produtos e de serviços desenvolvidos pela UERJ. Nesse contexto, no ano 2000, a AEDA 008 formaliza o Programa de Propriedade Intelectual e Transferência de Tecnologia, com objetivo principal de mapear as potencialidades acadêmicas e promover a cultura de propriedade intelectual. Essas diretrizes são fundamentais para proteger as ideias e inovações geradas dentro das universidades, garantindo que seja devidamente reconhecida a autoria e que suas aplicações comerciais sejam exploradas de forma ética e eficaz.

No mesmo sentido, em 2003, a deliberação 057 regulamentou na universidade a premiação de autor relativa à propriedade industrial, intelectual e de autoria. Com base na Portaria nº 88, de 23 de abril de 1988, do então Ministério de Ciência e Tecnologia – MCT, a regulamentação discorre sobre os ganhos econômicos dos servidores na exploração econômica de suas invenções e inovações protegidas por direitos de propriedade intelectual.

Em 2012, considerando a imperativa necessidade da instituição em apoiar e promover as ações de inovação, o ato executivo 012, cria o InovUerj, o departamento com as atribuições de um Núcleo de Inovação Tecnológica. Em complementação, a AEDA 050 do mesmo ano, estruturou e definiu as competências do setor, tais quais formular a politica de inovação e coordenar sua execução na instituição, assim como, estabelecer diretrizes e normas de inovação.

O Departamento de Inovação atua na perspectiva de identificar e apoiar a geração de tecnologias, processos, produtos e serviços inovadores, zelar pela propriedade intelectual, promover a transferência de conhecimento e estimular a interação entre a Uerj e a sociedade. Ao longo de sua criação, o InovUerj formalizou e aprimorou suas estruturas, procedimentos e atividades visando apoiar o desenvolvimento tecnológico, a inovação e a difusão do conhecimento gerados na universidade. Entre seus projetos podemos destacar o Programa de Apoio às Empresas Juniores e a criação do Programa Qualitec.

Com seu pioneirismo, a UERJ foi uma das primeiras universidades no Brasil a instituir apoio financeiro às Empresas Juniores com o Projeto Acadêmico Empresa Junior criado em 2012. Essas iniciativas buscam contribuir com a formação acadêmica, preparando os alunos de graduação a ingressarem no mercado de trabalho. O edital de apoio teve início em 2014 com o objetivo de estimular e apoiar a formação e desenvolvimento das empresas juniores. Em 2016, com a criação da Lei Federal nº 13.267/2016, a instituição redigiu a Instrução Normativa 01/INOVUERJ/SR-2/2016 para normatizar a criação e a organização das empresas.

O programa Qualitec trouxe uma proposta inovadora na universidade com adoção de medidas que contribuíssem com o aprimoramento e o aperfeiçoamento Laboratórios de Alta Complexidade que demandam profissionais com capacitação específica para sua gestão e operação, incluindo as incubadoras, através de editais de bolsas de nível superior e apoio na execução de parcerias. A partir do programa e oficializado pela AEDA 033 de 2015, conceituou-se as UDTs – Unidades de Desenvolvimento Tecnológico, que são unidades formalizadas e comprometidas com o desenvolvimento de projetos PD&I.

O Ecossistema de Inovação do Instituto de Matemática e Estatística – IME é composto pelos Laboratórios LEGIN e LATESI, pela Incubadora ITECS e pelo já mencionado CEMPRE.

Criado em 2014 e realizado no Instituto de Matemática e Estatística – IME, o Laboratório de Estudo e Pesquisa em Gestão da Inovação - LEGIN se propõe a desenvolver metodologias de prospecção da Inovação, identificação de potencialidades, gestão e avaliação da inovação, com seus resultados (produtos, processos e/ou serviços), indicadores de requisitos, modelos de gestão, tecnologia e novos saberes. O LEGIN dispõe de infraestrutura técnica, metodologia e equipe transdisciplinar para a execução das atividades do projeto e sempre em parceria com o Laboratório de Avaliação, Tecnologia Social e Inovação - LATESI, Incubadora de Base Tecnológica e Empreendedimentos Sociais e Cooperativas Sociais - ITECS e o Centro de Empreendedorismo do IME - CEMPRE, compondo o Ecossistema de Inovação do Instituto de Matemática e Estatística – IME da UERJ.

O objetivo geral é o estudo e a disseminação da cultura de inovação e empreendedorismo na comunidade interna e externa da UERJ, inocular o vírus da gestão da inovação, de modo que as ações de Ensino, Pesquisa e Extensão estejam comprometidas com a disseminação da cultura de inovar, identificar possíveis soluções diferenciadas em campos diversos do saber, preocuparem-se com a garantia da autoria de seus inventores e propositores, bem como orientar a transferência para a sociedade dos conhecimentos, produtos, e serviços gerados na universidade. Os objetivos específicos são qualificar a comunidade acadêmica e do entorno nas dimensões da inovação, da gerência de projetos, avaliação, gestão e de modelos empreendedores; Instalar a relevância do planejamento e gestão; Qualificar gerentes de projetos e potencializar a formação profissional; Potencializar a criação de empresas para as incubadoras, empresas startups, empresas juniores e empreendedores individuais; Disseminar a cultura de inovação, empreendedorismo e propriedade intelectual; Promover ações para a geração de trabalho e renda, divisas estaduais e nacionais; Integrar ações das incubadoras e empresas juniores; Integrar as ações de gestão da inovação ao fluxo operacional das atividades e projetos; Construir critérios e indicadores de inovação ; Gerar informações relevantes de apoio à decisão.

O Laboratório de Avaliação, Tecnologia Social e Inovação - LATESI se propõe a sustentar uma relação viva da academia com a sociedade, na instalação de uma nova cultura de trabalho participativo e o uso da tecnologia como instrumento estratégico facilitador. Neste sentido o LATESI busca ser o elemento de articulação entre a academia, sociedade e governo, no tocante a avaliação e construção de indicadores, identificação de vocações e estimulo a proposição de ações inovadoras que resultem em novos postos de trabalho e geração de renda.

O objetivo geral é fomentar o processo colaborativo de articulação do conhecimento de modo a identificar oportunidades, gerar conhecimento e avaliar as possibilidades de intervenção e aprimoramento. Os objetivos específicos são manter um ambiente propício à comunicação, reflexão, troca de experiências e aprendizados entre os segmentos universitários e técnicos, bem como a comunidade vizinha, em diversas localidades fisicamente distribuídas pelo Estado do Rio de Janeiro; Permitir o desenvolvimento de idéias e necessidades transformadas em propostas concretas de ações planejadas que resultem na geração de trabalho e renda e a melhoria da qualidade de vida local; Construir indicadores de inovação nos segmentos e região estudados e/ou demandados.

A Incubadora de Base Tecnológica e Empreendedimentos Sociais e Cooperativas Sociais - ITECS foi criada através do AEDA 047 de 2014, e suas motivações estão comprometidas com o desenvolvimento socio econômico do Estado do Rio de Janeiro. Como instituição de ensino e pesquisa tecnológica, a UERJ encontra-se inserida na política de inovação tecnológica e empreendedorismo com o consequente estímulo à criação e consolidação de micro e pequenas empresas de base tecnológica, empreendedorismo social e cooperativismo social. Por essa razão, mantém na Unidade Acadêmica do Instituto de Matemática e Estatística a Incubadora ITECS.

O objetivo do programa de incubação é selecionar projetos e/ou empreendimentos para criar condições físicas e tecnológicas que propiciem o surgimento e/ou aperfeiçoamento de produtos e/ou serviços desses empreendimentos em nível de mercado. Com a incubação, os empreendimentos tem à sua disposição um quadro de professores e técnicos da UERJ de alta qualificação, laboratórios e espaço compartilhado com estações de trabalho acesso à internet e infraestrutura de uso e serviço comum na Unidade Acadêmica onde está instalada a Incubadora ITECS (sala de reunião, auditório, copa, sanitários, manutenção, segurança e limpeza, dentre outras facilidades. Com o auxílio da Incubadora ITECS, os empreendimentos incubados podem contar com apoio gerencial para participar de editais de financiamento de recursos relativos à tecnologia e consolidação de negócios.

Os empreendimentos participantes do programa de incubação da Incubadora ITECS apresentam-se nas seguintes modalidades: Projeto Pré-Incubado – Empreendedor que busca transformar uma ideia inovadora em negócio, sendo que o conhecimento tecnológico encontra-se em fase de desenvolvimento e consolidação de protótipo. O apoio técnico e gerencial é necessário para a consolidação da tecnologia, estudo de viabilidade e consolidação do plano de negócios. De acordo com interesse do conveniado e disponibilidade da incubadora poderá ter estação de trabalho como apoio ao desenvolvimento do projeto; Empresa Incubada – Empresa constituída e sediada fisicamente na incubadora, tendo como característica o desenvolvimento avançado do conhecimento tecnológico com protótipo em fase de lançamento no mercado. Além da infraestrutura básica, a empresa dispõe de capital mínimo assegurado e um plano de negócios definido para disponibilização da tecnologia no mercado; Empresa Associada – Empresa constituída, mas que necessita de apoio técnico e gerencial para desenvolvimento ou melhoria do produto ou processo, novo ou já existente no mercado, sem a necessidade, contudo de espaço físico na incubadora. De acordo com interesse do conveniado e disponibilidade da incubadora poderá ter estação de trabalho como apoio ao desenvolvimento do projeto.

São atribuições do programa de incubação da UERJ: buscar alianças estratégicas, acordos e convênios de interesse mútuo; Realizar negociações para obtenção de recursos; Oferecer serviços de apoio com qualidade e agilidade. Selecionar, acompanhar e avaliar o pessoal técnico e de apoio da incubadora; Planejar e realizar a seleção de novos empreendimentos; Acompanhar e avaliar o desempenho técnico-financeiro das empresas e da incubadora; Elaborar regimento interno e normas diversas sobre o funcionamento da incubadora. Elaborar projetos e relatórios técnico-financeiros; Programar e executar o orçamento anual da incubadora; Redigir contratos, acordos, convênios e correspondências; Organizar eventos de capacitação e de divulgação institucional; Estimular a integração entre seus funcionários e entre estes e os das empresas, criando um ambiente propício à criatividade e ao associativismo e seguro ao desempenho profissional; Promover e divulgar a incubadora e seus empreendimentos. Tem como objetivo geral estimular e apoiar projetos com vistas a contribuir para a transformação de resultados de pesquisa em empreendimentos sociais e sustentáveis, visando ao desenvolvimento local e ao aumento da atividade econômica no Estado do Rio de Janeiro.

6.4 A inovação aberta

Uma característica fundamental dessas instituições é a capacidade de se envolverem ativamente com o mercado, a indústria e a sociedade formando a hélice tríplice, um modelo no qual a inovação surge da interação entre esses três setores, que atuam em conjunto para criar um ambiente propício ao desenvolvimento de novas ideias, tecnologias e processos.

Similarmente, a Inovação Aberta (Open Innovation) é um modelo de gestão que promove a descentralização do processo inovativo, incentivando a criação de parcerias externas com pessoas e organizações. Ao estar aberto às colaborações externa, as organizações podem se beneficiar da expertise de outros agentes, tornando-se mais inovadoras e competitivas.

Introduzido por Henry Chesbrough em 2003, o conceito de Open Innovation propõe um novo paradigma promove o compartilhamento de conhecimento onde a pesquisa, o desenvolvimento e a comercialização podem ser realizados tanto internamente quanto em conjunto com parceiros externos. Chesbrough, o pai da Inovação Aberta, mostrou que esse modelo acelera a implementação de inovações, reduz custos e riscos e valoriza a propriedade intelectual.

Embora existam vantagens, como a abertura para novas oportunidades, fortalecimento de redes de contatos e retorno econômico acelerado, o modelo da inovação aberta também apresenta desafios, como o risco de vazamento de informações e a perda de controle sobre a propriedade intelectual. Portanto, é essencial estar atento e respaldado às atividades compartilhadas.

Por outro lado, a Inovação Fechada representa uma abordagem mais tradicional, onde o processo criativo e a proteção da propriedade intelectual são mantidos dentro da própria empresa sendo caracterizada pelo sigilo e confidencialidade. Ambas as abordagens têm suas vantagens e desvantagens, a escolha entre elas dependerá do contexto e dos objetivos da organização. Em muitos casos, uma estratégia mista que combina elementos de inovação aberta e fechada pode ser a melhor opção, permitindo que as organizações alcancem seus objetivos com sucesso.

Ao adotar essa abordagem colaborativa, a Universidade não apenas fortalece a capacidade de inovação, mas também facilita a disseminação de ideias e soluções.

6.5 Projetos internos

O Laboratório de Estudo e Pesquisa em Gestão da Inovação - LEGIN articulou um programa de apoio ao Núcleo de Envelhecimento Humano - NEH/Unati, oferecendo aulas no Laboratório de Avaliação, Tecnologia Social e Inovação - LATESI. Foram realizadas oficinas de informática intituladas "O Computador Como Instrumento de Inclusão Digital", voltadas para idosos com pouca ou nenhuma familiaridade com o uso de computadores. Com uma carga horária total de 96 horas, o objetivo das oficinas foi capacitar 30 alunos a dominar as principais funções e recursos desses dispositivos, como o uso de visualizadores de imagens, planilhas, ferramentas de gravação de mídias, pesquisas no Google e outras configurações essenciais, proporcionando aos participantes maior independência e autonomia no uso dessas tecnologias.

Em 2023, o CEMPRE, em parceria com o LEGIN e a Incubadora ITECS, realizou de forma híbrida o curso de extensão em Inovação, Liderança e Gestão de Projetos, oferecendo capacitação em Plano de Negócios, Captação de Recursos através de Leis de Incentivo, Marketing Digital e Propriedade Intelectual, com turma presencial e à distância por transmissão online simultânea. Em 2024, em parcerias com o SEBRAE na palestra "Empreendedorismo e Inovação como Estratégia de Sustentabilidade" e com o Programa de Pós-graduação em Meio Ambiente - PPGMA e a empresa incubada Somnia Inovação e Propriedade Intelectual Ltda o evento "Propriedade Intelectual e Territorialidades Socioambientais", também realizados no LEGIN. Apresenta também em 2024 o Projeto de Desenvolvimento Profissional Sustentável. O projeto DEPES na área de Tecnologias Ágeis mais atualizadas para o momento atual busca atender as demandas das pessoas da Sociedade com aplicativos mais inclusivos (crianças, idosos e deficientes), e também mais integrados aos serviços oferecidos e necessárias a cada ambiente a que se destina.

No ano de 2024, o projeto DEPES inserido no Programa CEMPRE de Extensão, cumpre uma vertente de Estágio Interno Complementar – EIC cujo estagiário desenvolve a capacidade empreendedora e inovadora na participação das atividades do Projeto, como cursos, oficinas e desenvolvimento de projetos. As atividades desse ao ano iniciaram com os cursos de: Web Design, HTML, CSS, JavaScript, JQuery, Plataforma Word Press, Formulação de API Word Press e Git Hub. O aluno Rodrigo Mendes de Azevedo iniciou suas atividades em março de 2024, mas somente em maio de 2024, foi formalmente contratado. Após os cursos citados deu-se inicío ao desenvolvimento do site CEMPRE para 2024, uma API do Back End do site, que praticamente representa o desenvolvimento de códigos em linguagem PHP na implementação do novo Ambiente Virtual do Programa e Projeto CEMPRE. O projeto prevê a construção de propostas futuras tais como:

1. Projeto de egresso; modelo de atividade; grau de inovação e empreendedorismo;
2. Nível de trabalho e renda auferido por alunos egressos;
3. Nível acadêmico a que chegou;
4. Modelo de vida, negócio e sustentabilidade;
5. Planos futuros.

O projeto de Empreendedorismo e Inovação é totalmente prático, de modo que os estudos possam ser implementados e comprovados. O conteúdo apresentado de empreendedorismo e inovação está respaldado nos conceitos, metodologias, oficinas, experiências, bibliografias e relatos de projetos já concluídos, refletindo o tema nos dias atuais. A estrutura e a linguagem são próprias e adequadas ao conteúdo de forma desafiadora e inovadora, com vídeos, oficinas práticas, teóricas e colaborativas. A metodologia é bem relacionada com o tema, sendo empreendedora, com exigência de prática. Empreendedor é aquele que faz. Inovadora, por ser diferente e respeitando as diferenças. Coerente, comprometida, traz confiança, desenvolve a competência e muito conciliadora. Está planejado trabalho de gravação e edição de conteúdo com o lançamento de canal do CEMPRE no Youtube, com transmissões e gravações de aulas, oficinas e eventos relacionados ao tema em parcerias com Incubadoras, Empresas Juniores e Laboratórios de Inovação. O projeto cumpre as ODS 4, 8, 9 12 e 17.

O LEGIN, em parceria com a REDETEC, também atuou junto ao Programa Capacit-Uerj aos disponibilizar seu espaço para aulas do programa. Regulamentado pela Deliberação nº 15/2018 do Conselho Superior de Ensino, Pesquisa e Extensão (Csepe), o Capacit visa oferecer aos servidores técnico-administrativos da UERJ oportunidades de capacitação continuada. Tem como objetivo de desenvolver habilidades e competências, bem como promover a progressão na carreira. Dado o recente plano de reestruturação de cargos, carreiras e remuneração do quadro de pessoal dos servidores técnico-administrativos, essas capacitações tornam-se ainda mais necessárias.

Em 2024, foi criado o Programa de Mentoria para Aceleração de Empresas e Projetos - MAEP pelo LEGIN. Este programa surge da crescente demanda de aprendizagem prática e correção de rumos, com foco na atualização de processos, metodologias, instrumentos e estratégias. O MAEP busca identificar vocações e desenvolver habilidades sob a perspectiva da tecnologia social, empreendedorismo e inovação, promovendo a empregabilidade e geração de renda para os discentes envolvidos em projetos de inovação, empresas juniores ou incubadoras. Coordenado pelo LEGIN, o programa tem como objetivo criar um grupo multidisciplinar de profissionais para apoiar projetos inovadores nas incubadoras da Uerj, empresas juniores e pesquisadores. O quadro de mentores inclui 11 docentes da universidade, 1 docente externo, 2 alunos de graduação (bolsista de estágio interno complementar e iniciação científica), 3 bolsistas Qualitec, 1 mestrando com projeto incubado e 2 servidores técnico-administrativos da UERJ.

Referências Bibliográficas:

1. Ângelo, Eduardo Bom . Empreendedor Corporativo : A nova postura de quem faz a diferença , Elsevier, Rio de Janeiro , 2003

2. Anne Miller .A Arte de Vender Ideias - Como Acabar Com A Resistência À Criatividade E A Inovação – 2010 – Ed. Unicamp – Campinas – Sp

3. Carvalho,M.B. A3 - Metodologia de Avaliação e Construção de Indicadores– Ed. Ciência Moderna, RJ . 2009.

4. Carvalho,M.B;Ritto,A.C.A;- IPTR- Indicadores de Inovação,Prospecção, Trabalho e Renda. . PoD, Rio de Janeiro , 2012.

5. Carvalho,M.B;Ritto,A.C.A;Dias,J.C.V.Gestão da Inovação nas ICT's. PoD, Rio de Janeiro, 2011.

6. Catálogo de Potencialidades , UERJ / vol.2 – Rio de Janeiro : Ctrl C, 2007

7. Chesbrough, Henry. Open Innovation: The New Imperative for Creating and Profiting from Technology, Boston: Harvard Business School Press, 2003,

8. Christensen, Clayton M. e Raynor, Michael E, The innovator's solution ; O crescimento pela inovação : Como crescer de forma sustentada e reinventar o sucesso – Tradução de Serra, Afonso C.C –Elsevier – RJ -2003

9. Filion, L.J. , O Planejamento do Seu Sistema de Aprendizagem Empresarial: Identifique Uma Visão e Avalie o Seu Sistema de Relações – Revista de Administração de Empresas, FGV, São Paulo, Jul/Set.1991, Pag. 31 (3): 63-71.

10. ____________________ Visão e Relações: Elementos para um Metamodelo da Atividade Empreendedora – International Small Business Journal, 1991 – Tradução de Costa, S.R.

11. Fontanive, Nilma Santos. Avaliação em larga escala e padrões curriculares: as escalas de proficiência em matemática e leitura no Brasil. In Avaliação e Determinação de Padrões na Educação Latino-Americana. s/r.

12. Francisco Rodrigues Gomes. Livro Sobre Inovação. O Caso Sandálias Havaianas® através do Modelo D.E.I:Aplicação do Modelo D.E.I - Difusao de Inovações, Estratégia e a Inovação [internet]. Versão 20. Knol. 2010 jun 5. Disponível em: http://knol.google.com/k/francisco-rodrigues-gomes/livro--sobre-inovação-o-caso- sandálias/11trgj5ebxv6a/2.

13. Kuhn,Thomas.S.A Estrutura das Revoluções Científicas. Perspectiva. SP. 94

14. LEI DE INOVAÇÃO (LEI Nº 10.973 DE 02 DE DEZEMBRO DE 2004).

15. Lei de Inovação 10.973 de 2/12/2004.Decreto de Regulamentação.Nº5.563 de 11/10/2005.

16. LEI Nº 9.279, DE 14 DE MAIO DE 1996. Regula direitos e obrigações relativos à propriedade industrial.

17. LINDEGAARD, Stefan:A Revolução da Inovação Aberta. Tradução De Callari, Alexandre . Ed. Évora, RJ, 2010.

18. Ludke, MarliE. D. André. Pesquisa em Educação: Abordagens Qualitativas. SP; EPU. 1986

19. Ritto, Antônio Carlos .A e Carvalho, Marinilza Bruno -organizadores . Educação à distância: flexibilidades e paradigmas - PoD, Rio de Janeiro , 2010

20. CARVALHO, Marinilza Bruno de. RITTO, Antonio Carlos de Azevedo; A Inovação em novos tempos, realidades e transformações. ISBN: 978-65-5842-039-2. Editora Ciência Moderna, Rio de Janeiro, 2021.

21. Horn, Guilherme. O mindset da inovação. Ed. Gente. 2021.Sp

22. RITTO, Antonio Carlos de Azevedo; CARVALHO, Marinilza Bruno de. Compliance Ética – uma nova consciência em tempos de trabalho em redes. ISBN: 978-85-399- 1036-6. Editora Ciência Moderna, Rio de Janeiro, 2019.

23. RITTO, Antonio Carlos de Azevedo; CARVALHO, Marinilza Bruno de. Inovação Pessoal e Redes Sociais. ISBN: 978-85-399-1088-5. Editora Ciência Moderna, Rio de Janeiro, 2020.

24. Carvalho, M. B.; RITTO, A.C.A. EMPREENDEDORISMO E INOVAÇÃO; NOVAS COMPETÊNCIAS PARA A GESTÃO,Ed.C. MODERNA, 2020. RJ

25. Carvalho, M. B. ; RITO, A.C.A. Novos Modos de Fazer Negócio. RJ: Ciência Moderna Ltda, 2022.

26. Carvalho, M. B.; RITTO, A.C.A. PROPRIEDADE INTELECTUAL COMO ESTRATÉGIA DE DESENVOLVIMENTO E INOVAÇÃO. RJ: Ciência Moderna Ltda, 2022.

27. Página do Censo Escolar https://www.gov.br/inep/pt-br/areas-de-atuacao/pesquisas-estatisticas-e-indicadores/censo-escolar;setembro/2023

28. https://www.pactoglobal.org.br/ods; setembro/2023

Capítulo 7

Empreendedorismo e Inovação: Integrando uma UERJ Sustentável

Marinilza Bruno de Carvalho

Elaine Borin

7.1 Introdução

O Brasil e a Uerj Empreendedora: Um pouco de história e o processo de Inovação

No Brasil a abordagem empreendedora teve início com a criação do Programa Softex 2000, em 1990, pelo Governo brasileiro. Esse Programa teve como objetivo apoiar empresas que desejassem fazer a exportação de software brasileiro, com uma meta percentual de software exportado até o ano 2000. Esse programa foi imediatamente praticado, mas, em sua primeira avaliação ficou evidente que, de cada 100 empresas de software que abriam, ainda que tivessem o apoio financeiro do programa, 95 fechavam ou faliam (fonte: Sebrae-91). Sem esmorecer e confirmando a abordagem empreendedora, o Governo estudou os problemas registrados nesses casos e concluiu que não bastava o apoio financeiro à ideia e ao projeto técnico dos pequenos empresários, fazia-se necessário uma busca de mercado, identificação de demandas, de modo a relacionar seu produto (o software desenvolvido) como solução de algum segmento da realidade. Outros conhecimentos, não comuns aos desenvolvedores de software, foram identificados como sendo necessários, tais como: o apoio administrativo, financeiro, marketing e técnicas de negociação, de modo que, após a criação da empresa e desenvolvimento do software, os empresários tivessem condições de sucesso. Identificar mercados, construir campanhas de marketing, fazer negócios e realmente vender e exportar os produtos, trazendo verdadeiras divisas para o país. Além do apoio financeiro, exigia o desenvolvimento da capacidade empreendedora de cada um dos envolvidos no projeto das empresas.

Com esta visão, e para atender ao Programa Softex 2000, foi criado e implantado o Projeto Softstart, com o propósito de desenvolver a capacidade empreendedora, inicialmente em informática.

O Projeto SoftStart foi um programa integrado de desenvolvimento de empreendedores, a partir das Instituições de Ensino Superior - IES. Foi iniciado na UFMG e coordenado pelo professor Fernando Dolabela, que através dos seminários de capacitação para docentes disseminou a disciplina de empreendedorismo nas universidades, além das atividades dos Workshops, do clube de empreendedor e o Concurso Jovem Empreendedor.

Em paralelo, em 12 de fevereiro de 1992, através do Ato Executivo nº 32, o então Reitor da UERJ, Professor Hésio Cordeiro, criou a Coordenação Geral de Informática que tinha como função a formulação das políticas e diretrizes gerais que norteariam o processo de informatização da universidade, assim como a revisão, atualização e acompanhamento das atividades de informática na UERJ.

Em 22 de maio de 1992, às 16:45 horas a UERJ participou da inauguração da Rede Rio, que buscava a atender e interconectar instituições acadêmicas, centros de ensino e pesquisa e órgãos públicos. Foi o primeiro canal de acesso à Internet no País destinado à comunidade científica no Estado.

Em 1996, um dos últimos seminários de capacitação do projeto Softstart, onde 48 Instituições distribuídas no Brasil, já ministravam a disciplina de empreendedor, a UERJ participou desta iniciativa e em agosto deste mesmo ano, teve início a primeira turma de empreendedor, fazendo parte do sistema de graduação, a partir do primeiro semestre de 1997, como disciplina do curso de Informática e eletiva universal para todos os cursos da universidade, podendo ser cursado como disciplina isolada por graduados ou universitários de outras instituições.

Assim, as atividades empreendedoras tiveram seu início neste ano de 1996/97. Em 2000, a UERJ se consorciou com outras ICTs e criou o ***CEDERJ*** para oferecer à sociedade um ambiente de EAD. Na UERJ foi criada, então, a ***CATED***-Câmara Técnica de EAD, que institucionalizou o programa na UERJ, e de 2000 a 2010 disseminou a Cultura de EAD.

Neste cenário, foi criado o Núcleo de Inovação Tecnológica com o Programa de Propriedade Intelectual e Transferência de Tecnologia – PITT que se desenvolveu e se consolidou. O processo de institucionalização foi constituído com o Ato Executivo Número 008/2000, de criação, que define os objetivos de atuação do núcleo, e com a Deliberação de Premiação de Autor, nº 057 /2003, aprovada no Conselho da Universidade em 19 de dezembro de 2003, que define, no âmbito da UERJ, a premiação do autor em 1/3 do valor pecuniário auferido pela UERJ na Transferência de Tecnologia de bens, modelos, marcas e/ou patentes, registradas pela UERJ e seus autores. Esta Deliberação, antes da Lei de Inovação, foi criada considerando a legislação vigente quanto à Propriedade Industrial, Intelectual e de Autoria e, considerando de modo mais específico, a Portaria nº 88, de 23 de abril de 1988, do Ministério de Ciência e Tecnologia – MCT sobre a Premiação de Autor, que o Conselho Superior de Ensino, Pesquisa e Extensão, no uso da competência que lhe atribui o artigo 11, parágrafo único do Estatuto, com base no Processo nº 1703/2001, aprovou a Deliberação de Premiação de Autor. O Regimento Interno e a Sistemática Operacional e o Guia de Referência, com os princípios da proteção, tipos e modalidades, complementam o processo de institucionalização do NIT da UERJ, compondo a Documentação de Institucionalização da Inovação na UERJ.

A parceria da UERJ com o INPI, estabelecida através do Núcleo, foi valiosíssima e permitiu a capacitação da equipe, ainda que pequena, nos trâmites processuais de proteção, que alinhado à prática, estudo e conhecimento de Gestão da Inovação, alavancou todo o caminhar do iniciado PITT, renomeado para INOVUERJ. O Programa de Inovação conseguiu se estruturar e lançou o primeiro Catálogo de Potencialidades, impresso, com 20% da produção Acadêmica em 2004. Em 2006, tivemos a criação do CEMPRE – Centro de Empreendedorismo, que alavancou todas as atividades. Chegamos em 2007 completando 10 anos de ações empreendedoras na Universidade.

O NIT da UERJ divulgou o segundo Catálogo de Potencialidades em 2008 com 32% da produção Acadêmica da UERJ. Em 2010, a comemoração de uma década de Inovação revelou dados de uma Universidade ainda em aprendizagem para a Propriedade Intelectual. O Catálogo de Potencialidades de 2010-2011, com 100% dos projetos realizados na UERJ, foi divulgado juntamente com um sistema de informação e busca local em pen drive, memória Flash e mídia portátil. O lançamento do Catálogo e a comemoração dos 10 anos de atividades puderam comprovar a disposição de uma Universidade jovem, completando 60 anos em 2010, com toda a força de trabalho, competência e compromisso, na missão integrada do Ensino, Pesquisa e Extensão na geração de cidadania e desenvolvimento social.

No tocante à Inovação, muito se fez em parceria com o Programa de Propriedade Intelectual e Transferência de Tecnologia - PITT, que era o NIT (Núcleo de Inovação Tecnológica) da UERJ criado em 2000, e o Laboratório de Avaliação, Tecnologia Social e Inovação – LATESI, criado em 2004. Foram realizadas ações de inovação e gestão empreendedora, com seminários internos semestrais, um para cada Centro da UERJ (Tecnologia, Biomédico, Educação e Humanidades e Comunicação Social), Workshops de Propriedade Intelectual, Workshops de Empreendedorismo, Seminário de Meio Ambiente pela disciplina de Avaliação do Doutorado em Meio Ambiente e o Seminário de Gerenciamento de Projetos do curso Lato Sensu em TI, Gestão de Negócios e de Projetos. Além disso, foram apoiados os Colóquios de Educação à Distância da UERJ, organizado pela CATED – Câmara Técnica de Educação à Distância da UERJ.

Em 2012 foram realizados dois inovadores projetos com editais acadêmicos: o edital de qualificação para o apoio às Empresas Juniores e outro para apoio aos Laboratórios. Foram realizados muitos eventos sobre o tema Empreendedorismo e Inovação, assim como, a capacitação em parceria com o INPI para busca em bancos de patentes, de modo que os pesquisadores pudessem usufruir as informações tecnológicas destes repositórios.

Foram realizados cursos para 60 bibliotecários, com o projeto de criar um núcleo de memória, de modo que possamos ter uma equipe de busca em bancos de patentes. Este curso, ministrado pelo INPI nas instalações da UERJ, atendeu à Petrobrás, Fiocruz, Inmetro, Cnem, Unirio, Ufrj, Puc e outras instituições, além da UERJ.

No tocante a Metodologias, foram desenvolvidos no Laboratório de Avaliação, Tecnologia Social e Indicadores de Inovação – LATESI, do Instituto de Matemática - IME da UERJ, um ambiente tecnológico (MODA) com a metodologia (A3) para Avaliação e Construção de Indicadores e uma visão de Tecnologia Social, o AVA – Ambiente Virtual de Aprendizagem, que apoia as disciplinas e cursos com oficinas e atividades à distância, o CEMPRE – Empreendedorismo, o PITT – Inovação e a Gestão de Proteção e Negociação.

A Uerj chegou em 2022 consolidando sua política de inovação comemorada com o lançamento do livro de 30 anos de inovação na UERJ.

Figura 1 – Livro 30 Anos de Inovação: Ed. Ciência Moderna.RJ.2023.
ISBN:978-65-5842-290-7

7.2 Perfil empreendedor

O perfil empreendedor é amplo com muitas possiblidades e diferentes comportamentos. Os empreendedores são reconhecidos como componentes essenciais para mobilizar capital, agregar valor aos recursos naturais, produzir bens e administra os meios para incrementar a economia.

Shumpeter (1934), relacionava o empreendedor ao desenvolvimento econômico, argumentando que este é impulsionado por um chamado processo de destruição criativa, no qual considera a necessidade de renovar e de destruir o velho para criar o novo. O empreendedor é quem gera e mantém tal processo.

Dolabela (2008), argumenta que todos podem, se quiserem agir de forma empreendedora. É empreendedor, em qualquer área, alguém que sonha e busca transformar o seu sonho em realidade. Para transformar o seu sonho em realidade é preciso agir.

Entre os argumentos de Shumpeter e os de Dolabela, tem-se um grande espaço de tempo, mas ambos trazem um elemento determinante e comum para obter resultados positivos nos negócios, que vem a ser a ação geradora de resultados, e quem age para alcançar os resultados positivos que impulsionam a economia e o desenvolvimento, criando novos produtos e serviços, novos mercados, é o empreendedor. E o que diferencia ele é a forma como agem na busca daquilo que esperam alcançar. São comportamentos que determinam o perfil empreendedor.

Na busca pelo conhecimento dos comportamentos que caracterizam o perfil empreendedor, um grande número de mapeamentos foi realizado por diversos pesquisadores, os quais chegaram a conclusões bastantes semelhantes.

Na prática, os empreendedores diferenciam-se pelo alto grau de realização que alcançam, eles são pessoas que fazem acontecer, pois são persistentes, acreditam em sua capacidade e vê os fracassos como oportunidades para aprender. O empreendedor também planeja e avalia os resultados alcançados, buscando excelência naquilo que está desenvolvendo. Pode-se dizer que eles são agentes de transformação e realização. Sabem o que pretende alcançar e se posicionam em um ciclo contínuo de aprendizado, agindo de forma planejada e focados nos objetivos propostos.

McClelland (1961), em seus estudos coloca um ponto em comum no que diz respeito às características encontradas no padrão de comportamento dos empreendedores que podem levar o empreendedor ao sucesso, que vem a ser o grau de realização dos empreendedores, que entende-se uma forte vontade transformada em iniciativa de concretizar algo, superando os obstáculos e desafios, eles são realizadores.

Outros estudos relacionados ao comportamento empreendedor é de Timmons (1978) e Hornaday (1982), eles apresentam alguns traços do perfil empreendedor que vem a ser: iniciativa, autonomia, autoconfiança, otimismo e necessidade de realização. Normalmente o empreendedor tem uma pessoa que o influencia. Para os autores ele também tem: perseverança e tenacidade. E para eles o fracasso é considerado um resultado como outro qualquer, pois ele aprende com os resultados negativos, com os próprios erros.

O empreendedor desenvolve sua habilidade de liderança, tem capacidade de ocupar um intervalo não preenchido por outro no mercado, consegue descobrir novos nichos. Ele concentra os seus esforços para alcançar os resultados definidos nas metas. Tem facilidade de formar uma rede de relações utilizadas para alcançar os seus objetivos. O empreendedor conhece muito bem a área que está empreendendo pois é proativo, define o que quer, aonde quer chegar, depois busca o conhecimento necessário para atingir o objetivo. Assume riscos moderados, mas é persistente mesmo diante de um fracasso, ele tenta novamente. Está sempre em busca de novas oportunidades, e tem alto grau de comprometimento com os negócios que está desenvolvendo.

O Sebrae (2016) baseado no estudo de McClelland, pensando na possibilidade de aprendizagem, desenvolvimento e aperfeiçoamento das características do comportamento empreendedor (CCEs), agrupou em três grupos distintos e correlacionados, que vem a ser: características do conjunto de realização; conjunto de planejamento; e conjunto de poder.

O conjunto de realização tem relação com: aceitação; habilidade e tendência para tomar iniciativas e procurar alcançar maior qualidade; produtividade; crescimento e lucratividade na atividade desenvolvida. Já o conjunto de planejamento envolve a tendência de agir com foco na busca de resultados previamente especificados, de pesquisar sobre a melhor forma de desenvolver uma determinada atividade e se colocar em um processo contínuo de aprendizado. Por último o conjunto de poder que envolve a tendência a confiar em si e no próprio potencial para realizar atividades diversas e superar desafios.

Segundo Oliveira, Silva & Araújo (2014), McClelland relata as principais características comportamentais que levantou em seus estudos, descritas no quadro abaixo.

CARACTERÍSTICAS COMPORTAMENTAIS EMPREENDEDORAS (CCES)
CATEGORIA: DESEJO DE REALIZAÇÃO
Busca de O indivíduo faz as coisas antes de ter sido solicitado, ou antes de ser oportunidades forçado pelas circunstâncias; expande os negócios para novas árease iniciativa de atuação; aproveita realmente as oportunidades que surgem. Persistência Enfrenta os desafios das mais variadas fromas e quantas vezes forem necessárias para superar os obstáculos.

Fonte: Oliveira, Silva & Araújo (2014)

Oliveira, Silva & Araújo (2014) em uma revisão sobre fatores inerentes aos conceitos de empreendedorismo e de empreendedor, afirmam que pode-se desenvolver uma matriz com uma variedade de características dos empreendedores. A maioria dos autores pesquisados por eles, destaca que o empreendedor sempre utiliza habilidades que podem ser inatas ou adquiridas por meio de estudos e da experiência. Constataram que algumas características são mencionadas por poucos pesquisadores; outras recebem maior ênfase. Inovação, correr riscos calculados, necessidade de realização e autoconfiança foram as mais reconhecidas.

Para Shapero (1975), há um consenso do comportamento do empreendedor que inclui: tomar iniciativa; organizar e reorganizar mecanismos sociais e econômicos a fim de transformar recursos e situações para proveito prático; e aceitar o risco ou o fracasso.

Os comportamentos que definem o perfil empreendedor trazem um importante componente que vem a ser a criatividade, responsável em fomentar as inovações, pois as ideias necessárias para inovar vêm do perfil criativo do empreendedor. Inovar dá trabalho, exige usar bem os recursos disponíveis, tira o empreendedor da zona de conforto e ele tem que está disposto a corre riscos, buscar conhecimento além de ter iniciativa para colocar o novo negócio no mercado.

Para Shumpeter (1952), a função do empreendedor é reformar ou revolucionar o padrão de produção explorando uma invenção ou, de modo geral, um método tecnológico não experimentado para produzir um novo bem ou um bem antigo de maneira nova, abrindo uma nova fonte de suprimento de materiais ou uma nova comercialização para produtos, e organizando um novo setor.

As inovações têm a ver com o perfil empreendedor, com o comportamento que faz uma boa ideia gerar valor. O empreendedor tem a capacidade de organizar seu time com diversos talentos para desenvolver uma ideia e levar para o mercado, além de não se isolar e buscar externamente possibilidades por meio de inovação aberta, conhecendo bem os parceiros. Ele usa também a técnica para fazer acontecer a inovação, para isso vai em busca da excelência. Além de ter um perfil de gestor onde sabe definir bem a sua ideia e tem a atitude para conseguir colocar no mercado a inovação.

Para o economista, um empreendedor é aquele que combina recursos, trabalho, materiais e outros ativos para tornar seu valor maior do que antes; também é aquele que introduz mudanças, inovações e uma nova ordem. Para um psicólogo tal pessoa é geralmente impulsionada por certas forças – a necessidade de obter ou conseguir algo, experimentar, realizar ou talvez escapar a autoridade dos outros. Para alguns homens de negócios, um empreendedor pode ser um aliado, uma fonte de suprimento, um cliente ou alguém que cria riqueza para outros, assim como encontrar melhores maneiras de utilizar recursos, reduzir desperdício e produzir empregos que outros ficarão satisfeitos em conseguir. (VESPER, 1975, p.2.).

7.3 Gestão da Inovação

O processo de Inovação pode parecer complexo e até muito distante ou difícil para muitas pessoas. No entanto, conforme citam Joel Barker (1995), bem como Christensen, Clayton M. e Raynor, Michael E (2003), a inovação é *fazer diferente*. Fazer " sempre o mesmo, pode ser mais fácil, *mas muito mais perigoso*".

Também Guilherme Horn (2021) com o livro o Mindset da Inovação ressalta a flexibilidade de paradigmas, tanto trabalhada por Joel Barker (1995) como a liberdade para criar e pensar possibilidades, nunca imaginadas, "AINDA".

Neste contexto, cujos autores, desde Maquiavel, discorrem sobre a dificuldade de inovar, o ano de 2024 apresenta um ambiente com mais possibilidades e que permitem o espaço para inovar, criar e crescer. As metodologias de Projetos, aceleração de empresas novas e emergentes, trazem um novo horizonte de realidades virtuais, reais, aumentas, artificiais e verdadeiras que permitirão ***àqueles que desejarem sair da zona de conforte, de alto risco atualmente, para uma zona de experimentos, aprendizagem e crescimento, com total condição para o alcance de seus objetivos e com sustentabilidade.***

Assim, asseguramos o benefício do empreendedor inovador e neste sentido faz-se necessário a gestão da Inovação como processo de garantir ao inovador chegar ao seu *destino proposto.*

A Gestão da inovação tem por objetivo garantir que a inovação criada e/ou desenvolvida tenha vida útil impressa de forma a chegar às mãos de quem dela precisar. A Sociedade Impactada com a Inovação.

Contudo não se pode inovar sem empreender, neste sentido torna-se mandatório uma gestão empreendedora da inovação e, como já visto, um perfil empreendedor de gestor para inovar, inserido em um Ambiente de Inovação.

7.4 Atributos do Ambiente de Inovação nas Organizações

(referenciais teóricos: Schilling, 2005 ;
Negrie Salermo, 2005; Joel Barker 1995)

- Transformações no Cenário Global. Com as constantes mudanças exigem uma visão de correção de rumos, ágil, de modo a permitir a manutenção atuante de seus produtos e serviços adaptando-se as variações globais.

- A importância do Território é a leitura das perspectivas possíveis em cada segmento dos territórios e suas características regionais para a inovação.
- Identificação de mercado local onde os nichos de mercado são grandes potenciais para inovação. Percebê-los rapidamente é prioridade na gestão da Inovação.
- Especificidade regional necessita ser compatível com os nichos de mercado para inovar, como relevante percepção na gestão.
- Pesquisa de interesse e demandas localizadas.
- Atuar de modo a contribuir na proposta da Hélice Tríplice, buscando a articulação entre a academia, governo e sociedade.

7.5 Inovação - conceituação e visão segundo a Lei de Inovação - nº 10.973/2004; a Lei 13.243/2016 e o Marco Legal de 2018.

Os editais públicos utilizam o conceito de Inovação Incremental, como sendo o melhoramento do produto e/ou processo já existente, e Inovação Radical, quando o produto e/ou processo é completamente novo, tendo como referência a instituição.

Portanto, se é novo para a instituição é uma inovação.

A extensão destes conceitos ao domínio da Tecnologia deve ser entendida como sendo a situação em que a instituição introduz um produto e/ou o processo tecnologicamente novo, assim como, quando um melhoramento tecnologicamente significativo é introduzido em seu próprio processo e produto.

Não basta conhecer a tecnologia, é preciso saber como a tecnologia mudará o mundo e também não basta prever as ações dos homens, é preciso conhecer as forças que atuam sobre os homens. A importância de conhecer os resultados está na necessidade de conhecer os processos, e que não podemos julgar os resultados sem que tenhamos como identificar os critérios e as pessoas envolvidas.

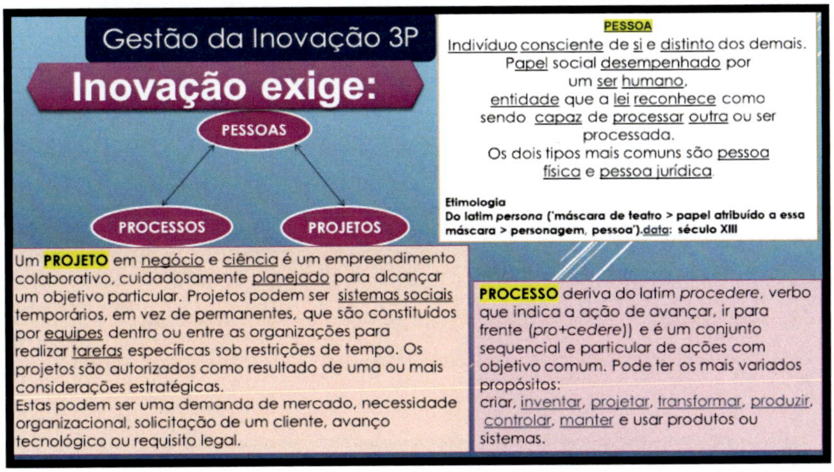

Figura. 2 - Conceito dos 3P – Elaborado pela Autora

Com base na figura acima apresentamos como a Gestão da Inovação utiliza o conceito do 3P – Pessoas, Processos e Projetos.

Inovar é controlar o instinto e refletir sobre que possibilidades existem e quais podem ser consideradas.

A figura 2 apresenta como a Gestão da Inovação utiliza o conceito do 3P – Pessoas, Processos e Projetos.

A função das pessoas humaniza e caracteriza os projetos, enquanto os processos garantem a qualidade e transparência das atividades e seus critérios.

7.6 Estratégias da Gestão da Inovação

Considerando as pessoas, projetos e processos, podemos definir as estratégias da Gestão da Inovação, composta por 6 atividades ou ações realizadas nas Instituições.

A1 – conhecer as pessoas, suas ideias e projetos - Prospecção de Inovação
A2 – conhecer os autores, parceiros e o tipo de produto, processo ou serviço.
A3 - providenciar os documentos de sigilo, acordos parcerias, procurações, etc...
A4 – promover o registro do ativo intelectual no órgão competente.
A5 – buscar e identificar parcerias de produção e/ou comercialização.
A6 – proceder a transferência ou licenciamento da tecnologia de inovação.

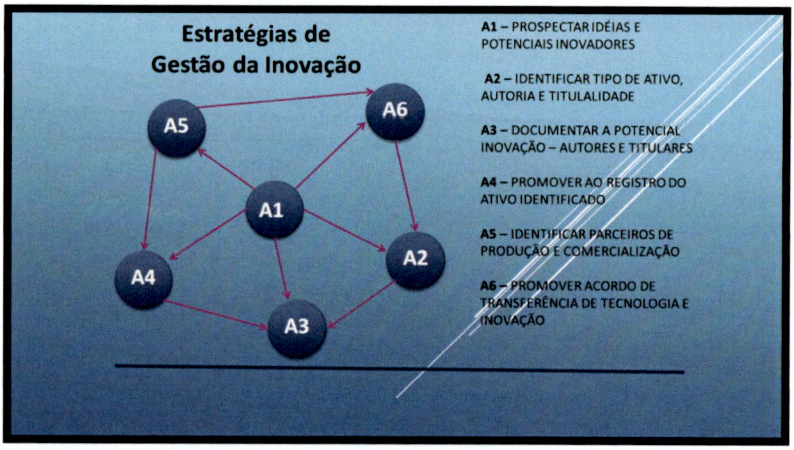

Figura 3 – Estratégias da Gestão da Inovação – Elaborado pela Autora.

7.7 Inovação e Sustentabilidade

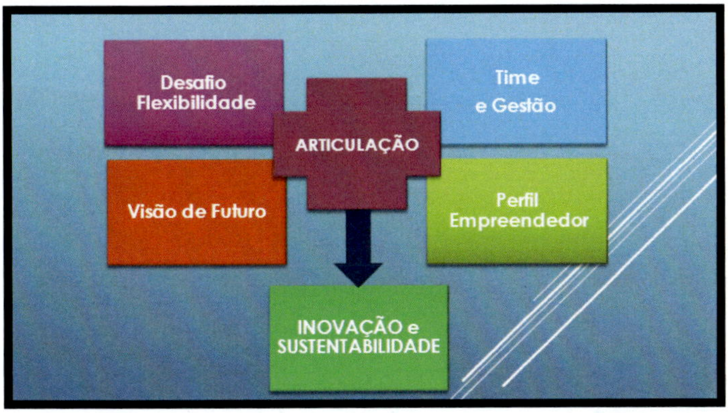

Figura 4 – Diagrama de inovação elaborado pela Autora.

Existe uma linha tênue, quase imperceptível a olhos pouco apurados na interligação do **empreendedorismo, tecnologia, inovação e sustentabilidade**.

No entretanto se pensarmos com mais cautela e precisão, poderemos afirmar serem estes temas,exatamente os Pilares que poderão nos manter abertos e promissores para o Futuro.

O Empreendedorismo será o pilar do gestor, líder das ações, processos e atividades.

A Tecnologia será a grande ferramenta, com bancos de dados extravagantes, velocidade quase instantânea e precisão de imagem perto do real.

A Inovação será o caminho, a flexibilidade de paradigmas para encontrar soluções ainda não descobertas nem criadas.

O Pilar da Sustentabilidade é o que os manterá ativos por todo o tempo que conseguirem **empreender e inovar**. Incluindo a sustentabilidade do meio ambiente sem o qual não haverá vida, nem para as empresas, projetos ou pessoas.

As modalidades de inovação são variáveis desde que se mantenham ativas. Organizações se consolidam por vezes em parcerias, compras de marcas ou produtos, fusões, transformações de serviços e produtos, etc. Diminuir mercado, trocar de região, trocar serviços, produtos ou outras ações, podem ser estratégias inovadoras de sustentabilidade. O importante é se conseguem se manterem ou se fecham as portas totalmente.

Neste sentido, desde sempre as agências de fomento, institutos de pesquisa, e organizações como o Sebrae, o IBGE, a Embrapa e outros acompanham anual ou bianualmente, as empresas que se sustentam na Sociedade, quer em ambiente nacional, regional ou internacional.

Alguns resultados interessantes podem ser observados.

Reconhecidos como Taxa de Sobrevivência Empresarial, pode-se demonstrar que as Organizações que mais **inovaram foram as que sobreviveram e se sustentaram na Sociedade.**

Dois períodos foram pesquisados:

- De 2014 até 2019: grandes dificuldades financeiras no Brasil e no Mundo.
- De 2019 até 2023. Retomada **(apesar da Pandemia)**

7.8 Taxa de Sobrevivência das Empresas - <u>De 2014 Até 2019:</u>

1. **Menos de 40%** das empresas criadas no Brasil conseguem sobreviver após <u>cinco anos de atividades.</u>

2. **Apenas 37,6%** das empresas nascidas em 2014 – 207,5 mil do total de 551,3 mil– conseguiram permanecer no mercado cinco anos depois, em 2019.

3. **Apenas 32,1%** das empresas nascidas em 2014 **pequenas** ou MEI sobreviveram. Quanto **maior o porte da companhia**, maior é a taxa de sobrevivência. As companhias com 10 trabalhadores ou mais registraram o dobro do percentual. Nessa faixa, **64,5%** das empresas criadas em 2014 conseguiram sobreviver até 2019. "Essas empresas têm uma resiliência maior para sobreviver por mais tempo".

Fonte : 25/08/2024 - IBGE-2019

7.9 Por segmento também tem variação.

1. Na saúde e serviços sociais, a taxa de sobrevivência das empresas nascidas em 2014 foi de **59,6% em 2019.** É a **maior marca** entre as atividades analisadas pelo IBGE. Hospitais fazem parte desse ramo.

2. Enquanto isso, no setor de outras atividades de serviços, o percentual de sobrevivência no mesmo período foi bem inferior, **de 31,8%.** É a *menor marca* entre as atividades, que reúne negócios diversos, muitos deles de menor porte.

7.10 Retomada: De 2019 até 2023 (apresar da Pandemia)

1. O país somou 4,7 milhões de empresas, que empregavam 39,7 milhões de pessoas, sendo 33,1 milhões (83,3%) como assalariadas e 6,6 milhões (16,7%) na condição de sócias ou proprietárias.

2. A economia brasileira passou a emitir sinais de fragilidade em 2014, e a crise se intensificou em 2015 e 2016.

3. A volta do crescimento entre 2017 e 2019, mesmo em nível insuficiente para

reparar todas as perdas da recessão, pode ter contribuído para a retomada do saldo positivo de empresas.

4. Com a chegada da pandemia, em 2020, muita coisa mudou.

7.11 Até 2023: Conceituação

1. MEI **(microempreendedores** individuais),

2. MEs **(Microempresas) e** EPPs (Empresas de pequeno porte) é estabelecida a partir do faturamento anual, da receita-bruta de cada um dos tipos de empresas.

3. O Microempreendedor Individual (MEI) está regulamentado pela Lei Complementar nº128/2008 e estabelece a regularização de negócios bastante simples através do CNPJ MEI. Neste tipo de empresa, o CNPJ deve ter no máximo um empregado (ou estagiário), e possuir faturamento anual máximo de R$ 81.000,00 reais por ano. Além do faturamento, existe uma grande relação de profissões regulamentadas que não podem ser exercidas através do MEI. Já as Microempresas (ME) são aquelas que possuem faturamento anual de até R $360 mil reais, enquanto as Empresas de Pequeno Porte (EPP) podem faturar, também anualmente, entre R$ 360 mil reais e R$ 4,8 milhões de reais.

Fonte : 25/08/2024 – Sebrae23

Taxa de Sobrevivência das Empresas.

1. Os MEIs apesar de alta ainda é a menor taxa de Sobrevivência entre os Pequenos Negócios, 29% fecham após 5 anos de atividade, e 71% se mantem.

2. Já as MEs **têm taxa de Sobrevivência intermediária entre os Pequenos Negócios, 21,6% fecham após** 5 anos de atividade, e 79% se mantem.

3. As EPPs **têm a maior taxa de Sobrevivência entre os Pequenos Negócios, 17% fecham após** 5 anos de atividade, e <u>83% se mantem</u>.

4. A menor taxa de Sobrevivência é verificada no comércio (30,2% fecham em 5 anos), <u>69% se mantem</u> e a maior na indústria extrativa (14,3% fecham em 5 anos), <u>onde 86% se mantem.</u>

Fonte : 25/08/2024 – Sebrae23

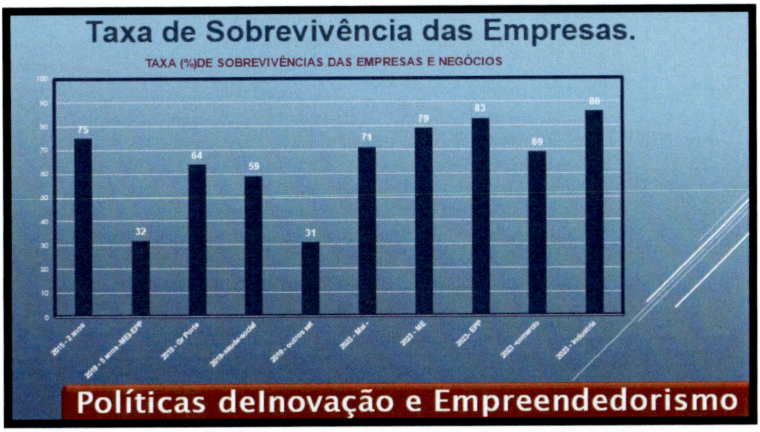

Figura 5 – Taxa de Sobrevivência das Empresas - Sebrae-IBGE-2023.

Como interpretar tais informações?

Apesar de que números são sempre muito frios, ainda assim três elementos se sobressaem para corroborar com tais informações:

A **regionalidade das organizações.** Um território pequeno, como o interior, bairros, com poucas ou quase nenhuma empresa de grande porte, são constituídas de pequenas empresas e empreendedores individuais. Neste ambiente a solidariedade e o empreendedorismo são muito fortes, o que resultam nos números que foram observados. Pequenos negócios com grande taxa de sobrevivência.

Outro elemento, também importante é a **facilidade de se reinventar**, diante de dificuldades. Os pequenos negócios normalmente têm mais abertura para mudanças e uma aproximação maior com seus clientes, diferente de grandes empresas, com enorme dificuldade de mudança e longe de seus clientes.

Utilização da tecnologia, principalmente das redes sociais. Certamente todas as empresas tem a tecnologia como facilitador, contudo muitas delas tem problemas de manutenção. Elaborar um site todos fazem, mas mantê-lo é um GRANDE PROBLEMA. Pequenas empresas usam mais as redes sociais, alcançando seus clientes mais rapidamente e de forma atualizada.

7.12 A Grande Retomada

A Pandemia, obviamente foi uma catástrofe para o mundo, contudo muita inovação se deu, comparativamente as novidades trazidas pelas grandes guerras.

Foi o maior crescimento dos pequenos negócios, do uso das redes e dos serviços de entregas.

Muitos destes negócios nascidos da necessidade e durante a pandemia, não só se mantiveram como cresceram e se articularam com mais serviços e produtos.

Da mesma forma muitas empresas fecharam, principalmente serviços e produtos de alcance presencial. Todos também acrescido pela insegurança nas grandes cidades.

Figura 6 – Setores de maior apelo empresarial. Sebrae-IBGE-2023.

7.13 Setores com maior apelo industrial e de empresas de grande porte.

Exigem equipe grande e variação de carga horária. Muito trabalho braçal. Logística forte. Grande capilaridade e alcance de território.

- Marketing;
- Pecuária;
- Bares;
- Fruticultura;
- Aquicultura;
- Construção;
- Bebidas

7.14 Setores com maior apelo MEI.

Podem trabalhar com pequenas equipes, redes sociais, entregas perto ou pela própria rede. Pouco trabalho braçal.

- Finanças;
- Moda;

- Varejo;
- Beleza;
- Turismo;
- Alimentos;
- Gestão.

7.15 Desafios e dificuldades para implantar e disseminar a inovação e seus benefícios.

Fatores que contribuíram para o fechamento dos negócios:

Fonte : 25/08/2024 – Sebrae

1. Pouco preparo pessoal

- Em média, 42% estavam desempregados, mas essa proporção chegou a 59% no grupo das empresas fechadas;
- Mais de 40% dos entrevistados eram funcionários de empresa privada antes de abrir seu próprio negócio. Outros 37% eram autônomos sem empresa constituída;
- Em média, 42% fizeram alguma capacitação. Mas no grupo das empresas fechadas foi maior a proporção de quem não fez nenhuma capacitação;
- Entre as empresas em atividade, foi maior a proporção de quem abriu porque "identificou uma oportunidade".

2. Planejamento do negócio deficiente

- 17% dizem não ter feito nenhum planejamento e 59% dizem ter feito para no máximo 6 meses;
- Muitos deixaram de levantar informações relevantes para criar o negócio.

3. Gestão do negócio deficiente

- Na "gestão do negócio" as empresas que sobreviveram se mostraram mais ativas;

- Diferenciação/adaptação de produtos/serviços foi estratégia relevante para a sobrevivência.

4. Problemas no ambiente (pandemia)

- Mais de 40% citaram explicitamente como um dos principais motivos para o fechamento da empresa a pandemia da Covid-19;
- Entre as empresas fechadas, foi menor a proporção dos que tentaram empréstimo e foi menor a proporção dos que conseguiram.
- Ao analisar a sobrevivência por setor, o levantamento mostrou que a maior taxa de mortalidade é verificada no comércio, devido claramente a **não saída** das pessoas devido a pandemia.
- Na sequência, aparecem indústria de transformação e serviços. Menos Vendas.

7.16 Fatores que desafiam a cultura da Inovação e Empreendedorismo na Academia.

Inicialmente, vale ressaltar que a Academia foi promulgada como lugar de estudos e formação profissional. A mudança primeiramente, para local de pesquisa já foi uma enorme transformação, e no caso da UERJ teve início em 1992, quando a UERJ era uma escola de graduação noturna e teve início o processo de aculturamento de seus docentes e técnicos de modo a que em 2024 apresenta um corpo técnico e docente praticamente com 100% de doutores.

EM 2000 a UERJ se manifesta com muitas inovações como as Cotas, a Educação a Distância e muitas outras ações. Contudo uma cultura não se muda por decreto e a população acadêmica se distribui entre inovar e atender as demandas tradicionais da CAPES, CNPQ, FAPERJ, secretarias de educação, todas as regras e legislações de muito tempo passado, mas ainda em vigor e que todos devem cumprir.

Um grande desafio preparar uma aula de modo inovador. Um projeto liderado para atender a um setor da sociedade. Um trabalho em colaboração entre várias unidades acadêmicas com olhares diversos de cultura e profissão. Perfis completamente variados e muito habituados a trabalho solo. O Professor que ministra aula, escreve excelentes artigos e corrige prova e apresenta trabalho e/ou palestra. Este personagem deverá se abrir para um trabalho em equipe, aprender outra área, aprender a fazer gestão do tempo, dos alunos e dos projetos. Preparado para na altura de sua titularidade, errar. Conhecer áreas novas e tecnologias complemente diversas das suas. Interagir com a sociedade e buscar perceber como seu aluno poderá utilizar seus ensinamentos na vida cidadã.

Muitos mais questionamentos faremos e respostas não teremos, **ainda**.

Contudo, o mais importante é que a Academia está se abrindo para novos paradigmas, articulando flexibilidades, interagindo entre si e se integrando à Sociedade, preparando para UM FUTURO mais Harmonioso, Sustentável e Inovador.

Referências Bibliográficas

1. Ângelo, Eduardo Bom . Empreendedor Corporativo : A nova postura de quem faz a diferença , Elsevier, Rio de Janeiro , 2003

2. Anne Miller .A Arte de Vender Ideias - Como Acabar Com A Resistência À Criatividade E A Inovação – 2010 – Ed. Unicamp – Campinas – Sp

3. Carvalho,M.B. A3 - Metodologia de Avaliação e Construção de Indicadores– Ed. Ciência Moderna, RJ . 2009.

4. Carvalho,M.B;Ritto,A.C.A;- IPTR- Indicadores de Inovação,Prospecção, Trabalho e Renda. . PoD, Rio de Janeiro , 2012.

5. Carvalho,M.B;Ritto,A.C.A;Dias,J.C.V.Gestão da Inovação nas ICT's. PoD, Rio de Janeiro , 2011.

6. Catálogo de Potencialidades , UERJ / vol.2 – Rio de Janeiro : Ctrl C, 2007

7. Chesbrough, Henry. Open Innovation: The New Imperative for Creating and Profiting from Technology, Boston: Harvard Business School Press, 2003,

8. Christensen, Clayton M. e Raynor, Michael E, The innovator's solution ; O crescimento pela inovação : Como crescer de forma sustentada e reinventar o sucesso – Tradução de Serra, Afonso C.C –Elsevier – RJ -2003

9. Filion, L.J. , O Planejamento do Seu Sistema de Aprendizagem Empresarial: Identifique Uma Visão e Avalie o Seu Sistema de Relações – Revista de Administração de Empresas, FGV, São Paulo, Jul/Set.1991, Pag. 31 (3): 63-71.

10. Visão e Relações: Elementos para um Metamodelo da Atividade Empreendedora – International Small Business Journal, 1991 – Tradução de Costa, S.R.

11. Fontanive, Nilma Santos. Avaliação em larga escala e padrões curriculares: as escalas de proficiência em matemática e leitura no Brasil. In Avaliação e Determinação de Padrões na Educação Latino-Americana. s/r.

12. Francisco Rodrigues Gomes. Livro Sobre Inovação. O Caso Sandálias Havaianas® através do Modelo D.E.I:Aplicação do Modelo D.E.I - Difusao de Inovações, Estratégia e a Inovação [internet]. Versão 20. Knol. 2010 jun 5. Disponível em: http://knol.google.com/k/francisco-rodrigues-gomes/livro-sobre-inovação-o-caso-sandálias/11trgj5ebxv6a/2.

13. Kuhn,Thomas.S.A Estrutura das Revoluções Científicas. Perspectiva. SP. 94

14. Lei de Inovação (Lei nº 10.973 de 02 de Dezembro de 2004).

15. Lei de Inovação 10.973 de 2/12/2004.Decreto de Regulamentação.Nº5.563 de 11/10/2005.

16. LEI Nº 9.279, DE 14 DE MAIO DE 1996. Regula direitos e obrigações relativos à propriedade industrial.

17. Lindegaard, Stefan:A Revolução da Inovação Aberta. Tradução De Callari, Alexandre . Ed. Évora, RJ, 2010.

18. Ludke, MarliE. D. André. Pesquisa em Educação: Abordagens Qualitativas. SP; EPU. 86

19. Ritto, Antônio Carlos .A e Carvalho, Marinilza Bruno -organizadores . Educação à distância: flexibilidades e paradigmas - PoD, Rio de Janeiro , 2010

20. CARVALHO, Marinilza Bruno de. RITTO, Antonio Carlos de Azevedo; A Inovação em novos tempos, realidades e transformações. ISBN: 978-65-5842-039-2. Editora Ciência Moderna, Rio de Janeiro, 2021.

21. Horn, Guilherme. O mindset da inovação. Ed. Gente. 2021.Sp

22. RITTO, Antonio Carlos de Azevedo; CARVALHO, Marinilza Bruno de. Compliance Ética – uma nova consciência em tempos de trabalho em redes. ISBN: 978-85-399- 1036-6. Editora Ciência Moderna, Rio de Janeiro, 2019.

23. RITTO, Antonio Carlos de Azevedo; CARVALHO, Marinilza Bruno de. Inovação Pessoal e Redes Sociais. ISBN: 978-85-399-1088-5. Editora Ciência Moderna, Rio de Janeiro, 2020.

24. Carvalho, M. B.; RITTO, A.C.A. EMPREENDEDORISMO E INOVAÇÃO; NOVAS COMPETÊNCIAS PARA A GESTÃO,Ed.C. MODERNA, 2020. RJ

25. Carvalho, M. B.; RITO, A.C.A. Novos Modos de Fazer Negócio. RJ: Ciência Moderna Ltda, 2022.

26. Carvalho, M. B.; RITTO, A.C.A. PROPRIEDADE INTELECTUAL COMO ESTRATÉGIA DE DESENVOLVIMENTO E INOVAÇÃO. RJ: Ciência Moderna Ltda, 2022.

27. Página do Censo Escolar https://www.gov.br/inep/pt-br/areas-de-atuacao/pesquisas-estatisticas-e-indicadores/censo-escolar;setembro/2023

28. https://www.pactoglobal.org.br/ods; setembro/2023

29. Fontes: OCDE – Organização para Cooperação e Desenvolvimento Econômico -2019

30. Pintec – Pesquisa Industrial - 2019

31. Horn, Guilherme. O mindset da inovação. Ed. Gente. 2021.Sp

32. DOLABELA, Fernando. Oficina do Empreendedor. Rio de Janeiro: Sextante, 2008. ISBN 9788575424032.

33. HORNADAY, J. A. (1982). Research about living entrepreneurs. In: Kent et al. (Eds.) (1982), Encyclo- pedia of Entrepreneurship, p. 20-34, Prentice-Hall

34. McClelland, D. C. (1961). The achieving society. New York: The Free Press.

35. Oliveira, José R. C., Silva, Wendel .A.C & Araújo, Elisson, A.T.(2014) Características Comportamentais Empreendedoras em Propietários de MPES. RAM, Revista Administração da Mackenzie. São Paulo, 15(5), 102-139.

36. SCHUMPETER, J. (1934), "The Theory of Economic Development", Harvard University Press.

37. SCHUMPETER, J. (1952) Can capitalism survive?, 1952, p.72.

38. SEBRAE - Serviço de Apoio às Micro e Pequenas Empresas - Manual do professor Disciplina de Empreendedorismo. Brasília – DF, 2016.

39. SHAPERO, A. Entrepreneurship and economic development, 1975, p. 187.

40. TIMMONS, J. A. (1978). Characteristics and role of entrepreneurship. American Journal of Small Business, 3(1), 5-17.

41. VESPER, Karl. New venture estrategies, 1975, p.2.

Capítulo 8

Construindo um Futuro Saudável: A Interseção de Inovação, Empreendedorismo e Sustentabilidade na Saúde

Alexandra Monteiro[1], *Norma Albarello*[2],
Marinilza Bruno de Carvalho[3]

1 - Professora Titular e Procientista, Faculdade de Ciências Médicas.
Coordenadora do Núcleo de Telessaúde e Saúde Digital. Universidade do Estado do Rio de Janeiro.
2 - Professora Associada e Procientista, Instituto de Biologia Roberto Alcântara Gomes.
Universidade do Estado do Rio de Janeiro.
3 - Professora Titular, Instituto de Matemática e Estatística.
Diretora do Departamento de Inovação (2002-2023). Universidade do Estado do Rio de Janeiro.

Palavras-chave: Inovações Tecnológicas; Universidade; Saúde; SUS.
Keywords: *Health; Inventions; SUS; Universities; Unified Health System*

8.1 Introdução

A Universidade do Estado do Rio de Janeiro, reconhecendo a relevância da formação de pessoas com visão de futuro, criou há mais de vinte anos o Departamento de Inovação (InovUERJ)[1] vinculado à Pró-Reitoria de Pós-graduação e Pesquisa. Como uma semente, este Departamento gerou frutos que produziram árvores com raízes fortes, os programas e iniciativas do InovUERJ, que atuaram como multiplicadores e indutores da inovação e da formação empreendedora em diferentes áreas do conhecimento. Este capítulo nasce de duas sementes que, juntas, acreditaram no sonho da transformação educadora na saúde a partir de uma célula intitulada 'Saúde 3D'[2].

8.2 Sustentabilidade e Inovação na Saúde

A Organização Mundial de Saúde (OMS)[3] define saúde como "um estado de completo bem-estar físico, mental e social e não somente ausência de afecções e enfermidades". Direito social, inerente à condição de cidadania, que deve ser assegurado sem distinção de raça, de religião, ideologia política ou condição socioeconômica, a saúde é assim apresentada como um valor coletivo, um bem de todos. Este conceito foi reforçado recentemente apontando quatro condições mínimas para que um Estado assegure o direito à saúde ao seu povo: disponibilidade financeira, acessibilidade, aceitabilidade e qualidade do serviço de saúde pública do país.

Em âmbito nacional, a Constituição de 1988[4] considera a saúde um direito de todos e dever do Estado. Para garantir esse direito, a Constituição Federal Brasileira criou o Sistema Único de Saúde (SUS), que se baseia em três pilares: universalidade, igualdade de acesso e integralidade no atendimento. A criação do SUS foi indiscutivelmente uma grande conquista democrática. Antes dele, apenas pessoas com vínculo formal de emprego ou que estavam vinculadas à previdência social poderiam dispor dos serviços públicos de saúde. A integralidade, um dos princípios do SUS, diz respeito a uma compreensão mais abrangente do ser humano que se pretende atender. Conforme determina a Constituição, o Sistema de Saúde deve estar preparado para ouvir o usuário, compreender o contexto social em que está inserido e, a partir daí, atender às suas demandas e necessidades, atentando sobretudo para a prevenção de doenças ou agravos de saúde. De acordo com o texto constitucional, o Estado tem o dever de oferecer um "atendimento integral, com prioridade para as atividades preventivas, sem prejuízo dos serviços assistenciais". Assim, cabe ao Estado estabelecer um conjunto de ações que vão desde a prevenção até a assistência curativa, nos diversos níveis de complexidade.

Em 2018, os governos aprovaram por unanimidade uma resolução da Assembleia Mundial da Saúde convocando a OMS a desenvolver uma estratégia global de saúde digital[5] para apoiar os esforços nacionais, visando alcançar a cobertura universal de saúde. Em 6 de março de 2019, a OMS anunciou a criação do Departamento de Saúde Digital para aprimorar o papel da OMS na avaliação de tecnologias digitais e apoiar os Estados Membros na priorização, integração e regulamentação deles. A Saúde Digital, no seu sentido mais amplo, tem como objetivo aumentar a qualidade e ampliar o acesso à atenção à saúde por meio do uso de diversas tecnologias, incluindo os saberes e práticas inerentes a diferentes áreas do conhecimento.

Historicamente, os avanços na saúde e na tecnologia estão diretamente ligados desde a invenção da vacina, do Raio-X, passando pelos robôs cirúrgicos e chegando à saúde conectada nos três níveis de atenção à saúde[6]. Cada uma dessas invenções foi responsável por aumentar a expectativa e a qualidade de vida da população, sendo que, entre 1940 e 2023, período correspondente a um expressivo crescimento tecnológico, o IBGE[7] registrou um aumento significativo da expectativa de vida. O setor tecnológico voltado para a área da saúde está em grande expansão nos últimos anos e, paradoxalmente, está cada vez mais evidente a carência de pessoas com formação inovadora, atitude empreendedora e visão de futuro dentro dos preceitos da sustentabilidade.

A sigla ESG[8] (*Environmental, Social and Governance*) é traduzida do inglês como meio ambiente, social e governança. Essa sigla praticamente substituiu a palavra sustentabilidade no universo corporativo, valorizando as práticas ambientais, sociais e de governança. O conceito de desenvolvimento sustentável considera o equilíbrio entre os pilares, econômico, social e ambiental, como objetivos éticos comuns, dentro da perspectiva de que o desenvolvimento sustentável deve ser economicamente viável, socialmente justo e ecologicamente responsável, culminando no que entendemos como responsabilidade socioambiental. A formação de pessoas incluindo na visão do futuro a sustentabilidade social e do meio ambiente é, além de fundamental, relacionada aos Objetivos para o Desenvolvimento Sustentável[9] que têm dentre outras metas a de proteger o meio ambiente e de garantir que as pessoas, em todos os lugares, possam desfrutar de saúde física, mental e emocional.

8.3 Universidade, Universalidade e Saúde

A palavra Universidade vem do Latim *Universitas.*
Significa "Universalidade, o todo, e ainda o Universo, o conjunto das coisas."

Neste capítulo nos propusemos a apontar os avanços e os desafios da implementação da uma política de empreendedorismo e sustentabilidade na Universidade, partindo das iniciativas no campo da inovação realizadas há mais de vinte anos na Universidade do Estado do Rio de Janeiro (UERJ), almejando atingir um conjunto de pessoas de forma transdisciplinar e multiprofissional na área da saúde.

A saúde, por ser um direito fundamental e universal do cidadão, traz para o complexo acadêmico-assistencial de saúde, da Universidade, uma responsabilidade singular, pois premissas acadêmicas de conhecimento precisam ser complementadas pela formação humanizada, atitude empreendedora e habilidades para abordagem tecnológica, pois processos e inovações sofrem constantes transformações, considerando as mudanças aceleradas na Sociedade 5.0 a qual está prevista na Estratégia Global de Saúde Digital[5]. A Sociedade 5.0 é um termo que relaciona a sociedade com o desenvolvimento tecnológico, mas que precisa estar centrado no ser humano e na busca por soluções realmente valiosas para a vida das pessoas, o que na saúde está dentro da meta da universalização do acesso à saúde. Esta, Sociedade 5.0 está centrada em três valores principais: qualidade de vida, inclusão e sustentabilidade. Assim, a despeito da revolução tecnológica acelerada, os princípios fundamentais da Constituição Brasileira e aos pressupostos da OMS permanecem assegurados.

8.4 Avanços no Complexo Acadêmico-Assistencial Saúde

Algumas unidades acadêmicas da UERJ já ofertam disciplinas de empreendedorismo e a grande maioria disponibiliza, de alguma forma, unidades de desenvolvimento tecnológico (UDT), laboratórios e oficinas de formação para o desenvolvimento de competências para inovação na saúde. A atitude inovadora é uma mistura de conhecimento prévio, disposição a aprender, disposição ao risco e muita iniciativa. É por isso que empreendedores de sucesso normalmente são profissionais que inovam tornando fundamental a existência de uma política institucional de boas práticas. As competências trabalhadas visam semear no aluno, e até mesmo nos recursos humanos da Universidade, as seguintes características: proatividade, perfil questionador, nunca desistir no primeiro fracasso, autoavaliação crítica de que ninguém sabe tudo e, por fim, mas não menos importante, compartilhar conhecimento de forma multiprofissional e transdisciplinar. A criatividade é, também, fundamental na formação do profissional do futuro, assumindo um papel fundamental na estimulação da inovação e na resolução de problemas complexos no ambiente profissional. Profissionais criativos não apenas geram ideias originais, mas também abordam desafios de maneiras não convencionais, proporcionando soluções inovadoras e eficazes. Nesse sentido, a Universidade possui unidades assistenciais de saúde[10] que são referência em vários campos de atuação, constituindo um grande diferencial no contexto da oferta de atendimento, ensino e capacitação: o Hospital Universitário Pedro Ernesto (HUPE), a Policlínica Piquet Carneiro (PPC) e, mais recentemente, o Hospital Universitário Reitor Hésio Cordeiro (HURHC).

O Hospital Universitário Pedro Ernesto (HUPE)[11], dentre as demais unidades administrativas assistenciais em saúde, têm se destacado na inovação em diferentes áreas do atendimento incluindo desde a inteligência artificial em processos contribuindo para a maior acuidade diagnóstica, passando pela robótica na cirurgia e chegando ao amplo uso das tecnologias digitais para o teleatendimento no Centro de Teleconsulta e na análise inteligente de grandes dados. Esse polo inovação como hospital universitário contribui para o desenvolvimento de novas habilidades, conhecimento a atitude inovadora na saúde

Além das Unidades Assistenciais de Saúde, com suas estruturas de pesquisa e inovação em diferentes áreas do conhecimento, em agosto de 2022 foi criado um laboratório com tecnologia de impressão 3D, visando à formação de estudantes e a capacitação de profissionais no uso das tecnologias 3D dentro do tema Saúde, no âmbito de um projeto institucional coordenado pelo InovUERJ. A criação desse laboratório expressa a visão de futuro multiprofissional e transdisciplinar de inovação na saúde.

8.5 Célula Saúde de Inovação e Empreendedorismo

Em 2021, a Fundação de Amparo à Pesquisa do Estado do Rio de Janeiro (FAPERJ) lançou o Edital "Apoio de Ações Integradas de Inovação em Instituições de Ciência e Tecnologia Fluminenses" com o objetivo de financiar o desenvolvimento de projetos mobilizadores das iniciativas de inovação nas instituições de ciência e tecnologia (ICT) do Estado do Rio de Janeiro. As propostas estariam alinhadas com o marco legal de Ciência, Tecnologia e Inovação, sancionado em 2016 e regulamentado em 2018 pelo decreto nº 9.283 - que determina que as ICTs disponham de suas políticas de inovação específicas, propondo maior flexibilidade e fomento das relações entre a produção do conhecimento, o desenvolvimento tecnológico, o setor produtivo e a sociedade. O Departamento de Inovação (InovUERJ) aplicou e ganhou este edital com o projeto intitulado "A nova política de inovação da UERJ: empreendedorismo e inovação articulando e integrando ações – Integra UERJ". O projeto Integra UERJ, coordenado pela professora Marinilza Bruno de Carvalho, tem por objetivo geral a consolidação da inovação e do empreendedorismo em diferentes áreas do conhecimento na UERJ e, para atingir este objetivo, organizou uma proposta com cinco células indutoras temáticas: Meio Ambiente, Saúde, Educação, Tecnologia e Legislação.

A Célula Saúde, ou SAUDE3D, após o levantamento de demandas estratégicas no campo da saúde optou pela indução da inovação e do empreendedorismo através das tecnologias digitais 3D, que têm como premissa obrigatória a interdisciplinaridade de uma equipe multiprofissional. Nesse cenário, foi criado no Centro de Pesquisa Multiusuário do HUPE, o Laboratório Saúde 3D (Figura 1), inaugurado na 60ª edição do Congresso Científico do HUPE, ocorrido em agosto de 2022 (Figuras 2 e 3).

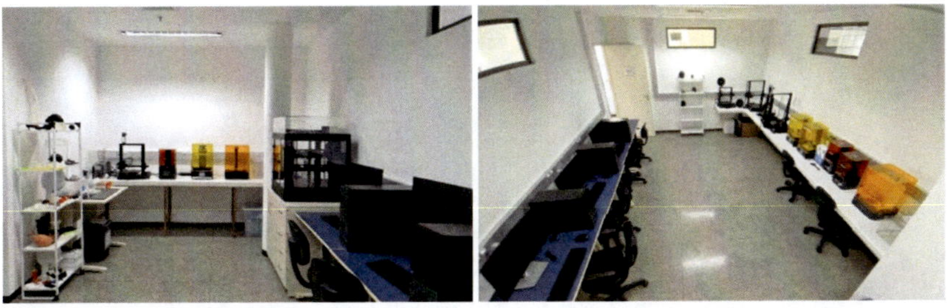

Figura 1: Instalações do Laboratório Saúde 3D, Unidade de Inovação e Pesquisa para modelagem tridimensional com impressão 3D. O espaço está localizado no Centro de Pesquisa Clínica Multiusuário CEPEM/UERJ e foi estruturado em 2022 no âmbito do Projeto INTEGRA UERJ, sob coordenação geral da Profª. Marinilza Carvalho, com recursos FAPERJ, e sob a coordenação da Vice-diretora da FCM e Coordenadora do Telessaúde da UERJ, Profª. Alexandra Monteiro, em parceria com a Diretora do IBRAG, Profª. Norma Albarello.

Figura 2: Inauguração do Laboratório Saúde 3D em agosto de 2022. À esquerda, o Secretário de Estado de Saúde do Rio de Janeiro, Dr. Alexandre Chieppe, o Diretor do HUPE, Prof. Damião

e o então Reitor da UERJ, Prof. Mário Sergio, assistem à apresentação da Célula Saúde 3D pelas alunas da FCM. À direita, o Prof. Fabrício Borges Carrerette, presidente da Comissão Científica da 60ª edição do Congresso Científico do HUPE; a Profª. Norma Albarello, Diretora do IBRAG; o Prof. Alexandre Bello, representando a Pró-reitoria de Saúde (PR5); a Diretora do Departamento de Inovação da UERJ (InovUERJ), Profª. Marinilza Carvalho; a Profª. Alexandra Monteiro, Vice-diretora da FCM; a Profª. Maria Isabel de Castro Souza, da Câmara de Inovação da UERJ e o Prof. Luís Antônio Mota, Pró-reitor de Pós-graduação e Pesquisa (PR2).

Figura 3: O lançamento do Laboratório Saúde 3D contou a presença de alunos e docentes integrantes da proposta e de autoridades universitárias. Na imagem à esquerda, a Profª. Marinilza Bruno de Carvalho, ao centro, ladeada pela equipe e pelo então Reitor, Prof. Mário Sérgio, e o Pró-reitor de pós-graduação e pesquisa, Prof. Luís Antônio Mota. Na imagem à direita, integrante do projeto realiza apresentação sobre o Laboratório Saúde 3D.

A visão do Laboratório Saúde 3D atende aos princípios ESG[8] e tem relação direta com os Objetivos de Desenvolvimento Sustentável (ODS)[9] da Agenda 2030 da Organização das Nações Unidas, com destaque para os seguintes objetivos:

- ODS 3 – Saúde e bem-estar: assegurar uma vida saudável e promover o bem-estar para todos, em todas as idades - desenvolvendo produtos por manufatura aditiva para a educação e promoção da saúde.

- ODS 4 – Educação de qualidade: assegurar a educação inclusiva, equitativa e de qualidade e promover oportunidades de aprendizagem ao longo da vida para todos - desenvolvendo materiais com foco nas tecnologias assistivas.

- ODS 8 – Trabalho decente e crescimento econômico: promover o crescimento econômico sustentado, inclusivo e sustentável, emprego pleno e produtivo, e trabalho decente para todos - promovendo capacitação de trabalhadores neste campo em desenvolvimento.

- ODS 9 – Indústria, inovação e infraestrutura: construir infraestrutura resiliente, promover a industrialização inclusiva e sustentável, e fomentar a inovação - promovendo a inovação através da visualização e imersão tridimensional na saúde.

- ODS 17 – Parcerias e meios de implementação: fortalecer os meios de implementação e revitalizar a parceria global para o desenvolvimento sustentável - promovendo a criação de redes de colaboração interdisciplinares e interinstitucionais.

O Laboratório Saúde 3D[2] é uma unidade multiusuário de inovação e pesquisa de soluções de problemas reais na área da saúde através da modelagem 3D virtual com a possibilidade da impressão 3D. Para atingir este objetivo, a equipe é estruturada por uma coordenação que tem no comitê técnico multiprofissional o apoio consultivo para a avaliação da recepção de projetos e para a interlocução com as partes interessadas na UERJ e da comunidade externa. A equipe operacional, também multiprofissional, inclui além de servidores e colaboradores, alunos na graduação e na pós-graduação *lato sensu* e *stricto sensu*. Em nível de pós-graduação *stricto sensu*, o Laboratório Saúde 3D apoia o desenvolvimento de projetos em diferentes programas, tais como: Telessaúde e Saúde Digital, Microbiologia, Fisiopatologia Clínica e Experimental, Biologia Vegetal e o PROFBIO - Mestrado Profissional em Ensino de Biologia em Rede Nacional. Da mesma forma, apoia o desenvolvimento de projetos de Iniciação Científica e de Iniciação Tecnológica permitindo que alunos na graduação participem de projetos da pós-graduação e, sobretudo, desenvolvam competências para elaborar a estrutura analítica de projetos com aplicação imediata na resolução de um problema em saúde.

Dentre os objetivos do Laboratório Saúde 3D, está o estabelecimento de parcerias em que a transdisciplinaridade prevaleça, e a promoção de um diálogo entre diferentes áreas do conhecimento e seus dispositivos, que são características das tecnologias 3D – principalmente quando aplicadas à saúde. O desenvolvimento destes objetivos_contribui para a ampla interlocução entre as áreas do conhecimento e especialidades entre as profissões da saúde. A estrutura analítica para a elaboração e o desenvolvimento de projetos com base nas tecnologias 3D para estudos no corpo humano possui requisitos diferenciados relacionados, por exemplo, a anatomia humana sistêmica que divide o corpo em sistemas orgânicos; a topográfica, que divide o corpo em segmentos ou regiões; a radiológica, que estuda o corpo humano com base no uso de imagens e de superfície que foca o estudo nos relevos e depressões existentes na superfície do corpo. Nesse campo, a pesquisa se inicia pela definição na estrutura analítica do método de aquisição da imagem original e da metodologia inovadora para a aquisição do modelo tridimensional. Um processo de aprendizagem baseado em problemas reais e em projetos por equipes.

No momento, o HUPE é o grande demandante da Célula Saúde e do Laboratório Saúde 3D, através de casos clínicos reais de pacientes internados, onde o modelo virtual e, sobretudo, o modelo 3D impresso, têm contribuído na tomada de decisão cirúrgica e no desfecho clínico de pacientes. Nesse contexto, como exemplos de pesquisa e desenvolvimento tecnológico, destacamos a seguir casos clínicos reais de pacientes internados no HUPE que, a partir das imagens no padrão DICOM obtidas por tomografia computadorizada, tiveram o desfecho clínico modificado pela possibilidade de acesso ao modelo 3D da patologia em mãos para simulação (Figuras 4 a 6).

No ensino em saúde e com o apoio e a participação das ligas acadêmicas na área da saúde, estão sendo desenvolvidos modelos impressos de peças anatômicas do corpo humano e de elementos relacionados, para o ensino e educação em saúde nas escolas e nas unidades acadêmicas da universidade. As ligas acadêmicas são potentes estratégias desencadeadas na formação em saúde, protagonizadas por discentes e supervisionadas por docentes, que integram atividades de ensino, pesquisa e extensão. O Programa de Extensão em Telessaúde e Saúde Digital[12] através de seus projetos, tem sido um importante balizador para essas ações com a comunidade externa, especialmente, pelo projeto aprovado este ano de Saúde 3D nas Escolas, que está avançando no desenvolvimento de modelos virtuais e físicos relacionados à promoção de saúde e à prevenção de doenças com foco na saúde do adolescente.

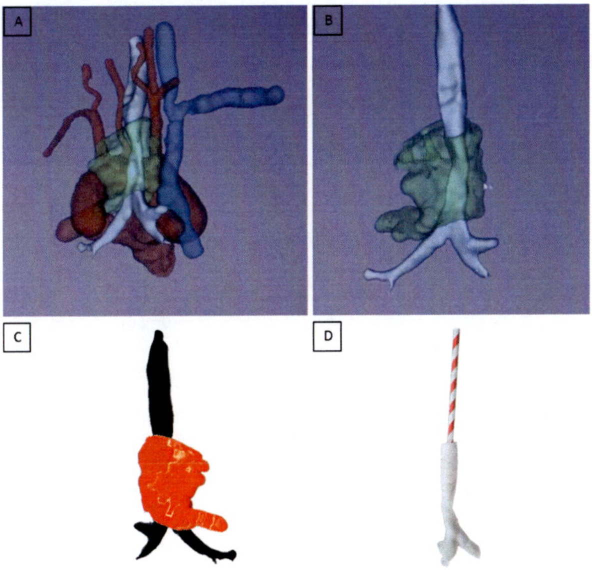

Figura 4: Caso clínico de paciente com linfoma paratraqueal obstruindo a traqueia.

A imagem (A) mostra o modelo virtual incluindo a traqueia, o tumor e as estruturas vasculares do mediastino. A imagem (B), o modelo virtual após a segmentação das estruturas vasculares e o modelo (C) a impressão da traqueia (preto) com a massa tumoral (vermelho) envolvendo a traqueia. O modelo (D) impresso demonstra a redução do calibre e a modificação do eixo traqueal secundária à compressão tumoral e apresenta introduzido na luz um canudo (colorido em listras) ilustrativo.

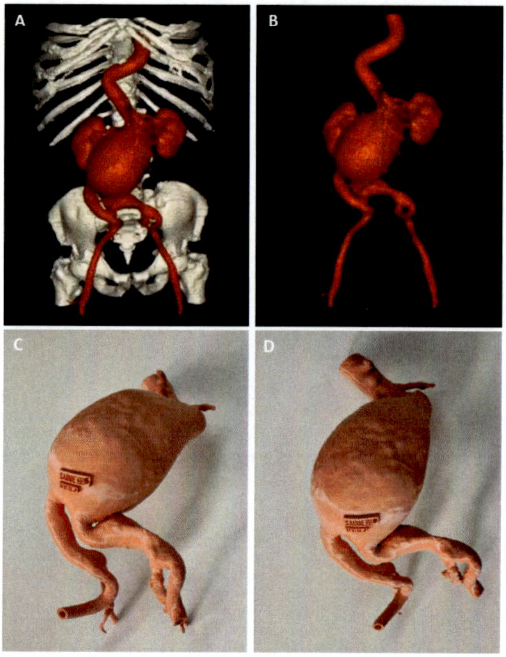

Figura 5: Caso clínico de paciente com dilatação aneurismática da aorta abdominal e da artéria ilíaca esquerda. O modelo virtual (A) demonstra a dilatação da aorta abaixo da emergência das artérias renais. Após a segmentação, o modelo virtual (B) demonstra com maior evidência o aneurisma da aorta descendente e o *kinking* e dilatação da artéria ilíaca esquerda. Os modelos impressos (C) e (D) permitem a real visualização do aneurisma destacando o *kinking* na artéria ilíaca o que modificou a conduta cirúrgica.

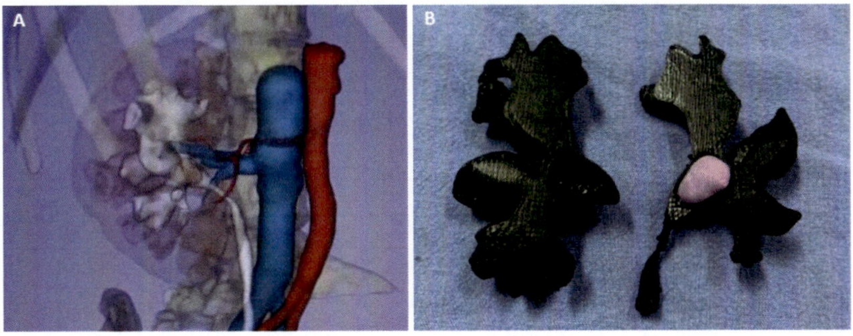

Figura 6: Caso clínico de paciente com cálculo renal obstruindo a pelve. O modelo virtual (A) identifica o cálculo dentro do bacinete renal associado à hidronefrose. O modelo impresso (B) destaca o cálculo renal no bacinete em cor roxa e a dilatação dos cálices e bacinetes em preto. Houve modificação na conduta cirúrgica a partir do modelo impresso.

A escolha da Célula Saúde na pesquisa e inovação através das tecnologias 3D permitiu uma ação estratégica de integração multiprofissional e interdisciplinar na saúde contribuindo dessa forma para a inovação e o empreendedorismo na saúde.

Por outro lado, com os recentes avanços na tecnologia de impressão 3D, estima-se que esta tecnologia tornar-se-á uma poderosa ferramenta de apoio *point-of-care* na medicina[13] para a tomada de decisão, sobretudo, na clínica cirúrgica além do alto potencial de contribuir para o meio ambiente pela possibilidade de reciclagem e reutilização de materiais.

Novos projetos serão desenvolvidos com o apoio do laboratório Saúde 3D UERJ que tem a visão de inovação e transformação digital na saúde para a consolidação e futura ampliação das atividades de ensino, pesquisa, extensão e assistência em saúde.

8.6 Incubadora e Aceleradora de Inovação na Saúde

Como instituição de ensino e pesquisa tecnológica, a Universidade do Estado do Rio de Janeiro – UERJ encontra-se inserida na política de inovação tecnológica e empreendedorismo com o consequente estímulo à criação e consolidação de micro e pequenas empresas de base tecnológica, pelo Programa de Incubadoras UERJ[14]. Por essa razão, mantém em suas Unidades Acadêmicas 06 (seis) incubadoras, a saber: Incubadora Sul Fluminense (FAT-Resende), Incubadora Phoenix (FEN-Fonseca Teles), Incubadora IEBTEC (IPRJ-Nova Friburgo), Incubadora INESDI (ESDI-Lapa) e a Incubadora ITECS (IME-Maracanã). A incubadora InovaHUPE está localizada na unidade administrativa assistência HUPE, em Vila Isabel. Com a incubação, os empreendimentos selecionados têm à sua disposição um quadro de professores e técnicos da UERJ de alta qualificação, laboratórios, incluindo as UDTs, e espaço privativo com acesso à internet e infraestrutura de uso comum na Unidade da Incubadora selecionada, envolvendo escritório, salas de reuniões, auditório, segurança e limpeza, dentre outras facilidades e recursos. Com o auxílio das Incubadoras da UERJ, os empreendimentos conveniados poderão contar com apoio gerencial e participar de Editais para financiamento de recursos relativos ao uso de tecnologias e consolidação de negócios.

A incubadora e aceleradora de base tecnológica do HUPE[15], criada pela AEDA 022/REITORIA/2023, com o apoio e participação do Telessaúde UERJ, constitui a infraestrutura para a maturação de projetos e empreendimentos na área da saúde e tem por objetivos:

- Contribuir para a transformação de resultados de pesquisa e inovação na saúde, visando o desenvolvimento local e ao aumento da atividade econômica do Estado do Rio de Janeiro;
- Contribuir para a modernização e aprimoramento de empreendimentos sociais e cooperativas, por meio da oferta de produtos e/ou serviços gerados pelos empreendimentos incubados na área da saúde;

- Colaborar para o desenvolvimento de iniciativas produtivas de cunho social e sustentável que associem as vocações locais e as potencialidades do mercado na geração de trabalho e renda na área da saúde;

- Ampliar o alcance do ensino, pesquisa, extensão e inovação para atuação em projetos com diferentes atores sociais, impulsionando o processo de inovação em empreendimentos na área da saúde;

- Promover a inclusão no tecido social dos resultados da incubação e aceleração dos resultados gerados pelo InovaHUPE. empreendimentos e/ou cooperativas sociais e sustentáveis.

Dessa forma, o Complexo Acadêmico-Assistencial de Saúde da Universidade dispõe, também, de espaço para jornada de empreendedorismo desde a fase de ideação, novos cenários para a integrar com a Sociedade resolvendo problemas com soluções inovadoras.

8.7 Desafios e próximos passos

A existência de programas de desenvolvimento docente, em algumas unidades acadêmicas, bem como do programa institucional de capacitação para os técnicos–administrativos da Universidade proporcionam, além da educação continuada e permanente, o desenvolvimento de novas habilidades e atitudes que contribuem, para a consolidação e capilarização da política de inovação, empreendedorismo e sustentabilidade da Universidade.

Assim, ao unirmos esforços e talentos, testemunhamos a transformação de pessoas que, impulsionadas pela inovação e pelo empreendedorismo em saúde, se tornam agentes de mudança, contribuindo não apenas para o avanço da ciência, mas também para o bem-estar da sociedade como um todo.

Referências Bibliográficas

1. Departamento de Inovação. Acesso disponível em http://inovuerj.pr2.uerj.br/quem-somos-inst. Acessado em 5/8/2024.

2. SAUDE3D UERJ. Acesso disponível em https://www.telessaude.uerj.br/saude3d/. Acessado em 5/8/2024.

3. Organização Mundial da Saúde. Acesso disponível em https://www.who.int/pt/about. Acessado em 5/8/2024.

4. Constituição Brasileira de 1988. Acesso disponível em https://portal.stf.jus.br/constituicao-supremo/artigo.asp?abrirBase=CF&abrirArtigo=196#:~:text=Da%20Sa%C3%BAde-,Art.,sua%20promo%C3%A7%C3%A3o%2C%20prote%C3%A7%C3%A3o%20e%20recupera%C3%A7%C3%A3o. Acessado em 5/8/2024.

5. Estratégia Global de Saúde Digital. Acesso disponível em https://www.paho.org/pt/noticias/17-4-2019-oms-divulga-primeira-diretriz-sobre-intervencoes-saude-digital#:~:text=Trabalho%20da%20OMS%20sobre%20sa%C3%BAde%20digital&text=Em%202018%2C%20os%20governos%20aprovaram,a%20cobertura%20universal%20de%20sa%C3%BAde. Acessado em 5/8/2024.

6. Ministério da Saúde. Níveis de Atenção à Saúde. Acesso disponível em https://www.gov.br/saude/pt-br/assuntos/noticias/2022/marco/atencao-primaria-e-atencao-especializada-conheca-os-niveis-de-assistencia-do-maior-sistema-publico-de-saude-do-mundo#:~:text=Os%20n%C3%ADveis%20de%20aten%C3%A7%C3%A3o%20e,prim%C3%A1ria%2C%20aten. Acessado em 5/8/2024.

7. IBGE. Acesso disponível em https://www.ibge.gov.br/estatisticas/todos-os-produtos-estatisticas/9126-tabuas-completas-de-mortalidade.html. Acessado em 5/8/2024.

8. ESG: novo conceito para velhos problemas. Acesso disponível em https://www.scielo.br/j/cebape/a/YKyfRmPDHhtGm3LG8jW6DQM/. Acessado em 5/8/2024.

9. Objetivos de Desenvolvimento Sustentável. Acesso disponível em https://brasil.un.org/pt-br/sdgs. Acessado em 5/8/2024.

10. Centro Biomédico UERJ. Acesso disponível em https://www.centrobiomedico.uerj.br/nossas-unidades/. Acessado em 5/8/2024.

11. Hospital Universitário Pedro Ernesto. UERJ. Acesso disponível em https://www.hupe.uerj.br/. Acessado em 9/8/2024.

12. Núcleo de Telessaúde e Saúde Digital UERJ. Acesso disponível em https://www.hupe.uerj.br/. Acessado em 9/8/2024.

13. Establishing 3D Printing at the Point of Care: Basic Principles and Tools for Success. Acesso disponível em Establishing 3D Printing at the Point of Care: Basic Principles and Tools for Success | RadioGraphics (rsna.org). Acessado em 30/6/2024.

14. Programa de Incubadoras da UERJ. Acesso disponível em http://inovuerj.pr2.uerj.br/incubadoras. Acessado em 5/8/2024.

15. Incubadora e Aceleradora InovaHUPE. Acesso disponível em https://hupedigital.hupe.uerj.br/inovahupe/. Acessado em 5/8/2024.

Capítulo 9

Cooperação para Inovação: Uma Aplicação da Hélice Tríplice

Franco Barese Espala Vieira

Nas últimas décadas, a inovação se tornou o principal vetor de desenvolvimento econômico e social das nações, fazendo com que os Estados e as instituições criem esforços para promover ambientes e condições que alavanquem ações inovadoras. A busca por novos produtos, processos, modelos de gestão e de integração é parte central nas estratégias de desenvolvimento, e o tema vem sendo estudado por inúmeros atores a fim de encontrar arranjos que favoreçam o trabalho criativo e a concretização de projetos inovadores.

A ampliação de esforços para a inovação e as diversas ações movidas enriqueceram o campo de estudo no tema que, atualmente, é avaliado sob diferentes óticas para o aprimoramento dos procedimentos e melhoria dos resultados. Se, há décadas, o foco da inovação se dava sobre a criação de novos produtos e processos, nos últimos anos a pesquisa foi incrementada pela avaliação de fatores organizacionais, humanos, sociais e ambientais, mostrando que a construção de modelos para a inovação envolve diversas áreas do conhecimento para além das expertises técnicas inerentes à criação de produtos ou processos. Mais recentemente, há um interesse crescente em modelos de inovação aberta, que incentivam a colaboração entre diferentes organizações e setores para acelerar o progresso e maximizar o impacto das inovações. Todos esses estudos são fundamentais para entender como as inovações podem ser geradas, adotadas e difundidas na sociedade, visando ampliar o impacto dos resultados e contribuir para o desenvolvimento econômico e social.

A complexidade do tema pode ser observada, por exemplo, na avaliação de métricas e indicadores que representam capacidades inovativas. O Índice Global de Inovação (IGI) da Organização Mundial da Propriedade Intelectual (OMIPI – WIPO) faz uso de 80 indicadores para determinar a classificação de mais de 130 países no quesito inovação. Neste ranking, os indicadores são divididos em 7 grandes grupos (WIPO, 2023):

- Instituições – avalia ambientes institucionais, regulatórios e de mercado;
- Capital humano e pesquisa – avalia esforços em educação básica e superior, e em pesquisa e desenvolvimento (P&D);
- Infraestrutura – avalia condições de tecnologia da informação e comunicação (TIC), e cenário estrutural em energia, logística e sustentabilidade;
- Mercado – avalia condições de crédito, investimento, escalabilidade e diversificação de mercado;
- Negócios – avalia condições de recursos humanos em empresas, relações de parcerias entre instituições e absorção de conhecimento;
- Resultados de tecnologia e conhecimentos – avalia a produção de conhecimento, seu impacto e difusão;
- Resultados de criatividade – avalia a produção de ativos, produtos, processos e evolução digital.

A vasta gama de fatores que influenciam nos resultados de inovação mostra como as instituições que buscam inovar devem estar atentas às diferentes condições em que estão inseridas para identificar as melhores estratégias para a sua realidade. Fica claro, ainda, que os esforços necessários para a inovação não devem focar apenas em Pesquisa e Desenvolvimento aplicados para a geração de produtos ou processos: é necessária a reunião de diferentes áreas do conhecimento para a formulação de ambientes promotores de inovação, para que haja desenvolvimento contínuo como resultado da proposta organizacional e não somente criações isoladas como resultado de uma expertise técnica.

A percepção sobre a necessidade de reunir diferentes conhecimentos para a promoção de um ambiente inovador fez com que diversos atores buscassem construir modelos conceituais para embasar o desenvolvimento de estratégias por organizações e até mesmo por nações. O trabalho de Silva et al (2014) apresenta uma revisão literária sobre o tema, destacando diversos modelos para a gestão da inovação criados ao longo das últimas décadas. O estudo apresenta a evolução dos modelos criados, partindo de conceitos propondo etapas lineares e sendo aprimorados para proposições dinâmicas e integradas entre atores, processos e relações.

Dentro os diversos modelos conceituais desenhados, um dos mais aclamados se tornou o estudo divulgado na década de 90 por Henry Etzkowitz e Loet Leydesdorff, que concretizou o Modelo da Hélice Tríplice na publicação "The Triple Helix, University-Industry-Government Relations: A Laboratory for Knowledge-Based Economic Development". Neste trabalho, os autores propõem uma interação dinâmica entre três esferas fundamentais - universidade, indústria e governo -, destacando como a colaboração entre estes pode promover a inovação e o desenvolvimento econômico e social. A universidade, como fonte de conhecimento e pesquisa, a indústria, como aplicadora desse conhecimento em produtos e serviços, e o governo, como regulador e facilitador, desempenham papeis interdependentes na criação de um ambiente propício à inovação. A Hélice Tríplice destaca a importância de uma comunicação aberta e contínua entre esses setores para maximizar o potencial inovador de uma sociedade. Além disso, o modelo sugere que, em um cenário de inovação eficaz, as fronteiras entre essas esferas tendem a se tornar mais permeáveis, permitindo que cada uma delas adote funções que tradicionalmente pertenciam às outras. Por exemplo, universidades podem se envolver mais diretamente em atividades empresariais, enquanto empresas podem participar ativamente na pesquisa e no desenvolvimento de políticas públicas. Essa flexibilização dos papeis tradicionais contribui para um sistema de inovação mais integrado, fluído e adaptável, capaz de responder rapidamente às mudanças nas demandas sociais e tecnológicas.

O sucesso do Modelo da Hélice Tríplice se deu na sua aplicação por diversas nações em diferentes contextos econômicos, políticos e sociais, e nos resultados obtidos pelos atores envolvidos. O trabalho de ETZKOWITZ, ZHOU (2017) mostrou a importância da aplicação do modelo no desenvolvimento do Vale do Silício, onde "A liderança fundadora, incluindo o presidente da Universidade de Stanford, David Starr Jordan, incentivou os bacharéis a formarem empresas de tecnologia" e "O principal fator interveniente no processo de desenvolvimento à la Hélice Tríplice no Vale do Silício foi o financiamento em larga escala de pesquisas pelo governo". Na realidade brasileira, os trabalhos de Andrade et al (2023) e D'Avila et al (2015) mostram que os esforços conjuntos entre governo-academia-empresas ainda são incipientes e carentes de alternativas. Para Andrade et al (2023), "as interações entre as universidades e as empresas são esporádicas e limitadas e a atuação do governo é intermediária entre esses dois atores, principalmente na elaboração de leis e políticas públicas de fomento à inovação e no financiamento à inovação tecnológica". D'Avila et al (2015) mostraram que "há poucas publicações em relação à análise do modelo Tríplice Hélice de inovação como ferramenta estratégica" e que atividades de interação entre os atores "vêm ocorrendo nas diversas regiões, porém de forma desequilibrada". Tais achados corroboram com a perspectiva de alta complexidade de arranjos para a inovação, evidenciando a necessidade de cada instituição (ou nação) em desenvolver e adaptar aspectos do modelo à sua realidade.

O Brasil buscou no Modelo da Hélice Tríplice o embasamento para a construção das principais políticas públicas relacionadas à inovação. De fato, os chamados Marcos Legais da Inovação nacionais têm como o principal pilar de sua estrutura a promoção de ambientes inovadores por meio das cooperações e atuações integradas entre Governo, Academia e Empresas. As Leis Nº 10.973, de 02 de dezembro de 2004 (primeiro marco) e Nº 13.243, de 11 janeiro de 2016 (segundo marco) instituíram diversos estímulos e incentivos para a inovação, colocando Governo, Academia e Empresas como atores e motores principais de todo o ecossistema e adaptando dispositivos para facilitar a interação e integração entre eles. Entre os aspectos tratados na legislação, observa-se uma grande valorização das atividades de cooperação entre as Instituições de Ciência e Tecnologia (ICTs) - onde incluem-se universidades e institutos de pesquisa - e empresas, dadas as diversas disposições que preconizam a construção de ambientes compartilhados, a transferência de capital humano e intelectual entre instituições, a transferência de tecnologia e a parceria para Pesquisa, Desenvolvimento e Inovação (PDI).

O novo cenário da inovação nacional trazido pelos marcos da inovação, de fato, induziu a um crescimento nas atividades cooperativas entre empresas e ICTs. As diversas experiências produzidas trouxeram, simultaneamente, novas perspectivas e alternativas para processos de inovação mas, também, indicam a necessidade de aprimoramento das interações para que se tornem produtivas e eficazes para ambas empresas e ICTs. Se, por um lado, as atividades em parceria propiciaram às empresas um canal importante de aquisição de conhecimento, pesquisa e desenvolvimento, e às ICTs um espaço para aplicação do conhecimento, ciência e tecnologia produzidos, sob outra ótica as ações de cooperação precisam de muitos ajustes para serem proveitosas e contínuas.

9.1 A Experiência do Projeto Integra UERJ

O projeto intitulado "Integra UERJ", desenvolvido na Universidade do Estado do Rio de Janeiro, é um exemplo de aplicação do Modelo da Hélice Tríplice por propor uma ação integrada entre Governo, Academia e Empresas visando a inovação, nos moldes preconizados pelas leis de inovação nacionais. A ação surge de uma oportunidade de subsídio financeiro fornecido por uma agência de fomento do estado do Rio de Janeiro, a Fundação Carlos Chagas Filho de Amparo à Pesquisa do Estado do Rio de Janeiro (FAPERJ) - atuando como Governo -, e envolveu trabalhos em conjunto entre a UERJ - universidade - e parceiros - empresas privadas - com o objetivo de desenvolver infraestrutura, tecnologias e processos inovadores para a instituição e a sociedade. O projeto foi dividido em cinco "Células", em que cada uma propôs atividades delineadas por docentes e servidores da universidade e executadas em conjunto com empresas privadas e instituições parceiras.

A Célula "Meio Ambiente" teve como diretriz aprimorar a segurança hídrica e energética na UERJ e em comunidades urbanas. O projeto previa tecnologia e treinamento para racionalização no uso destes recursos, com a instalação de reservatórios de água pluvial e paineis solares junto ao Restaurante Universitário (RU), no campus Maracanã, assim como por meio de oficinas de capacitação sobre o tema para o público em geral. Segundo o líder da Célula, o principal objetivo da ação era "integrar água, energia e alimento, conhecida na literatura como WEF (Water-energy-food nexus), para tornar a produção no RU mais sustentável".

A Célula "Saúde" trouxe inovação para o setor por meio de tecnologia tridimensional, incluindo infraestrutura e *know-how* para o desenvolvimento de soluções desde a modelagem computacional até a imersão virtual pela realidade aumentada, além da impressão de modelos (impressão 3D) para uso cirúrgico. O laboratório Saúde 3D começou a ser montado dentro do Centro de Pesquisa Multiusuário (CePeM) do Hospital Universitário Pedro Ernesto, prevendo a produção e testes de protótipos - com um protótipo-piloto para um caso de tumor ósseo. A iniciativa contou com uma equipe multidisciplinar e prevê resultados para além do ambiente acadêmico, como opinou a líder da Célula: "Queremos que alunos, professores e trabalhadores da saúde em geral absorvam esse conhecimento e o multipliquem, não só para a comunidade interna, como para a externa, porque a UERJ é muito maior que o espaço físico".

A Célula "Educação" propôs expandir conhecimentos em diferentes áreas para além da formação acadêmica padrão oferecida pelos cursos universitários, com a execução de quatro ações. A primeira ação objetivou a capacitação de alunos e servidores em áreas como empreendedorismo e inovação. A segunda ação envolveu o desenvolvimento de uma plataforma virtual para ser uma vitrine de divulgação dos projetos de inovação da UERJ e, ao mesmo tempo, escritório virtual para consultoria. A terceira proposta da Célula foi a criação de laboratórios "LabMaker", espaços compartilhados em que estudantes podem colocar em prática ideias e criações inovadoras partindo do zero. A quarta ação incluiu a realização de uma "maratona tecnológica", na forma de um *hackathon*, para criação e proposição de projetos inovadores com o tema "meio ambiente" que, segundo a líder da Célula, teve como objetivo "que as equipes pensem formas de impactar a sociedade".

A Célula "Tecnologia" teve como diretriz a criação e a implementação de uma "Casa de Software", um ambiente preparado e capacitado para desenvolver sistemas próprios para a Universidade e entidades externas. A ação contou com atividades de treinamento de servidores em diversas linguagens de programação e outros temas em Tecnologia da Informação. O modelo de gestão do ambiente prevê a criação de softwares no formato "*Technology-push*" (com soluções desenvolvidas a partir de pesquisa interna) e "*Market-pull*" (com soluções desenvolvidas a partir de demandas do mercado). Para o líder da Célula, o projeto tende a se expandir: "Você só mantém a Casa de Software se tiver um efeito multiplicador. Então quem foi capacitado agora é multiplicador para servidores ou estagiários que chegarem futuramente".

9.2 Célula "Apoio à Inovação"

O grupo de trabalho proposto tinha como objetivo desenvolver instrumentos de apoio e delinear ações de estímulo à inovação na universidade. O grupo contou com a participação de representantes do Núcleo de Inovação Tecnológica da UERJ (InovUERJ), da Procuradoria Geral da UERJ (PGUERJ) e empresas privadas especializadas em Inovação, Propriedade Intelectual e Lei Geral de Proteção de Dados (LGPD). A Gestão da Inovação da universidade identificou a importância de atualizar a normatização jurídica que regulava a inovação no ambiente universitário em suas mais diversas manifestações, tais como a interação com entidades externas em atividades de parceria, desenvolvimento conjunto, cooperação técnica, transferência de tecnologia ou outras ligadas à Pesquisa, Desenvolvimento e Inovação. Ainda, houve a preocupação em incluir os devidos cuidados aos chamados dados pessoais sensíveis envolvidos nestes processos, conforme determinado pela LGPD.

Dadas as necessidades e planos expostos por representantes da universidade, definiu-se pela elaboração dos seguintes instrumentos:

- Atualização da Política de Inovação da UERJ;
- Instrumentos Jurídicos (Contratos, Termos, Acordos e afins) para apoio à inovação;
- Termo de Regulação da Transferência de Tecnologia (Edital de Transferência) e seus Anexos;
- Metodologia e/ou processos de apoio à transferência de propriedade intelectual.

O desenvolvimento das atividades se mostrou enriquecedor para todos os participantes que, alinhados às expectativas da universidade, propuseram a aplicação de conhecimentos de diferentes áreas para a construção dos produtos desejados. A integração de conhecimentos distintos culminou em um projeto amplo que buscou aprimorar os recursos já existentes na universidade - normativas e instrumentos jurídicos vigentes -, atualizando-os à luz das novas legislações e das práticas de sucesso nacionais e internacionais. As atividades, desde a formulação do Plano de Ação até a entrega de relatórios, foram desenvolvidas em conjunto pelos participantes de todas as empresas envolvidas, tal como indicam as experiências de sucesso em interações universidade-empresa. Um dos pontos de destaque da cooperação se deu na grande capacidade de transmissão e absorção de conhecimento por parte dos participantes, fator primordial para a eficácia do processo. Desde a proposição do Plano de Ação, cada ator conseguiu expor as necessidades e condições relevantes de seu campo de conhecimento, de forma a integrar todos os aspectos essenciais à construção dos produtos finais no planejamento e proporcionar entendimento aos demais participantes sobre as ações que se complementam para formar as entregas.

O projeto desenvolvido obteve particular êxito não somente pela entrega dos produtos conforme o interesse da universidade, como pelo atendimento aos principais objetivos da própria instituição de fomento (FAPERJ) na distribuição de subsídios. Com a renovação e atualização dos Instrumento Jurídicos de apoio à inovação da universidade, foram aprimoradas as condições para atender o objetivo de alavancar "o desenvolvimento tecnológico, os mecanismos de apoio ao empreendedorismo, as diversas formas de transferência de conhecimento e o relacionamento ICTs - setor produtivo". Com a produção de instrumentos e procedimentos que serão incorporados à prática administrativa da universidade e que buscam fortalecer sua relação com a sociedade, é proporcionado à universidade maior capacidade de atuar em "caráter sistêmico de articulação das iniciativas". A atualização dos dispositivos e proposições da Política de Inovação da UERJ produziu condições modernas e simplificadas, além de procedimentos estabelecidos para que a universidade possa implementar as "ações delineadas em suas Políticas de Inovação".

9.3 Atualização da Política de Inovação da UERJ

A Política de Inovação da UERJ desenvolvida ao longo das últimas décadas foi reavaliada diante das novas determinações e condições estabelecidas pela Lei Nº 13.243, de 11 janeiro de 2016, e seus decretos regulamentadores, além de incluir os cuidados previstos pela LGPD. Havia a necessidade de solidificar as normativas em um único regimento, além de revisar termos e disposições que regulassem as diversas atividades de parceria, Pesquisa e Desenvolvimento (P&D) e inovação da comunidade acadêmica. A ação buscou conferir maior segurança jurídica e administrativa à atuação de docentes, discentes e servidores, assim como garantir a regularidade de atividades envolvendo instituições externas - privadas ou públicas.

9.4 Instrumentos Jurídicos (Contratos, Termos, Acordos e afins) para apoio à inovação

Os diversos instrumentos jurídicos de apoio à inovação existentes na universidade também foram atualizados à luz das novas legislações em inovação, com o objetivo de modernizar a atuação da universidade e promover segurança aos executores e aos produtos gerados pelas atividades movidas no ambiente acadêmico. A ação dos participantes contou com o mapeamento das atividades de inovação existentes e possíveis, seguida pela identificação dos documentos necessários para regular a Gestão da Inovação na universidade e pela proposição de Contratos, Termos, Acordos e afins que apoiassem as atividades de inovação da comunidade acadêmica e suas interações com entidades externas.

9.5 Termo de Regulação da Transferência de Tecnologia (Edital de Transferência) e seus Anexos

Colocada no centro do ecossistema inovativo nacional, a Transferência de Tecnologia foi abordada pela Célula, com a proposição de um regimento interno formalizado para a condução de processos envolvendo a cessão e o licenciamento de tecnologias, incluindo ativos de propriedade intelectual e conhecimento tecnológico (*know-how*). O documento proposto inclui as regras de participação de instituições externas em processos de transferência e possui anexos para regular as decisões da universidade na condução dos processos e em critérios de avaliação e seleção.

9.6 Metodologia e/ou processos de apoio à transferência de propriedade intelectual

Partindo da identificação sobre a necessidade de uma atuação mais ativa na transferência de tecnologia, o grupo elaborou uma Metodologia a ser aplicada pelos setores de inovação da universidade objetivando enriquecer as capacidades dos atores em promover processos de interação com empresas para a transferência, incluindo métodos para avaliação de portfólio tecnológico e elaboração de estratégias para levar a ciência produzida na universidade ao mercado e à sociedade.

9.7 Enriquecendo a Inovação - Contribuições do trabalho à UERJ

O projeto desenvolvido pelo grupo de trabalho obteve êxito não somente no atendimento aos objetivos da FAPERJ na promoção do subsídios, como possibilitou à UERJ novas condições de atuação na gestão da inovação universitária. Desde o planejamento das ações, ficou evidenciado pelos representantes da instituição a necessidade de atualizar processos internos de apoio à inovação, incluindo condições para atender às novas legislações e instrumentos para gerir e conduzir projetos inovadores.

Neste cenário, os resultados entregues proporcionam justamente a aplicação de práticas de sucesso na gestão da inovação, oferecendo à universidade a possibilidade de regular o processo por meio de uma Política de Inovação integrada e com todas as definições necessárias para a atuação dos diferentes atores do ecossistema de inovação universitários. Com a homologação dos dispositivos e normas internas, a universidade esclarece as regras e possibilidades de atuação de toda a comunidade acadêmica, assim como estimula a participação cada vez maior dos discentes e docentes em projetos de inovação. A guinada da universidade para uma atuação de maior destaque na produção de inovação tende a ampliar e engrandecer a credibilidade e a visibilidade dadas pela sociedade à instituição, tornando-a, ainda mais, uma referência de soluções e alternativas para a melhoria social.

Ainda, a atualização de instrumentos jurídicos de apoio à inovação atende a um dos principais pontos de entrave na relação entre universidades e empresas/sociedade: redução da burocracia e do tempo despendido na formação de parcerias. De fato as interações entre universidades e empresas no Brasil ainda são, para a maioria das instituições, incipientes, ineficientes e isoladas, fatores que não contribuem para o desenvolvimento de ações contínuas e a transformação deste canal em um instrumento de sucesso para a inovação. A chamada "burocracia universitária" e o tempo gasto em negociações e ajustes de acordos são um dos pontos mais críticos na relação entre universidades e empresas, sendo motivos para que empresas não tenham motivação em buscar nas universidades um canal para a produção de inovação.

9.8 Favorecendo o desenvolvimento - Contribuições do trabalho à sociedade

O trabalho desenvolvido, apesar de ter como receptor primário a universidade, figura, na verdade, como um instrumento essencial ao desenvolvimento social. Isto porque o objetivo principal foi justamente criar condições para que a ciência e a tecnologia produzidas na universidade possam alcançar e oferecer soluções à sociedade. Os produtos gerados fortalecem a capacidade da universidade em dar aplicação aos projetos desenvolvidos, inserindo-os na sociedade e contribuindo para a melhoria social. Tais condições vão ao encontro das diretrizes estabelecidas pelas leis de inovação nacionais que colocam a universidade como vetor de desenvolvimento econômico e social, responsável por direcionar a ciência em prol de soluções demandadas pela sociedade. Espera-se que o legado deixado forneça aprimoramento à Gestão da Inovação na universidade, tornando-a mais capacitada para fomentar ações inovadoras, conduzi-las de forma eficiente e gerar produtos de relevância social e econômica para a região em que está inserida. Como avaliou um dos autores, o trabalho contribui para o "fortalecimento do vínculo entre academia e setor produtivo, mostrando que é possível conciliar interesses públicos e privados em prol do bem comum".

Além das condições criadas para a atuação da universidade, o trabalho desenvolvido também gera artifícios para que as mais diversas entidades da sociedade possam interagir com a universidade de forma transparente na gestão de projetos em conjuntos, produzindo um ambiente mais confortável para atividades de inovação e com maior segurança jurídica sobre a parceria e seus resultados. Na opinião de um dos participantes, a ação "transcende o âmbito jurídico e acadêmico, trazendo benefícios diretos para a sociedade como um todo" e "promove o desenvolvimento sustentável do estado do Rio de Janeiro ao incentivar parcerias que geram emprego, renda e soluções para os desafios sociais". Ainda, o projeto trouxe, de forma inovadora, a todos os atores beneficiados, maior segurança no tratamento de dados previsto na LGPD, garantindo que os projetos de inovação movidos por ou em conjunto com a universidade sejam executados sem intercorrências indesejadas quanto aos dados pessoais sensíveis.

9.9 Construindo competências - Contribuições do trabalho aos autores

O poder de enriquecimento do trabalho se estendeu não somente à universidade ou à sociedade, impactando diretamente as capacidades profissionais de todos os envolvidos. Como um projeto multidisciplinar que previa a reunião de diversos conhecimentos para a produção de condições de apoio à inovação, as atividades desenvolvidas em conjunto entre os autores também foram responsáveis por solidificar suas expertises e acrescentar novas competências e habilidades em suas atuações profissionais. A possibilidade de integração dos conhecimentos já existentes em aplicações inovadoras e a responsabilidade de oferecer condições para fomento e apoio à inovação trouxeram aos participantes uma nova forma de atuação no ecossistema, fazendo com que o aprendizado sobre o funcionamento e a gestão de um ambiente acadêmico, assim como sobre aspectos correlatos ao seu campo do conhecimento aumentassem sua visão sobre a construção de terrenos férteis à inovação.

Sob uma ótica pessoal, o trabalho em conjunto ofereceu a todos os participantes novos aprendizados em diferentes áreas do conhecimento e uma visão sistêmica sobre as relações que movem a inovação. Ainda, foi dado aos autores a possibilidade de avaliar e conhecer novas formas de condução de processos inovadores, conferindo-os novas capacidades de produzir trabalhos para outros sistemas inter-

-institucionais. Nas palavras de um dos participantes, "A atuação no tema transferência de tecnologia e a participação na criação de instrumentos e dispositivos que podem enriquecer interações entre universidade e empresa foi gratificante por conseguir aplicar conhecimentos que estava estudando na teoria, assim como por estar inserido nas interações e no cenário que considero como o vetor principal para a inovação". Em outra declaração, um dos autores afirma que "Como advogado e jurista dedicado ao direito público, foi muito gratificante contribuir para a criação de instrumentos que não apenas apoiam a inovação, mas também reforçam o papel da universidade como um pilar do desenvolvimento social e econômico do estado".

A contribuição profissional foi identificada não somente ao indivíduo participante da ação, como também fortaleceu as capacidades das empresas envolvidas. A atuação conjunta com diferentes expertises fornece às empresas um grande aprendizado não somente em relações interpessoais ou inter-organizacionais, como confere às instituições novas competências e conhecimentos em outros campos do conhecimento. Como declararam os participantes, a experiência "pode comprovar o grande valor da integração de diferentes conhecimentos e expertises" e "permitiu não só aprimorar nossas habilidades técnicas, mas também reforçar nosso compromisso com a inovação e a responsabilidade social". Isto torna as empresas mais preparadas para lidar com os desafios apresentados por ambientes inovadores, onde grande parte das habilidades necessárias está na adequada absorção de informações relevantes que não são sua especialidade e na capacidade de integrar novos conhecimentos na geração de soluções que atendam aos mais diversos atores envolvidos em processos inovadores.

Outro ponto de destaque se deu pela percepção (quase contrária ao senso comum) de que há nas universidades muitas pessoas interessadas em fazer inovação de verdade, sem aversão à cultura de mercado e que valorizam a transmissão do conhecimento, como enfatizou um dos autores sobre o projeto ser "uma demonstração de que a parceria entre os setores público e privado é uma ferramenta poderosa para o progresso coletivo"

9.10 Conclusões

O presente trabalho, como produto de um projeto integrado para construção de condições de fomento e apoio à inovação em uma universidade, proporcionou diversas contribuições não somente à universidade receptora como também aos participantes e à sociedade. As atividades movidas ao longo de dois anos puderam aprimorar competências e capacidades da instituição na gestão da inovação e ofereceram aos autores uma oportunidade ímpar de integrar novas habilidades às suas atuações profissionais.

A ação proposta pela UERJ visava fortalecer o cenário inovador acadêmico, porém seus produtos ultrapassam o circuito universitário, figurando como instrumentos capazes de aproximar a ciência e a tecnologia produzidas da sociedade que demanda por soluções. As diversas condições criadas pelo trabalho desenvolvido se unem às expertises da universidade e oferecem um ambiente mais propício e seguro a promover ações inovadoras, ampliando a sua capacidade em ser um vetor de desenvolvimento econômico e social.

Espera-se que os resultados obtidos tornem a relação entre a universidade e seu entorno mais simplificada e que mais instituições possam se beneficiar da integração com a universidade e mover seus processos de forma eficiente, possibilitando que as interações estejam de acordo com as expectativas dos atores envolvidos.

Referências Bibliográficas

1. Índice Global de Inovação 2023 – WIPO

2. ETZKOWITZ, H., & ZHOU, C.. (2017). Hélice Tríplice: inovação e empreendedorismo universidade-indústria-governo. Estudos Avançados, 31(90), 23–48. https://doi.org/10.1590/s0103-40142017.3190003

3. Silva, D. O. da ., Bagno, R. B., & Salerno, M. S.. (2014). Modelos para a gestão da inovação: revisão e análise da literatura. *Production*, *24*(2), 477–490. https://doi.org/10.1590/S0103-65132013005000059

4. Andrade, E.P. et al. Hélice tríplice no contexto brasileiro: a contribuição das universidades na inovação tecnológica. Rev. Tecnol. Soc., Curitiba, v. 19, n. 55, p.232-263, jan./mar., 2023. Disponível em: https://periodicos.utfpr.edu.br/rts/article/view/15122

5. Jones Costa D'AVILA 1, Simone Meister Sommer BILESSIMO 2; Paulo Cesar Leite ESTEVES 3; Cristiane Machado de VARGAS 4. A Tríplice Hélice como fator de desenvolvimento regional: Um estudo de casos no Brasil. Espacios. Vol. 36 (Nº 11) Año 2015. Pág. 17

6. https://www.uerj.br/noticia/projeto-integra-uerj-vai-atualizar-politica-de--inovacao-reunindo-metodologias-de-diversas-areas-do-conhecimento/

Capítulo 10

Sul Fluminense: Um caso de Empreendedorismo Acadêmico

Jacques Fernandes Dias

10.1 Introdução

Uma típica orientação para empreendedores é que um bom planejamento é essencial para aumentar as chances de sucesso de um novo negócio. Embora o ambiente universitário não seja um negócio e menos ainda pode-se chamar de novo, discutir as ações da Universidade do Estado do Rio de Janeiro na região do Sul Fluminense pode trazer aspectos interessantes do uso e aplicação de termos comuns ao empreendedorismo para examinar exatamente a relação como este tema vinculado também, como comumente se vê, à inovação se dão na unidade acadêmica e campus lá presentes. Desta forma, o intuito deste estudo de caso é trazer elementos para a contínua discussão sobre desenvolvimento regional, e a importância da universidade como agente para tal finalidade, assim como, sobre a necessidade crescente de inserir e ampliar intencionalmente ações que promovam um ecossistema de empreendedorismo e inovação.

O planejamento ressaltado inicialmente merece este destaque por fatores históricos ligados a presença institucional no sul do Estado do Rio de Janeiro. Vale uma ressalva inicial de que, por mais que se faça um resgate histórico, este não é o interesse aqui, por isso datas exatas serão omitidas, bem como nomes de autoridades e pessoas envolvidas. O mesmo acontecerá com algumas iniciativas acadêmicas aqui descritas, exceto pelas referenciadas. Recomenda-se, no entanto, caso seja a atenção do leitor voltada para a história da UERJ em Resende, o texto da professora Tatiane Alves Baptista (2021) que descreve com detalhes as ações de interiorização da universidade. Voltando ao contexto de planejamento, a unidade da UERJ em Resende, atual Campus Regional de Resende (CRR) onde se localiza a Faculdade de Tecnologia (FAT), foi uma das unidades, e a primeira neste sentido, onde houve intenção na sua criação, diferindo de unidades já existentes que foram incorporadas. A intencionalidade é evidenciada pela ação de planejamento, com inúmeras reuniões internas e com a sociedade local, para se definir um curso de graduação a se instalar de forma permanente em Resende. Metaforicamente a instituição foi sensível a dores de uma região que tinha um parque industrial já instalado, com perspectivas de crescimento para o ramo automotivo, e viu nisso a oportunidade de interiorizar. Baptista (2021) mostra, baseado em documentos e entrevistas feitas com atores da época, que as primeiras ações de interiorização se deram na área de saúde (Medicina) com o internato rural em uma ação inicial de sucesso no município de Resende em meados da década de 1980 e também que o desejo de ampliar essas ações para outras áreas do conhecimento era crescente. A oportunidade também envolvia atores políticos que queriam fortalecer a formação de engenheiros na região, condição importante para a atração de empresas e consolidação da instalação do setor que tornou a cidade referência no país no setor automotivo. Assim, pode-se dizer que a UERJ, a partir do conhecimento que tinha e da relação com a localidade, pivotou (ato de buscar novas alternativas para negócio ou produto) ao ampliar sua atuação da área de saúde para a tecnológica.

10.2 UERJ no Sul Fluminense

Alguns marcos iniciais, para entender a atuação da UERJ no sul fluminense, bem como conhecer melhor a região, se fazem necessário.

No âmbito acadêmico, como já mostrado, após várias discussões que envolveram escolas de nível médio, entidades civis e empresariais, atores políticos, municipais e estaduais, e a academia (reitoria, conselhos superiores, unidades acadêmicas e centros setoriais entre outros órgãos da administração interna), o primeiro curso de graduação da UERJ em Resende foi o de engenharia de produção com duas ênfases: mecânica e qualidade química. O primeiro vestibular, feito isoladamente, aconteceu de forma que a primeira turma se iniciou no segundo semestre de 1993. O curso visava atender uma indústria química já presente, com empresas como a Cyanamid, Indústria Químicas Resende e a Dupont, e metal mecânico à época (Michelin, CSN em Volta Redonda e diversas de empresas de menor porte) e a ampliação deste setor com o início das operações da montadora Volkswagen Caminhões e Ônibus em 1996 e da PSA (grupo Peugeot Citroën, atualmente Stellantis) em 2001.

Atualmente a região das Agulhas Negras, formada por Resende, Porto Real, Quatis e Itatiaia, se tornou o segundo polo automotivo do país, tendo como âncoras montadoras as empresas como Volkswagen Caminhões e Ônibus, Stellantis, Nissan, Jaguar Land Rover e Hyundai Heavy Industries. Destacam-se também empresas como Michelin, Indústrias Nucleares do Brasil (INB), Archroma, AcelorMittal, Pernod-Ricard entre várias outras.

Resende é ainda um dos municípios que fazem divisa com o Estado de São Paulo e fica às margens de uma das principais rodovias do país que ligam os maiores centros metropolitanos: São Paulo e Rio de Janeiro. Segundo o presidente do BNDES, cerca de metade do produto interno bruto (PIB) brasileiro passa pela rodovia que liga 34 municípios (BNDES, 2024). Assim, a região conta com um importante parque logístico de distribuição de matéria-prima e produtos diversos.

Todos estes setores levaram a unidade primeiramente implantada como um departamento da Faculdade de Engenharia (FEN), localizada no campus Negrão de Lima no bairro do Maracanã, na cidade do Rio de Janeiro, reunindo também professores do Instituto de Física (IF), Instituto de Química (IQ) e Instituto de Matemática e Estatística (IME) a se tornar uma unidade independente com autonomia para coordenar suas ações de ensino, pesquisa e extensão: a Faculdade de Tecnologia (FAT) criada em 2002 (Figura 1).

A empregabilidade sempre foi uma das referências do curso de engenharia de produção e seus egressos ocupam diversos postos de trabalho em praticamente todas as empresas da região, inclusive em posições de destaque considerando o tempo de carreira dos primeiros discentes formados. Talvez este parâmetro seja a validação mais evidente do sucesso desta empreitada de promover de forma pensada a interiorização atendendo a demandas locais.

Outro marco importante desta unidade acadêmica é a doação do atual campus onde está localizada. Após uma breve passagem por uma sede provisória nas instalações de um colégio na cidade de Resende, Colégio Batista, que estava desativado e ter utilizado uma instalação de relativo pequeno porte no Bairro Morada da Colina, em terreno cedido próximo ao aeroporto da cidade, o Campus Regional de Resende se instala de maneira definitiva em terreno doado pela Kodak (Figura 2). O processo de doação iniciado no início dos anos 2000 se dá por conta do descomissionamento da planta pertencente a empresa Kodak, após um breve período de utilização da mesma depois de adquirir a planta de filmes de raio-x da empresa Sakura, que construiu originalmente a planta e estava instalada no local. Operação típicas de negócios como fusões, aquisições para se ter uma parcela maior de mercado bem como a redução das unidades fabris para se estabelecer alguma melhora na relação custo benefício do negócio, levaram a empresa a desocupar a planta em Resende.

É interessante notar que, embora o mercado de filmes de raios-x não esteja ligado diretamente ao de fotografia como um todo e a decisão de doação não estar ligada a mudança disruptiva da fotografia digital, de alguma forma a história desta empresa se entrelaça com a inovação na UERJ no Sul Fluminense. O caso da Kodak tem sido amplamente estudado (De Barros, 2018). Traz como elementos centrais fatos como a empresa Kodak ser uma empresa líder de mercado na fotografia analógica, ter desenvolvido a primeira câmera digital em seus laboratórios e, ainda assim, não ter tomado decisões, minimamente em relação ao tempo de encaixe da inovação ao mercado, na direção de valorizar uma tecnologia inovadora que mudou completamente o mercado de fotografia. Agora, onde está o entrelace em torno da inovação na UERJ em relação a empresa Kodak? Bem, ocorre que ao realizar a doação havia a contrapartida da UERJ quanto a destinação do imóvel de que fosse desenvolvidas as atividades acadêmicas previstas para esse novo campus, chamado naquela ocasião de Campus Regional do Médio Paraíba (talvez para diferenciá-lo do CRR que naquele momento se localizava em terreno cedido), e fossem criadas duas instâncias dentro de sua estrutura acadêmico-administrativa naquele local: o Centro de Desenvolvimento e Inovação Tecnológica George Eastman e uma Incubadora de Empresas, conforme mostrado na Figura 3. Seria este mais um binômio crise-oportunidade? Vale reforçar que não há conexão direta, contudo, a busca contínua por inovação pode definitivamente trazer a queda de negócios outrora bem sucedidos bem como proporcionar o surgimento de oportunidades de crescimento. Também não se pode deixar de valorizar o intuito multiplicador do espírito empreendedor nestas medidas, o que será detalhado em seção posterior.

A doação permitiu a FAT crescer, não sem enfrentar grandes desafios, em número de laboratórios e espaços o que permitiu se vislumbrar também um crescimento acadêmico. Assim, como em um processo de perceber demandas, buscar soluções e vias de encaixe com o mercado, a UERJ buscou discutir e propor caminhos para a melhoria de seus cursos, projetos e atuação como um todo na região em que está inserida. O campus fica localizado no distrito industrial da cidade próximo à Rodovia Presidente Dutra.

Atualmente a FAT conta com três cursos de graduação na área de engenharia: Engenharia de Produção, a partir de uma reforma curricular no ano de 2015, Engenharia Mecânica, iniciada em 2014, e Engenharia Química, iniciada em 2015. A unidade também possui alguns cursos de especialização, *lato sensu*, nas áreas de Engenharia Industrial, Logística e Gerenciamento da Cadeia de Suprimentos e Engenharia da Qualidade, além de oferecer também oportunidade de realizar mestrado e doutorado, *stricto sensu*, por meio do Programa de Mestrado e

Doutorado em Engenharia Ambiental, em parceria com a FEN. Vários docentes fazem parte de diferentes outros programas de pós-graduação o que proporciona também espaço para discentes desenvolverem suas pesquisas no CRR.

A proximidade, não só física, ao polo industrial da região, como também a tríade de ensino, pesquisa e extensão crescentes na FAT / CRR proporcionam um ambiente favorável ao desenvolvimento de ações empreendedoras e tecnologias inovadoras. O que já era uma realidade pensada desde o seu início, adquiriu consistência a partir da aquisição de um campus com condições para um avanço ainda maior. Nas seções a seguir algumas diferentes facetas já realizadas mostraram essa caminhada acadêmica empreendedora na região com as agruras semelhantes a caminhada de um empreendedor em busca do sucesso de seu negócio ou ideia. A captação de recursos, ou investimentos, se preferir, tem sido um dos grandes desafios enfrentados, principalmente para transformar espaços fabris em laboratórios, salas e outros ambientes. Este é o principal motivo para que a instalação da FAT no CRR atual tenha se dado somente em 2007, cinco anos após o processo de doação.

10.3 Incubadora de Empresas Sul Fluminense

Em 2002, a primeira contrapartida da doação do campus aconteceu por meio do Ato Executivo de Decisão Administrativa número 0008/2002, criando a Incubadora de Empresas de Base Tecnológica e Setor Tradicional (IEBTST) tratada posteriormente e de maneira mais simples como Incubadora de Empresas Sul Fluminense, a primeira incubadora da região sul fluminense e única ainda ativa. O documento de criação institui seus objetivos e estrutura com destaque para o caráter integrado em que entes externos importantes fazem parte de seu Conselho Diretor, a saber, diretor do CRR e representantes das seguintes instituições: Prefeitura Municipal de Resende, Pró-reitoria de Pesquisa e Pós-Graduação, Pró-reitoria de Extensão e Cultura, Centro de Produção da UERJ, SEBRAE, SENAI, FIRJAN, Associação Comercial, Industrial e Agrícola de Resende, Camara dos Lojistas de Resende e Gerente da Incubadora. Todavia, somente em 2008 se deram o início das atividades da IEBTST quando a FAT e o CRR estavam devidamente implantados no, então, novo campus (Figura 4).

As ações da Incubadora buscam seguir as diretrizes do CERNE (ANPROTEC, 2018). Em seu nível mais básico as práticas se voltam para 5 eixos principais, sendo eles: Sensibilização e Prospecção, Seleção, Desenvolvimento do Empreendimento, Graduação e Relacionamento com Graduadas e Gerenciamento Básico. Já com um histórico de mais de 15 empresas/projetos tendo passado por alguma etapa de incubação, tem atualmente, em 2024, 13 projetos pré-incubados, uma empresa incubada e duas empresas associadas. Considerando duas épocas de grandes dificuldades institucionais, a crise econômica do Estado do Rio de Janeiro nos anos de 2016 e 2017 (e seu desdobramento principal com a Recuperação Fiscal do Estado) e a pandemia de COVID em 2019 e anos seguintes, nota-se uma clara retomada com sucesso em termos de sensibilização visto que em três editais de seleção que ocorreram em 2023 empresas e projetos foram selecionados igualando em termos qualitativos um número semelhante de projetos em menos de 3 anos se comparados ao tempo anterior a 2016. Com média de idade de 28 anos se nota que a maioria dos que buscam a incubação são formados em início de carreira. Nota-se ainda que a maioria, acima de dois terços, dos incubados neste ano de 2024 são externos a UERJ o que denota, por um lado, um impacto crescente na região, enquanto por outro a necessidade de fortalecer a comunidade interna.

Ainda com a sensibilização em mente, a inovação é um assunto que no meio acadêmico deve ser constantemente enfatizado. Há dificuldades e barreiras notáveis, mesmo em áreas próximas a tecnologias como as engenharias. Não é incomum encontrar satisfação acadêmica entre pesquisadores em ter seus resultados publicados em revistas especializadas sem necessariamente ver seus possíveis e positivos impactos implementados na sociedade. O próprio crescimento da pesquisa na unidade, verificado pelo número de artigos publicados, não é acompanhado na mesma proporção no número de pedidos de patentes ou de outras vias de proteção autoral ou registro. Este quadro, relacionado a diversos fatores, não é exclusividade da FAT, mas se estabelece em um quadro muito maior e devido a vários fatores. Ações institucionais como a implementação de políticas de apoio, sua disseminação com informação e facilitação burocrática tendem a melhorar a médio e longo prazo. Estas seguindo uma hierarquia que vai do topo a base da estrutura da universidade é fundamental para mudança deste quadro ao mesmo tempo, e com igual importância, que uma base da comunidade formada pelo corpo técnico (docentes e técnicos universitários) e discente se engaja e toma inciativas de pequenas a grandes ações, algumas dessas discutidas aqui, voltadas para se criar uma cultura empreendedora e com foco em inovação.

Desta forma a IEBTST tem participado ativamente da unidade. Assim como um empreendedor tem que estar próximo, ciente e empático às dores que pretende solucionar, as ações que interagem com a comunidade local são e essenciais e devem ser constantes. Palestras com temas variados apresentados por startups, temas relevantes da ciência e tecnologia apresentados por docentes e especialistas, envolvimento de egressos tem sido importantes para sensibilizar a comunidade. A divulgação de eventos externos, competições (detalhadas mais a frente), uso da sala de reuniões como uma sala para aulas especiais em temas de interesse comum e visitas técnicas também são vistos como oportunidades singulares para os discentes e docentes. Outro aspecto importante é a inserção destas atividades ao longo de todo curso de graduação de forma que o discente seja exposto em diferentes momentos de maturidade e formação. Desta maneira, a apresentação da IEBTST começa na recepção aos calouros, segue em disciplinas, como Empreendedorismo e outras com temas ligados ao desenvolvimento de produtos ou tecnologias, e ao longo de todo o curso por meio de eventos e cursos de extensão. A prospecção de interações com professores e alunos deve ser contante por meio de reuniões de apresentação e bate-papos mais informais. Quantas disciplinas desenvolvem trabalhos em que características empreendedoras são fomentadas? Quantos desses trabalhos trazem aspectos técnicos inovadores? Contudo, cabe a pergunta: quantas vezes um professor ao localizar características de um bom empreendedor ou aspectos inovadores em um trabalho ou aluno recomenda a incubadora como local para um desenvolvimento ainda maior? Cabe ressaltar aqui que colocar esta comunidade (interna e externa) próxima gera uma interação que pode ser direcionada para novas ações (empreendimentos), cooperação e a disseminar a incubadora como um local para se tirar ideias do papel e da mente.

Ao longo do tempo a incubadora pode ser o local para receber também iniciativas da comunidade. Em Resende, grupos de alunos criaram Ligas para diferentes fins como a iniciativa Enactus, Atlética, Liga voltada para Investimentos, Projeto Baja, Empresa Junior, entre outros. O investimento em infraestrutura como salas de reunião, espaço colaborativos e oficinas, ainda que sejam simples, podem ser o necessário para que estas iniciativas se desdobrem em possíveis incubados. Este acolhimento local mostra a incubadora como sendo o local para se desenvolver ideias.

Nesta linha de local, destaca-se o LabIdeias, um laboratório de prototipagem, estilo oficina, baseado na cultura maker (mão na massa) que a Incubadora a partir de um fomento FAPERJ construiu dentro do prédio principal da FAT. O LabIdeias tem uma coordenação independente facilitando o uso de seu espaço em várias ações em disciplinas de graduação (algumas como Empreendedorismo ocorrem quase que exclusivamente neste espaço), projetos de extensão e eventos diversos. O espaço conta com impressoras 3D, cortadora laser, ferramentaria, máquina de costura, diversos componentes eletrônicos, placas arduíno entre outros equipamentos que permitem diversos tipos de construção.

Como em tantos empreendimentos o sucesso é marcado não por uma caminhada solo, mas coletiva com encontros que reafirmam seu propósito original de ser uma importante agência de desenvolvimento regional. Assim, a Incubadora de Empresas Sul Fluminense é um importante marco nesta caminhada empreendedora da UERJ no Sul Fluminense, sendo a primeira contrapartida a uma doação que possibilitou seu crescimento e consolidação.

10.4 Centro de Desenvolvimento e Inovação Tecnológica George Eastman

A segunda entrega em contrapartida pela doação do campus leva o nome do empreendedor que tornou a fotografia algo acessível a todos, o estadunidense George Eastman, fundador da empresa Eastman Kodak, ou simplesmente, Kodak como normalmente é conhecida. Diversas biografias, artigos e análises estão disponíveis sobre esta importante figura (Brayer, 2006; Jenkins, 1975; Ackerman, 2000).

Assim, em 2011, foi criado o Centro de Desenvolvimento e Inovação Tecnológica George Eastman (CDIT) por meio de Ato Executivo de Decisão Administrativa número 31/2011 pela reitoria desta universidade. Em seu primeiro artigo é colocado como Parque Tecnológico sediado no Campus Regional do Médio Paraíba, atual CRR, sendo entendido como um "ambiente entendido como ambiente de promoção da ciência, da tecnologia e da inovação, associado às políticas públicas regionais, visando apoiar a pesquisa, o desenvolvimento e o empreendedorismo por meio da interação entre universidade, empresas e o governo, transformando o conhecimento em riqueza, gerando novos produtos e processos, formando recursos humanos qualificados de acordo com o padrão internacional, criando novos empregos, novas empresas e promovendo o bem estar social e ambiental".

Ao longo de sua atuação, convênios com empresas foram promovidos em paralelo a discussões e debates sobre sua governança e atuação. Embora encontre nestas questões algumas dificuldades de reconhecimento institucional, além de fatores externos, como a crise financeira do Estado do Rio de Janeiro e posterior recuperação fiscal e também a pandemia do COVID 19, que limitaram uma consolidação de suas ações, se destacou ao longo do tempo por apoiar iniciativas docentes de interação e cooperação com empresas da região.

Talvez uma das principais ações da época pré-pandêmica tenha sido um extenso levantamento, chamado de pesquisa de pontencialidades, feito junto as empresas da região e aos docentes da FAT. Por mais simples que se pareça ilustra um conceito muito colocado a empreendedores, o produto mínimo viável (MVP, sigla do correspondente em inglês *minimum viable product*). Como o nome induz o MVP é uma espécie de teste que permite avaliar uma característica do produto ou serviço a ser lançado e, como colocado por Ries (2017), ajuda o empreendedor no processo de aprendizagem. No caso em questão por meio de uma pesquisa simples se levantou áreas de atuação dos docentes e tópicos de interesse da indústria de forma a se desenvolver ações como treinamentos e pesquisa aplicada.

Nesta linha, um aspecto importante do CDIT se dá na sua representatividade junto ao poder público e empresas. Vale citar a participação do CDIT como um representante da UERJ no Cluster Automotivo da Firjan no Sul Fluminense. O Cluster Automotivo reúne as empresas do setor automotivo para fortalecer ações conjuntas que tornem a região mais competitiva para o melhor desempenho das empresas participantes. Questões ligadas a formação e mão-de-obra, necessidades de melhorias de infraestrutura e aspectos socioambientais são comumente pauta dos encontros. É fundamental para um ecossistema saudável para o desenvolvimento a participação da universidade em conjunto com governo e empresas (tripla hélice).

10.5 Destaques do Ensino, Pesquisa e Extensão da FAT

Inicialmente, cabe lembrar que são inúmeras as ações da unidade ao longo do tempo que estejam ligadas a empreender, inovar e cooperar com o meio. Esta vocação, como já mostrada se dá desde o início da atuação da UERJ no sul fluminense, por isso, longe de ser um tratado exaustivo do tema, destacam-se algumas linhas de atuação.

A universidade precisa ser um local de discussão e aplicação de conhecimento, um local de debate e construção a partir deste. Eventos acadêmicos normalmente trazem esta importante vertente de atuação universitária à tona. Desde a época em que a FAT só possuía o curso de engenharia de produção, a PRODUFAT, que abrangia uma semana de eventos envolvendo cada área de conhecimento da FAT, a unidade levava a comunidade acadêmica e profissionais da região a discutir temas importantes como desenvolvimento sustentável, biocombustíveis, entre vários temas que iam da engenharia de produção à física e química teórica. Além de patrocínios e apoio de empresas, destaca-se a participação da empresa júnior, Ética Jr, que ficou a cargo da organização do evento. Vários eventos nessa linha, inclusive a realização da UERJ sem Muros em Resende, proporcionaram o incentivo a inovação ao mostrar projetos e linhas de pesquisa e extensão da FAT.

Ainda com eventos em mente, vale destacar dois que tem um caráter diferente dos demais. O primeiro se tratou do 1.º Fórum de Fatores Humanos e Ergonomia, realizado dentro do site da PSA Groupe (montadora das marcas Peugeot e Citroën, atual Stellantis), em seu centro de treinamento, em 2017. O local foi o diferencial do evento, pois foi um típico evento acadêmico com palestras, apresentação de resultados de pesquisa na área de ergonomia produzidas pelas instituições participantes, organizada por professores destas e capitaneada por professores da FAT, porém totalmente inserida no contexto industrial. Médicos do trabalho, ergonomistas e gerentes industriais, principalmente das empresas da região, puderam ver e se conectar ao que universidades pesquisavam no tema "A transformação social nos ambientes profissionais por meio da ergonomia".

O outro evento, mais recente, é o Fórum de Inovação, evento anual que teve em 2023 sua segunda edição. Dezenas de empresas participaram com estantes e estiveram presentes um público que misturavam praticamente em igual proporção o meio acadêmico e industrial. Além do evento ter sido referência na região, caracterizou-se por uma organização conjunta envolvendo governo local, na sua primeira edição (Prefeitura Municipal de Resende), empresas (Semcon e Altair) e universidade. Na segunda edição se realizou conjuntamente ao evento a Feira de Negócios que tornou o campus um ambiente fértil para empreendedores locais. A cobertura feita pela TV também deu ao evento grande repercussão na região e já visto como parte do calendário de eventos da cidade. O evento tem se caracterizado também por um legado deixado para a instituição onde na primeira edição uma melhoria no espaço utilizado pelo evento com pintura e iluminação. Na segunda edição o legado foi ainda mais significativo com a construção de um laboratório de softwares voltado para inteligência artificial (IA) e outras aplicações computacionais. Este novo espaço contou com patrocínio das empresas Semcon e Altair, para desenvolvimento de projetos de IA e possibilitaram não só a preparação do espaço como a atualização de máquinas e aquisição de softwares de engenharia. O espaço abre oportunidade de treinamento para membros da comunidade bem como externos a ela, tem um foco no atendimento, capacitação da população com um claro aspecto social e ainda favorece a ampliação de cooperações entre empresas e universidade. Inovar e empreender são favorecidos na medida da capacidade de entender demandas da sociedade, e obviamente propor soluções a elas, e estes eventos proporcionaram uma relação próxima entre o meio industrial e uma unidade de engenharia da UERJ, dentro e fora de seus muros.

Como este foco de entender e agir ao encontro de demandas da sociedade, um grupo de professoras que realizaram uma formação em empreendedorismo proporcionado pelo InovUERJ e Sebrae, ficaram responsáveis e passaram a oferecer a disciplina Empreendedorismo para a FAT. Além do conteúdo, a disciplina proporciona uma experiência para os inscritos a cada semestre. Pequenos negócios já foram alvo do desenvolvimento de projetos da disciplina, como a proposição de novos negócios. A visão extensionista, mesmo antes de ser curricularizada, já foi alvo dos trabalhos realizados quando a turma foi desafiada a propor uma moeda social para o distrito da Serrinha do Alambari visando um melhor aproveitamento do turismo naquela região.

Outras disciplinas e trabalhos caminham na mesma direção e exploram metodologias ativas e aprendizado por problemas e claramente incentivam a inovação e empreendedorismo. Na disciplina de desenvolvimento de produto, competições de catapultas e carros de coleta foram realizadas. Uma disciplina na área de processos bioquímicos levou os alunos a desenvolverem novos produtos para o mercado como bebidas e alimentos novos. Os projetos normalmente passavam por testes sensoriais feitos com a comunidade acadêmica disseminando positivamente uma cultura empreendedora. Na área de administração da produção, uma disciplina foi utilizada para que grupos de alunos realizassem uma cronoanálise (busca por medir tempos de produção visando otimizar o processo) em um processo fabril real de uma empresa do polo industrial da região. Dentre os resultados expostos diante da diretoria da empresa, se verificou que alguns procedimentos propostos trariam ganhos e poderiam ser implementados imediatamente. Quantos trabalhos são desenvolvidos em nossos cursos? Seria possível envolver mais disciplinas simultaneamente em um projeto a ser realizado em um semestre? O ensino em muito nos desafia e há vários bons exemplos do primeiro ao décimo período de práticas que levam a uma educação empreendedora.

No campo da pesquisa, as unidades de desenvolvimento tecnológico (UDT) são espaços, normalmente laboratórios voltados para pesquisa aplicada e desenvolvimento de soluções, inclusive prestação de serviços. É uma importante iniciativa institucional, criada pelo InovUERJ, para inserir uma cultura de inovação e empreendedorismo no ambiente universitário. A FAT possui UDT´s na área de águas, materiais e uma específica que não se poderia deixar de citar nominalmente, o CINOVA, um centro de inovação voltada para processos industriais e economia circular. Projetos envolvendo comitês de bacia hidrográfica, cooperações na área de análises químicas tem trazido um impacto importante para a região assim como para a própria FAT. Destaca-se também o apoio dado pelo Laboratório de Materiais para empreendedores locais, incluindo uma empresa incubada. As UDT´s tem realizado cooperações técnicas e prestações de serviço a empresas da região e essa aproximação traz problemas reais para um contexto de formação qualificada, inclusive mestrado e doutorado, e pesquisa aplicada.

Vários outros projetos poderiam ser citados e alguns laboratórios e seus coordenadores tendem a aumentar o número de UDT´s da unidade. Nesta linha exemplifico com alguns casos de sucesso do Laboratório de Motores, Hidráulica e

Pneumática. Este espaço tem atuado com pesquisa e extensão em projetos como UERJ no Campo desenvolvendo soluções que possam agregar valor a produção agropecuária local com sucesso desenvolvendo equipamentos de engenharia como coletores solares, sistemas de bombas para diversos fins e desidratadores. Neste mesmo ambiente uma empresa que desenvolve equipamentos para limpeza urbana pode encontrar soluções para sistemas hidráulicos o que terminou por gerar a doação em contrapartida de uma bancada hidráulica para o laboratório. Em termos de doação de equipamentos industriais, este laboratório se destaca por possuir, por esta via, carros, motores de automóveis e caminhões em seu espaço, alguns deles instrumentados para experimentos e desenvolvimento de tecnologias.

Outra vertente de atuação extensionista na unidade é o incentivo a participação em hackthons. Hackthons surgem da junção do verbo hackear (já aportuguesado do inglês *to hack*) com o termo *marathon* (maratona em inglês), indicando a característica principal de se solucionar um problema em um evento estilo maratona. Em Resende, um evento promovido por uma montadora de automóveis, chamado Inova-san, teve em 2024 sua quarta edição e a FAT teve participantes e finalistas em todas as edições, inclusive com um vencedor na terceira edição. O evento propõe três eixos temáticos por edição e um processo formativo com cursos, palestras e mentoria em paralelo ao recebimento dos projetos inovadores. O que se diferencia nesta ação na unidade foi a união de docentes não só como mentores, mas também apoiando e incentivando a formação de equipes bem como o desenvolvimento dos seus projetos.

Hackthons da UERJ têm sido promovidos ora pelo InovUERJ (Projeto Integra) ora pela iniciativa de docentes engajados com esta metodologia. A Liga de Startups da Saúde proporcionou uma imersão riquíssima em problemas vivenciados nas unidades de saúde da UERJ, o Hospital Universitário Pedro Ernesto (HUPE) e a Policlínica Piquet Carneiro (PPC). Professores atuaram como líderes de equipe e a FAT participou com quatro docentes, uma professora sendo uma das ganhadoras premiadas. As equipes eram formadas por sorteio levando o grupo a ter uma diversidade de formações entre os alunos participantes. No evento Hack2030, o tema era os objetivos do desenvolvimento sustentável (ODS) da Organização das Nações Unidas (ONU). Neste evento tínhamos uma equipe formada por alunos da FAT . Mais recentemente em 2024, tivemos o Hack na Ilha onde duas equipes que incluíram duas professoras, um técnico e sete discentes da FAT foram ao Centro de Estudos Ambientais e Desenvolvimento Sustentável (CEADS) para lidar com problemas de energia e sustentabilidade.

Os hackthons são uma excelente ferramenta de aprendizado que criam de maneira rápida e intensa um pensar em soluções inovadoras para problemas reais. A UERJ já possui um grupo de docentes com experiência nesta metodologia de trabalho e os eventos descritos e outros já realizados ainda trazem desdobramentos importantes como a formação de equipe de servidores voltada para resolução de problemas, soluções a partir da "prata da casa" e um treinamento efetivo para equipes que precisam dar respostas rápidas e eficazes diante de situações adversas. Este último não só tem se mostrado importante nos últimos tempos com a pandemia, mas também porque grandes problemas são normalmente multidisciplinares e é necessário acelerar cooperações internas e externas para os grandes desafios que se mostram no horizonte ou mesmo os que já deveriam ter sido encarados.

10.6 Conclusão

Assim, um empreendedor de sucesso se vê em um ciclo contínuo de inovação para ampliação ou geração de novos negócios, a universidade também possui semelhanças neste processo. O ensino de engenharia tem sido desafiado a reduzir sua evasão. No sul fluminense, bem como em outros campi fora dos grandes centros metropolitanos, há ociosidade de vagas já partir da matrícula em primeiro período. Embora as causas não sejam facilmente traçadas e multifatoriais, o ensino pode contribuir para tornar o ensino de ciência e tecnologia mais atrativos e eficientes, visto serem os cursos conhecidos por sua dificuldade de conclusão, no processo ensino-aprendizagem. Outros desafios relevantes que podem ser citados incluem a necessidade de recursos financeiros para os pesados investimentos em pesquisa e desenvolvimento, a maior relevância na percepção da sociedade, a disruptura nas relações de trabalho e tecnológica e tantas outras que tocam diretamente a formação no ensino superior. Tudo isso, sem contar os óbvios desafios atuais bem como os imprevisíveis desafios de um futuro próximo, trazem para a universidade e sua comunidade a dor de crescimento (ou de evolução) e junto com ela o dever de pensar, ser empático, planejar, integrar e gerar melhorias.

Assim, inovar e empreender é algo que já é feito no ambiente universitário mesmo sem usar o linguajar típico. O cardápio de exemplo e a história da UERJ no sul fluminense pode ser um caso a ser esmiuçado com intuito de aprender e estimular leitores a intencionalmente engajar neste processo. O foco em vocações locais e um planejamento voltado para inovação pode ser outro aspecto importante de se olhar com calma o que é realizado fora dos grandes centros, ou como normalmente se coloca, fazer um *benchmarking* no sul fluminense e, para tanto, a comunidade da UERJ neste local está de portas abertas.

Figura 1. Prédio principal da FAT / CRR.

06183-2008

13º ofício de notas

TABELIÃO Luiz Fernando C. de Faria

SUBSTITUTO Jaques Rezende Faria

AV. RIO BRANCO 135 3º ANDAR • RIO DE JANEIRO

TELS 2252 1611 • 2224 8423

TRASLADO

ESCRITURA DE DOAÇÃO

TORGANTE KODAK BRASILEIRA COMERCIO E INDUSTRIA LTDA

OUTORGADO UNIVERSIDADE DO ESTADO DO RIO DE JANEIRO

Figura 2. Parte da escritura de doação da empresa Kodak à UERJ.

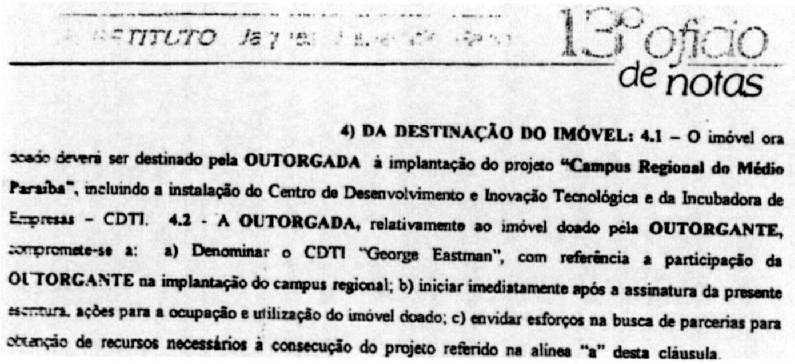

13º ofício de notas

4) DA DESTINAÇÃO DO IMÓVEL: 4.1 – O imóvel ora doado deverá ser destinado pela **OUTORGADA** à implantação do projeto **"Campus Regional do Médio Paraíba"**, incluindo a instalação do Centro de Desenvolvimento e Inovação Tecnológica e da Incubadora de Empresas – CDTI. **4.2** - **A OUTORGADA,** relativamente ao imóvel doado pela **OUTORGANTE,** compromete-se a: **a)** Denominar o CDTI "George Eastman", com referência a participação da **OUTORGANTE** na implantação do campus regional; **b)** iniciar imediatamente após a assinatura da presente escritura, ações para a ocupação e utilização do imóvel doado; **c)** envidar esforços na busca de parcerias para obtenção de recursos necessários à consecução do projeto referido na alínea "a" desta cláusula.

Figura 3. Parte da escritura de doação em que se coloca a destinação do imóvel.

Figura 4. Foto da fachada da Incubadora de Empresas Sul Fluminense (IEBTST) no CRR.

Referências Bibliográficas

1. ACKERMAN, Carl W. **George Eastman: founder of Kodak and the photography business**. Beard Books, 2000.

2. ANPROTEC, Manual de Implantação CERNE. 2018

3. Baptista, Tatiane A.. Política de interiorização da UERJ: atores, ações e memórias. 1. ed., EdUERJ. Rio de Janeiro. 2021.

4. BNDES, matéria publicada em site em julho de 2024. Disponível em https://agenciadenoticias.bndes.gov.br/detalhe/noticia/BNDES-aprova-R$-1075-bi-a-concessionaria-da-Dutra-e-da-Rio-Santos-no-maior-projeto-de-concessao-rodoviaria-da-historia/ (acessado em 14 de Agosto de 2024).

5. BRAYER, Elizabeth. **George Eastman: a biography**. University Rochester Press, 2006.

6. DE BARROS, Thiago Mendonça. **Digitalização da Indústria Fotográfica: o caso Kodak**. 2018. Tese de Doutorado. [sn].

7. JENKINS, Reese V. Technology and the market: George Eastman and the origins of mass amateur photography. **Technology and culture**, v. 16, n. 1, p. 1-19, 1975.

8. MARTINS, Dora. Do Mundo VUCA ao Mundo BANI: impactos na gestão de empresas e na gestão de pessoas. 2021.

9. Ries, Eric. A Startup Enxuta. Brasil: LEYA BRASIL, 2017.

Capítulo 11

A Importância e os Impactos da Criação da Casa Digital de Software

Fernando Lacerda Gagno e Austeclynio Pereira

11.1 Introdução

A transformação digital tem sido um dos principais motores de inovação e eficiência nas instituições públicas e privadas. No contexto das universidades públicas, a criação da Casa Digital de Software surge como uma iniciativa estratégica para capacitar tecnologicamente os servidores, permitindo que eles atendam melhor aos anseios da instituição no desenvolvimento de soluções tecnológicas institucionais. Este capítulo explora a importância dessa iniciativa, seus objetivos e os benefícios alcançados em seu **Desenvolvimento:**

- **Contexto e Motivação**

  A necessidade de modernização tecnológica nas universidades públicas é evidente. Com o avanço rápido da tecnologia, as instituições de ensino superior enfrentam desafios crescentes para se manterem atualizadas e eficientes. A criação da Casa Digital de Software foi motivada pela necessidade de:

- **Capacitação Tecnológica**

  Prover treinamento contínuo e especializado aos servidores. Na UERJ temos muitos servidores com formação tecnológica que ocupam funções secundárias que podem ser utilizados em horários alternativos para

- **Desenvolvimento de Soluções:** Facilitar a criação de soluções tecnológicas que atendam às necessidades específicas da universidade.

- **Eficiência Operacional**: Melhorar a eficiência dos processos administrativos e acadêmicos.

11.2 Estrutura e Funcionamento da Casa Digital de Software

A Casa Digital de Software foi estruturada para oferecer um ambiente colaborativo e inovador. Suas principais características incluem:

- **Laboratórios de Inovação**: Espaços equipados com tecnologia de ponta para desenvolvimento e testes de software.

- **Programas de Treinamento**: Cursos e workshops focados em diversas áreas da tecnologia da informação.

- **Parcerias Estratégicas**: Colaborações com empresas de tecnologia e outras instituições de ensino para troca de conhecimento e recursos.

11.3 Impacto na Capacitação dos Servidores

A capacitação tecnológica dos servidores é um dos pilares da Casa Digital de Software. Os programas de treinamento oferecidos têm como objetivo:

- **Atualização de Conhecimentos**: Manter os servidores atualizados com as últimas tendências e tecnologias.

- **Desenvolvimento de Competências**: Focar no desenvolvimento de habilidades práticas e aplicáveis no dia a dia.

- **Inovação e Criatividade**: Estimular a inovação e a criatividade na solução de problemas institucionais.

11.4 Benefícios para a Instituição

Os benefícios da criação da Casa Digital de Software para a universidade são numerosos e incluem:

- **Melhoria na Qualidade dos Serviços**: Soluções tecnológicas mais eficientes e eficazes.

- **Aumento da Produtividade**: Processos mais rápidos e menos burocráticos.

- **Maior Satisfação dos Usuários**: Servidores mais capacitados e motivados, resultando em melhor atendimento às necessidades da comunidade acadêmica.

11.5 Estudos de Caso e Exemplos Práticos

Para ilustrar a importância da Casa Digital de Software, este capítulo apresenta alguns estudos de caso e exemplos práticos de projetos desenvolvidos, como:

11.5.1 Sistema de Gestão das UDTs: Desenvolvimento de um sistema integrado para gestão das coleções e produções das UDTs.

11.5.2 Sistema de Gestão das bolsas QUALITEC: Criação de uma plataforma para gerir as indicações de bolsistas e para o programa institucional QUALITEC.

11.5.3 Internet das coisa (IoT) e Inteligência Artificial (AI): aplicação dos dispositivos mais atualizados da tecnologia para projeto de controle de acesso e otimização do uso da energia elétrica.

11.5.4 Apoio às atividades acadêmicas de Escola Municipal: capacitação de professores de escola de ensino fundamental da rede municipal, com reconhecimento nacional de suas atividades com os alunos, para elevar o patamar de ensino e inovação do ensino de robótica.

11.5.5 Projeto de controle de acesso e utilização de espaços: destaque a seguir.

PROJETO DE ACESSO E UTILIZAÇÃO DE ESPAÇO

Apresentação

O termo inovação, muito utilizado nos dias de hoje, é frequentemente mal interpretado e consequentemente mal utilizado. Podemos entender inovação como todo e qualquer processo que possa trazer algum novo conhecimento e que, de preferência, venha acompanhado de mudança comportamental, seja de um único indivíduo, de um grupo ou mesmo da sociedade.

Com frequência, escutamos o termo inovação conectado a tecnologias, principalmente aquelas ligadas a informática, o que pode, de certa forma, ser bastante prejudicial, considerando que muitas das nossas conexões com a informatização se dá de formas indireta.

O simples ato de organizar o ambiente de trabalho pode ser considerado um processo de inovação que, espera-se acarretar uma grande mudança de comportamento eque consequentemente pode gerar um grande aumento de produtividade.

<u>O IME - Instituto de Matemática e Estatística da Universidade do Estado do Rio de Janeiro – IME/Uerj</u>

O Instituto de Matemática e Estatística da Universidade do Estado do Rio de Janeiro – IME/Uerj, oferece cinco cursos de graduação, sendo Licenciatura e Bacharelado em Matemática, Ciência da Computação, Ciências Atuariais e Estatística, atendendo cerca de 1700 alunos. Além disso, atende a aproximadamente 9000 alunos de outros cursos da Universidade através da oferta de inúmeras disciplinas. Temos também uma Pós-graduação bastante consolidada nos Programas de Mestrado e Doutorado em Ciências Computacionais e Modelagem Matemática (Comp-Mat), Mestrado Profissional em Matemática em Rede Nacional (Profmat), MBA em Tecnologia da Informação Gestão de Negócios e de Projetos (TIGNP) e Especialização em Aprendizagem em Matemática.

A ocupação de todos os componentes organizacionais que formam o IME/Uerj se dá em um espaço físico localizado no sexto andar do prédio Reitor João Lira Filho do Campus Francisco Negrão de Lima no Bairro do Maracanã inaugurado em março de 1976. Há cerca de 10 anos várias intervenções começaram a ser implementadas no espaço do Instituto com o objetivo de acomodar o grande número de docentes que passaram a se dedicar com exclusividade às atividades de ensino, pesquisa e extensão que ganhavam força IME/Uerj.

Assim, foram implementadas modificações em vários ambientes para esse fim. Entretanto, muito da estrutura original ainda permanece, trazendo algumas complicações com as modificações tanto na tecnologia necessária a ser embarcada para a modernidade das necessidades quanto nas relações de pessoal. Em números, temos que as dependências do IME/Uerj possuem aproximadamente 120 salas, contando salas de aulas, gabinetes para os professores, salas de administração, laboratórios de pesquisa e didáticos e salas destinadas aos alunos de pós-graduação. Administrar toda essa ocupação nos turnos da manhã, tarde e noite nos impõe a uma logística operacional enorme.

Além disso, implica em um custo de grande monta na manutenção de centenas de computadores, aparelhos de ar condicionado, lâmpadas e portas utilizados nas mais diversas atividades no dia a dia de funcionamento do Instituto. Considerando o grande desgaste desses aparelhos, inovar no controle de automação desses itens passa a ser fundamental. Um outro item que deve ser observado, é a mudança nas atividades ocupacionais, onde não temos mais uma série de contratações muito comuns num passado recente, com mão de obra para abrir e fechar portas, verificação de desligamento de aparelhos e lâmpadas, dentre outras foram paulatinamente extintas. Tendo isso em mente, e considerando a possibilidade de alinhar as mais diversas tecnologias de automação a vários desses processos, identificamos no IME/Uerj uma enorme possibilidade de nos transformar em um enorme laboratório, onde podemos conceber, elaborar e efetivar várias tecnologias que podem ser de grande utilidade para a Universidade em um futuro próximo. Após mapear uma série de demandas internas do IME/Uerj elaboramos um Projeto de Automatização, Controle e Funcionamento de vários itens acima listados e que compõem as atividades do nosso dia a dia.

Nesse projeto, apresentamos a elaboração de um protótipo de controle para acionamento de equipamentos que poderá ser empregado em diversas atividades do Instituto e que poderá ser adaptado conforme a necessidade for sendo exigida.

Constituímos uma Equipe de Professores e Técnicos com expertise nas diversas etapas desse processo, como Eletrônica de Equipamentos e Programação Científica/Rede e Gestão para não só refletir o problema exposto, como elaborar um Protótipo e analisar a viabilidade de sua implantação não só no IME/Uerj como em outras possíveis Unidades da Universidade.

Também em parceria neste Projeto está a policlínica Piquet Carneiro – PPC com as mesmas necessidades.

11.6 A Policlínica Universitária Piquet Carneiro (PPC)

A Policlínica Universitária Piquet Carneiro (PPC) é uma unidade de saúde vinculada à Universidade do Estado do Rio de Janeiro (UERJ), onde circulam aproximadamente 1000 pessoas por dia, entre pacientes e acompanhantes.

Com um caráter universitário, além de pesquisa e ensino, a PPC está integrada ao Sistema Único de Saúde (SUS) através do SISREG, atendendo pacientes de todo o Estado do Rio de Janeiro. Este relatório visa fornecer um panorama detalhado das demandas tecnológicas da PPC para subsidiar o desenvolvimento de soluções em sensores de ocupação, controle de acesso e outras tecnologias correlatas.

11.7 Estrutura e Funcionamento da PPC

A PPC é composta por diversas áreas de atendimento e setores administrativos, distribuídos em um prédio de três andares e um subsolo. Entre as principais áreas de atendimento estão:

- Centro de Infusão
- Centro Cirúrgico (cirurgias sem a necessidade de internação)
- Laboratório de Coleta de Exames
- Centro de Fisioterapia
- Centro de Estudos (incluindo salas de videoconferência e um auditório)
- Serviço Social
- Farmácia
- Centro de Atenção Psicossocial (CAPS)
- Mais de 20 ambulatórios

Funcionando de segunda a sexta feira, das 7h às 17h, além das áreas de saúde, a PPC conta com setores administrativos como RH, Manutenção, TI, Direção Médica, Direção Geral, Setor de Comunicação, Setor de Qualidade, Limpeza, Segurança, Direção Administrativa e Direção Financeira. A PPC também possui um restaurante privado, acessível a todos que circulam pela unidade.

Pela natureza de perfil, os pacientes do CAPS têm acesso única e exclusivamente ao Centro de Atenção Psicossocial, não circulando pelos corredores dos demais ambulatórios.

11.8 Demandas (em Ordem de Prioridade)

A. Lotação e Controle de Acesso

Necessidade: Contabilizar o número de entradas na PPC, diferenciando pacientes, trabalhadores, acompanhantes e outros visitantes. Controlar o tempo de permanência e restringir os acessos aos setores específicos.

Justificativa: Melhorar a gestão do fluxo de pessoas e aumentar a segurança, restringindo o acesso a áreas sensíveis e principalmente a áreas de ambulatórios não relacionados ao tratamento específico dos pacientes. Implementação: Instalação de 10 catracas eletrônicas tipo portão, adaptáveis a diferentes larguras de entrada e corredores, não sendo empecilho ou motivo de dificuldade para a passagem de cadeiras de roda e macas. Abertas por QR Codes impressos em pulseiras, chips em crachás ou senha digitada, as localizações das catracas estão definidas da seguinte forma:

- 2 na entrada principal
- 3 nos corredores do 1º andar
- 3 nos corredores do 2º andar
- 1 nos corredores do 3º andar
- 1 no acesso ao subsolo

Ambiente para teste de protótipo: Centro Cirúrgico (cirurgias sem a necessidade de internação)

Detalhamentos:

1. Utilização de QR Codes impressos em pulseiras para pacientes e acompanhantes, válidos apenas no dia específico de atendimento.

2. Crachás com chips para trabalhadores, com a possibilidade de criação de códigos/senhas individuais como backup, compreendendo que QR Codes não são convenientes para esse caso, pela impressão se apagar com o tempo.

3. Devido ao grande número de ambulatórios e à disposição dos corredores na PPC, não é viável restringir o acesso a cada ambulatório individualmente. Portanto, as catracas devem formar barreiras de acesso em pontos estratégicos, auxiliadas pelo fechamento de acessos pelos seguranças. Dessa forma, a PPC será dividida em setores distintos, controlando quem pode ou não acessar determinadas áreas, garantindo um fluxo organizado e seguro.

4. Antes de acessar qualquer ambiente interno da PPC, pacientes, acompanhantes, prestadores de serviço e Servidores não identificados (incluindo os de outros campus), passam por uma cabine de triagem, onde recebem uma pulseira.

5. A PPC utiliza o sistema de gerenciamento hospitalar Soul MV, que detém informações dos pacientes, consultas, exames e tratamentos. Entretanto, recomenda-se que o software a ser desenvolvido tenha um banco de dados separado para facilitar evitando dificuldades ou custos adicionais com a empresa fornecedora do Soul MV.

B. Dispositivos de Emergência

Necessidade: Estabelecer dispositivos que liberem todos os acessos em casos de emergência, com alarmes para evacuação.

Justificativa: Garantir a segurança e a rápida evacuação do prédio em emergências.
Implementação: Integração com rotas de fuga e dispositivos de alarme.

C. Sensores de Temperatura de Ambiente

Necessidade: Monitorar e controlar a temperatura dos ambientes fechados, especialmente em ambulatórios e áreas de espera.

Justificativa: Garantir o conforto e a segurança dos pacientes, evitando ambientes superaquecidos ou frios demais.

D. Iluminação Condicionada à Ocupação

Necessidade: Condicionar a iluminação de consultórios, corredores e salas administrativas à presença de pessoas.

Justificativa: Economizar energia e aumentar a eficiência operacional.

Implementação: Sensores de ocupação em locais com ocupação variável.

O desenvolvimento de soluções em sensores de ocupação e controle de acesso visam melhorar a gestão de fluxo de pessoas, garantir a segurança e o conforto dos pacientes e trabalhadores, além de aumentar a eficiência operacional da PPC.

Projeto: Projeto Controle de Acesso e Utilização de Espaço.

Proposta de Suporte Técnico Especializado

O projeto tem por base o Suporte Técnico Especializado, ao corpo técnico funcional da UERJ, para o desenvolvimento de protótipos destinados ao uso controlado de acessos a locais de propósitos específicos e ao consumo racional de energia elétrica em ambientes de permanência individual ou coletiva. Ambos serão amparados por uma API(Application Programming Interface), que poderá ser consumida por qualquer unidade funcional da UERJ, se interessada estiver. A essa unidade, além de possuir os protótipos, por óbvio, competirá capturar as informações disponibilizadas pela API e adequá-las às características de seu negócio.

Este projeto foi provocado por demandas originadas do IME-UERJ e da PPC-UERJ, as quais são detalhadas, neste documento. Apesar de serem unidades com diferentes domínios de atuação ambas compartilham das mesmas carências, tanto nos heterogêneos controles de acesso como também no racional consumo de energia elétrica. Por tal, estas unidades foram aquelas escolhidas para o desenvolvimento dos protótipos, já que elas poderão compartilhá-los sem nenhuma objeção preliminar.

Serão usados como base de todo o trabalho as práticas regulares da IoT(Internet das Coisas),onde os principais elementos que a constituem são:

- os sensores, que são os responsáveis por capturar um estímulo físico transformando-os em um sinal analógico ou digital;

- as placas microcontroladoras, que tratam estes sinais e os entrega, sob a forma dedados, para algum destinatário na *web* ou local;

- os atuadores, que recebem o sinal das placas controladoras e o transforma em algumevento físico, agindo de forma semelhante a um transdutor;

- os módulos de comunicação, que viabilizam o transporte dos dados, em qualquerdireção, por algum meio físico existente.

Os princípios arquitetônicos envolvidos na modelagem do Projeto deverá considerar apresença de:

- diferentes áreas geográficas no espaço acadêmico e assistencial;
- deficiências de pontos de energia;

- deficiências de pontos de acesso à redes de dados;
- diversas áreas de sombras para a recepção dos sinais de dados;
- livre acesso ao espaço acadêmico pelo público em geral;
- computadores hospedeiros com comportamentos inusitados;

Como requisitos funcionais para esta arquitetura destacam-se:

- cibersegurança;
- proteção e privacidade de dados;
- gerenciamento integrado;
- infraestrutura rígida;
- fluxo aceitável de dados;
- contingenciamento;
- tempo de resposta compatível com a necessidade de cada negócio;

O caso do controle racional de energia elétrica pode ser dividido em duas funcionalidadesdistintas, a saber:

- a placa radar age de maneira autônoma. Aqui, a placa detecta a presença de uma figura humana(ou qualquer outro mamífero) e gera um sinal indicativo. Este sinal pode estimular um relé eletromecânico que ligará ou desligará qualquer equipamento a ele conectado;

- a placa radar é conectada a um microcontrolador. Quando a presença humana é detectada a informação é passada para o microcontrolador que tomará a decisão estabelecida pela regra do negócio como, por exemplo, acionar um alarme por ocupação imprópria, ou mesmo comandar uma ação de ligar ou desligar alguma coisa;

A responsabilidade pela aquisição dos componentes eletrônicos e mecânicos ou de qualquer equipamento subjacente, que irão integrar os protótipos, será das unidades envolvidas no projeto, sendo que poderemos ceder, de forma temporária, aqueles componentes eletrônicos que já possuímos para que o início do projeto, uma vez aprovado, seja abreviado.

O desenvolvimento da API deverá ser feito pelo corpo técnico da UERJ, sob a nossaorientação, e de acordo com as características do projeto.

A equipe que irá compor o projeto, todos necessariamente sendo acadêmicos, técnicos oubolsistas da UERJ, deverá ter o seguinte perfil técnico:

- Conhecimentos sólidos de programação na linguagem C, para uso nosmicrocontroladores;
- Conhecimentos dos microcontroladores das famílias ESP8266 e ESP32;
- Conhecimentos do Sistema Operacional Linux;
- Conhecimentos sólidos de programação na linguagem Java, para a confecção daAPI;
- Noções básicas de Eletrônica;

O prazo estimado para desenvolvimento deste projeto é de seis meses, sendo dois para a sua especificação e quatro para a construção e testes dos protótipos, fazendo-se a ressalva de que várias atividades dependerão de infraestrutura física das unidades como, por exemplo, pontos de energia e pontos de redes para dados, entre outros, e que estão, por completo, fora de nossa alçada e responsabilidade. São pré-requisitos essenciais que poderão comprometer o bom desenrolar das atividades planejadas.

Referências Bibliográficas

1. Oliveira,Sergio. Internet das Coisas com ESP8266, Arduino e Raspberry Pi,Novatec,2021.SP

2. Building Internet of Things With the Arduino – Doukas, Charalampos. CreateSpace Publishing, 2012

3. Internet of Things with Arduino – Schwartz, Marco. CreateSpace Publishing, 2015 4. The Internet of Things – International Telecommunication Union, 2005

4. ESP8266 Arduino IDE Guide: Internet Of Things With ESP8266 (NodeMCU) - Magesh Jayakumar. Bytestem,2016

5. www.espressif.com/en/products/hardware/esp32/overview

6. www.espressif.com/sites/default/files/documentation/esp32_datasheet_en.pdf

7. www.espressif.com/sites/default/files/documentation/esp32-wroom-32d_esp32- wroom-32u_datasheet_en.pdf

8. Ideali,Wagner. Conectividade em Automação e IoT. Alta Books ed. SP,2021

9. Exploring Arduino – Blum, Jeremy. Wiley, 2013

Capítulo 12

A Revolução das Plataformas Digitais: Transformando a Divulgação e o Compartilhamento de Conteúdo na Era Digital

Marcella Bandeira Braga,
Bianca Gama Pena, Silvio Telles

A revolução digital transformou profundamente a maneira como informações e conteúdo são divulgados e compartilhados. As plataformas digitais, especialmente as mídias sociais, emergiram como ferramentas indispensáveis nesse novo ecossistema de comunicação, possibilitando um alcance e engajamento sem precedentes. Este capítulo se apresenta como um ensaio, que se configura como uma combinação de elementos de análise crítica e opinião pessoal. Ele é caracterizado por ser um texto formal e opinativo, onde o autor discute um tema específico, apresentando suas ideias e argumentos de maneira estruturada e fundamentada em referências teóricas. Isto posto, esse texto tem como objetivo apresentar e discutir a importância das plataformas digitais na disseminação de conteúdo.

As mídias sociais têm transformado profundamente a maneira como os consumidores descobrem, compartilham e interagem com conteúdo, revolucionando o panorama da comunicação e do marketing digital. Segundo Aral (2021), essas plataformas desempenham um papel crucial na mudança do comportamento do consumidor, possibilitando uma conexão mais direta e personalizada entre marcas e suas audiências. As redes sociais oferecem um alcance global sem precedentes, permitindo a disseminação de informações para um público diversificado que antes seria difícil de atingir por meios tradicionais. Além disso, a capacidade dessas plataformas de segmentar audiências com base em dados demográficos, interesses e comportamentos permite a personalização das mensagens de acordo com as preferências individuais dos usuários, como destacado por De Vries e Carlson (2022). Essa segmentação precisa é uma das principais vantagens das mídias sociais em relação aos meios de comunicação tradicionais, permitindo que as marcas alcancem de maneira mais eficaz seus públicos-alvo e maximizem o retorno sobre o investimento em campanhas de marketing.

A transformação dos modelos tradicionais de mídia, analisada por Tim Dwyer (2019), é crucial para entender como as plataformas digitais reconfiguram a criação, distribuição e consumo de conteúdo. Blogs, podcasts, vídeos e outras formas de mídia digital democratizam o acesso à informação, permitindo que criadores de conteúdo e instituições alcancem audiências globais sem as limitações impostas pelos meios tradicionais. Esta democratização do acesso não apenas amplia o alcance do conteúdo, mas também facilita a inclusão de vozes diversificadas, enriquecendo o ecossistema informativo. Criadores de conteúdo independentes e pequenas empresas podem competir em pé de igualdade com grandes corporações, utilizando as mesmas plataformas para divulgar seus produtos e serviços. A eliminação das barreiras tradicionais à entrada no mercado de mídia permite uma maior diversidade de conteúdo e promove a inovação, ao possibilitar que novas ideias e perspectivas alcancem um público amplo.

As mídias sociais oferecem uma gama diversificada de ferramentas de engajamento que têm transformado a maneira como os negócios interagem com seus clientes. Plataformas como Facebook, Twitter, Instagram e LinkedIn permitem que as empresas não apenas divulguem conteúdo, mas também se envolvam em diálogos significativos com seus consumidores. Essa interação bidirecional é fundamental para a construção de relacionamentos fortes e duradouros com os clientes. De acordo com Liu-Thompkins (2019), o marketing nas mídias sociais integra elementos tradicionais e modernos, exigindo que as empresas considerem as interações dos consumidores e o feedback imediato. A capacidade de responder rapidamente às preocupações dos clientes, adaptar as mensagens de marketing em tempo real e criar uma comunidade em torno da marca são aspectos que tornam as mídias sociais uma ferramenta poderosa para negócios e serviços.

O impacto das mídias sociais no comércio eletrônico e nos serviços digitais é profundo. Plataformas como Instagram e Pinterest evoluíram para verdadeiras vitrines virtuais, onde os consumidores podem descobrir e comprar produtos diretamente por meio de postagens e anúncios. O conceito de "social commerce" (comércio social) está cada vez mais integrado nas estratégias de marketing digital, proporcionando uma experiência de compra mais fluida e interativa. Pesquisas recentes indicam que as recomendações de produtos nas mídias sociais exercem uma influência substancial sobre as decisões de compra dos consumidores (Zhang et al., 2021). Além disso, serviços como atendimento ao cliente e suporte técnico se beneficiam enormemente da presença nas redes sociais, onde podem oferecer assistência rápida e personalizada, aumentando assim a satisfação e a fidelidade do cliente.

As mídias sociais fornecem uma vasta quantidade de dados que podem ser analisados para compreender melhor o comportamento do consumidor e avaliar a eficácia das campanhas de marketing. Ferramentas de análise permitem que as empresas monitorem métricas de desempenho, como alcance, engajamento, taxa de conversão e retorno sobre o investimento (ROI). A análise desses dados possibilita que as empresas ajustem suas estratégias de marketing em tempo real, otimizando seus esforços para maximizar o impacto. Segundo uma pesquisa conduzida por Rathore et al. (2020), o uso de analytics em mídias sociais oferece insights valiosos que podem orientar a tomada de decisões e a criação de conteúdo mais relevante e envolvente para o público- alvo. O termo "analytics" refere-se ao processo de coleta, medição e análise de dados.

No contexto dos museus virtuais, as plataformas digitais têm um impacto transformador significativo. A criação de museus virtuais é uma resposta direta às limitações dos museus físicos, permitindo que coleções e exposições sejam acessíveis independentemente das barreiras geográficas e temporais. Os museus virtuais podem superar as limitações físicas e oferecer acesso contínuo durante períodos de interrupção, como epidemias (ScienceDirect, 2024). A importância dos museus virtuais é amplamente reconhecida na literatura. Esses museus podem servir como narradores digitais, criando narrativas envolventes que trazem o passado à vida e educam o público sobre o ambiente construído (ISPRS Archives, 2024). Esse papel de narrador digital é crucial, pois permite que os museus se conectem com audiências de maneiras novas e inovadoras. As plataformas digitais facilitam a disseminação eficaz do conteúdo dos museus virtuais, ampliando o alcance das coleções e exposições.

O impacto das plataformas digitais na democratização do acesso ao patrimônio cultural é significativo. A digitalização e a participação online contribuem para a inclusão social e a democratização do acesso ao patrimônio cultural, utilizando redes sociais para estimular interações e respostas do público (ScienceDirect, 2024). A participação ativa do público é fundamental para a relevância contínua dos museus na era digital. Os museus virtuais têm a capacidade de alcançar um público global, independentemente de sua localização geográfica. Segundo Miller e Johnson (2022), a integração de tecnologias digitais permite que museus virtuais expandam seu público além das limitações físicas dos espaços tradicionais. As exposições digitais oferecem acesso contínuo e inclusivo a coleções e informações, tornando-as acessíveis a pessoas que de outra forma não teriam a oportunidade de visitar museus físicos. Wilson e Smith (2023) destacam que as plataformas digitais estão criando novos modelos de comunicação que possibilitam uma interação mais ampla e diversificada com o público. Este acesso ampliado não só aumenta o envolvimento, mas também democratiza o acesso ao patrimônio cultural, promovendo uma maior inclusão social.

A digitalização é um componente crucial na preservação do patrimônio cultural. Anderson e Scott (2024) discutem como técnicas avançadas de digitalização garantem a proteção e a longevidade dos recursos culturais digitais, permitindo a conservação de artefatos e documentos valiosos em formatos acessíveis e duradouros. Os museus virtuais utilizam essas técnicas para criar réplicas digitais de coleções, o que não apenas preserva o patrimônio cultural, mas também facilita sua disseminação. A digitalização permite a criação de representações detalhadas e interativas dos artefatos, que podem ser exploradas em alta resolução por visitantes virtuais (Green e Harris, 2022). Isso é particularmente importante para itens frágeis ou raros, cuja exposição física pode ser limitada.

Os museus virtuais têm evoluído para se tornarem ambientes colaborativos que permitem aos usuários contribuírem ativamente com suas próprias percepções e conteúdo. White e Lewis (2023) exploram como esses ambientes colaborativos não só enriquecem as coleções dos museus, mas também fomentam um senso de comunidade entre os visitantes. A possibilidade de participação ativa permite que os usuários não apenas consumam conteúdo, mas também compartilhem suas próprias interpretações e conhecimentos, o que resulta em uma diversificação das perspectivas apresentadas nas exposições. Esta abordagem colaborativa tem o potencial de aumentar o volume e a riqueza das informações disponíveis, promovendo uma experiência mais rica e inclusiva para todos os envolvidos.

O uso de técnicas colaborativas como o crowdsourcing tem se mostrado particularmente eficaz na criação e manutenção de conteúdos culturais em museus virtuais. Miller e Roberts (2023) destacam que o crowdsourcing permite a coleta de uma ampla gama de contribuições do público, o que pode incluir desde a digitalização de documentos históricos até a criação de novas narrativas culturais. Crowdsourcing refere-se ao processo de obter contribuições de um grande número de pessoas, geralmente através da internet, para realizar tarefas específicas ou coletar informações. Essa abordagem não só amplia o alcance das coleções, mas também engaja a comunidade em um processo contínuo de co-criação. Ao permitir que os visitantes participem ativamente, os museus virtuais transformam o papel do público de meros espectadores para co-autores do conteúdo cultural, o que pode levar a um aumento significativo na relevância e na qualidade das exposições. Além disso, as mídias sociais desempenham um papel crucial na ampliação do engajamento com museus virtuais. Taylor e Evans (2024) destacam como as plataformas de mídia social são utilizadas para promover a participação pública e facilitar interações significativas entre os museus e seus visitantes. A integração de recursos interativos e colaborativos nas exposições virtuais, como comentários, avaliações e compartilhamentos, permite que os visitantes contribuam com suas próprias experiências e interpretações. Isso não só enriquece a narrativa cultural, mas também fortalece a conexão entre o museu e a audiência. A capacidade de interagir e compartilhar experiências pessoais em tempo real ajuda a criar uma comunidade mais coesa e engajada em torno do conteúdo cultural, promovendo uma maior disseminação e consumo do material apresentado.

A Teoria da Difusão de Inovações de Everett M. Rogers é um marco na compreensão de como novas ideias, produtos e serviços se espalham dentro de uma sociedade. Segundo Rogers, a difusão é o processo pelo qual uma inovação é comunicada ao longo do tempo entre os membros de um sistema social. Essa teoria destaca cinco categorias de adotantes: inovadores, adotantes iniciais, maioria inicial, maioria tardia e retardatários. Também salienta cinco características principais de uma inovação que influenciam sua taxa de adoção: vantagem relativa, compatibilidade, complexidade, experimentabilidade e observabilidade (Rogers, E. M. (2003).

De acordo com a categoria de adotantes, os inovadores são os primeiros a adotar uma nova ideia, produto ou serviço. Eles representam cerca de 2,5% da população e são caracterizados por sua disposição para correr riscos e sua abertura para novas experiências. Esses indivíduos têm geralmente um alto nível de conhecimento técnico e acesso a fontes de informação mais avançadas. Na difusão de ideias, os inovadores desempenham um papel crucial, pois são responsáveis por introduzir a inovação no sistema social. Eles estão frequentemente conectados com outros inovadores e têm uma visão global, o que lhes permite perceber o potencial de uma ideia antes que ela seja amplamente reconhecida. Os adotantes iniciais representam aproximadamente 13,5% da população e são frequentemente líderes de opinião dentro de suas comunidades. Eles têm um alto grau de consciência social e são vistos como modelos a serem seguidos pelos outros membros do sistema social. Diferente dos inovadores, que adotam uma ideia com base em seu apelo técnico, os adotantes iniciais consideram como a inovação pode se encaixar nas necessidades e valores de sua comunidade. Eles são críticos para a difusão de ideias, pois validam a inovação para a maioria e ajudam a reduzir as incertezas associadas à adoção. A maioria inicial representa cerca de 34% da população e adota uma inovação após um tempo significativo de reflexão e observação. Esses indivíduos são mais deliberados e cautelosos em comparação com os adotantes iniciais. Eles não são líderes de opinião, mas estão bem conectados dentro da comunidade e procuram evidências claras de que a ideia funciona antes de adotá-la. Na difusão de ideias, a maioria inicial é essencial porque sua adoção sinaliza que a inovação é segura e viável, incentivando a maioria tardia a seguir o exemplo. A maioria tardia também compõe cerca de 34% da população, mas é mais cética e resistente a mudanças. Esses indivíduos adotam uma inovação apenas quando sentem que a pressão social é irresistível ou que o benefício da ideia é claro e tangível. A maioria tardia é influenciada por experiências diretas e precisa ver que a inovação foi amplamente aceita por outros antes de adotá-la. Na difusão de ideias, a adoção pela maioria tardia marca o ponto em que a inovação se torna predominante na sociedade, mas também sugere que as barreiras iniciais foram superadas. Por fim, os retardatários são os últimos a adotar uma inovação, representando aproximadamente 16% da população. Eles são tradicionalistas e geralmente resistem às mudanças até que estas se tornem inevitáveis. Sua adoção é frequentemente motivada por necessidade, como pressões econômicas ou sociais, e não por interesse na inovação em si. Na difusão de ideias, os retardatários são importantes para entender os desafios de alcançar a totalidade do sistema social. Embora possam não influenciar a adoção em massa, eles oferecem insights valiosos sobre as resistências à inovação e podem ajudar a refinar estratégias futuras.

Sobre as cinco características principais de uma inovação que influenciam sua taxa de adoção temos, a vantagem relativa refere-se ao grau em que uma inovação é percebida como superior às ideias, produtos ou serviços que ela substitui. Quanto maior a vantagem percebida, mais rapidamente a inovação será adotada. Essa vantagem pode ser econômica, como a redução de custos, ou pode se manifestar em benefícios sociais, conveniência, ou satisfação pessoal. Na difusão de ideias, a vantagem relativa é crucial, pois uma ideia que claramente oferece uma melhoria significativa em relação ao status quo tende a se espalhar mais rapidamente dentro de uma sociedade. O termo *status quo* refere-se à situação atual ou ao estado das coisas em um determinado contexto. Quando uma inovação apresenta uma vantagem clara sobre o *status quo*— ou seja, sobre como as coisas são tradicionalmente feitas ou percebidas—, ela é mais atraente para os potenciais adotantes, o que facilita sua disseminação. A segunda característica é a compatibilidade, ela diz respeito ao grau em que uma inovação é percebida como consistente com os valores, experiências passadas e necessidades dos potenciais adotantes. Se uma ideia ou produto se alinha bem com as normas e práticas culturais de um grupo social, a adoção será mais rápida. No contexto da difusão de ideias, uma inovação que é compatível com os padrões estabelecidos de pensamento ou comportamento enfrenta menos resistência e é mais facilmente incorporada no cotidiano das pessoas. A terceira característica é a complexidade, que se refere ao grau em que uma inovação é percebida como difícil de entender e usar. Inovações que são mais simples de compreender e implementar têm uma taxa de adoção mais alta. Na difusão de ideias, quanto menos complexa for uma nova ideia, mais acessível ela será para um público amplo, facilitando sua adoção. Uma ideia ou produto que é fácil de entender permite que os potenciais adotantes experimentem e integrem a inovação em suas rotinas com menos esforço e tempo. A quarta característica é a experimentabilidade, ela é o grau em que uma inovação pode ser testada em uma base limitada antes de ser adotada completamente. Se os potenciais adotantes podem experimentar uma ideia ou produto em pequena escala, isso reduz a incerteza e facilita a adoção. No caso da difusão de ideias, a capacidade de experimentar uma nova abordagem ou conceito, por exemplo, através de pilotos, protótipos ou versões beta, pode acelerar o processo de adoção, pois permite que os adotantes vejam os benefícios sem um compromisso total imediato. A quinta característica é a observabilidade, que se refere ao grau em que os resultados de uma inovação são visíveis para outros. Quando os benefícios de uma nova ideia, produto ou serviço são facilmente observados por outros membros da sociedade, a adoção tende a aumentar. No contexto da difusão de ideias, a observabilidade é importante porque permite que potenciais adotantes vejam o sucesso da inovação em situações reais, o que pode encorajá-los a adotar a inovação por conta própria. A visibilidade dos resultados positivos gera um efeito de imitação, onde mais pessoas se sentem confiantes em adotar a inovação.

A obra de Joseph Schumpeter de 1912, intitulada *"Theorie der wirtschaftlichen Entwicklung"* (Teoria do Desenvolvimento Econômico), é um marco fundamental na economia e na teoria da inovação. Nesta obra, Schumpeter introduz a ideia de que a inovação é o motor do desenvolvimento econômico, destacando o papel dos empreendedores como agentes de mudança que introduzem novas combinações de recursos, produtos e processos no mercado. Schumpeter descreve a dinâmica da inovação em três fases principais: a invenção, que é o surgimento de uma nova ideia ou descoberta; a inovação, que é a aplicação prática dessa ideia, transformando-a em um produto ou processo comercializável; e a difusão, que é a propagação dessa inovação no mercado, permitindo que ela tenha impactos econômicos e sociais amplos. A importância desta obra reside no fato de que Schumpeter foi um dos primeiros a reconhecer que a inovação não é um evento isolado, mas sim um processo contínuo e sistêmico, fundamental para o progresso econômico. Ele argumenta que a inovação é o principal fator responsável pelas flutuações econômicas e pelo crescimento a longo prazo, uma visão que moldou grande parte do pensamento econômico subsequente. Além disso, sua ênfase na difusão como uma fase essencial do processo de inovação ressalta que o verdadeiro impacto de uma inovação só é realizado quando ela se espalha e é adotada amplamente, gerando transformações econômicas e sociais profundas.

Para Stoneman (2002) o termo difusão pode ser definido objetivamente como o crescimento do uso ou consumo de um bem ou serviço dentro de um determinado grupo social. Neste contexto, o objetivo dos modelos de difusão é o de descrever o ciclo de vida de um novo produto/serviço. Os modelos de difusão focam no desenvolvimento de uma curva do ciclo de vida e atingem o propósito de previsão de vendas/consumo de um novo produto/serviço. Modelos de difusão, por definição, visam representar o crescimento de uma categoria de produto/serviço (MAHAJAN, VIJAY, MULLER, EITAN et al., 1990).

O lançamento de novos produtos/serviços afeta a vida de todos os indivíduos e comunidades. Todavia, o consumo destes produtos não cresce instantaneamente a partir de seu lançamento. Ao contrário, as vendas dos produtos tipicamente evoluem nos mercados de acordo com uma curva que consiste basicamente em quatro estágios: (a) uma etapa introdutória de pequeno crescimento; (b) um estágio com crescimento muito rápido; (c) um estágio de maturidade, que é tipicamente marcado por pouco ou mesmo nenhum crescimento, e (d) uma fase final de declínio, onde as vendas/utilização caem devido à obsolescência ou a substituição (MAHAJAN, VIJAY, MULLER, EITAN et al., 1990).

Os primeiros trabalhos sobre a difusão de produtos surgiram nos anos de 1960. Os primeiros modelos foram propostos por Fourt e Woodlock (1960). Estes autores assumiram que o processo de difusão é principalmente influenciado pela comunicação de massa. Outro autor, Mansfield (1961), assumiu que o processo é influenciado principalmente pela comunicação interpessoal (boca a boca). Estes trabalhos serviram como base para que Frank Bass (1969) desenvolvesse um modelo de difusão abrangendo os princípios propostos por Fourt e Woodlock (1960) e Mansfield (1961). Assumindo que os consumidores potenciais de uma inovação são influenciados por dois processos: a comunicação de massa e a comunicação interpessoal.

A Teoria da Difusão de Inovações, proposta por Everett Rogers, fornece um modelo robusto para compreender como e por que inovações se espalham através de uma população. Um dos conceitos centrais dessa teoria é o efeito manada, que descreve como a adoção de inovações é frequentemente influenciada pelas ações e comportamentos de outros. Com o advento das plataformas digitais, esse fenômeno ganhou uma nova dimensão, com as mídias sociais e outras ferramentas online desempenhando papéis cruciais na ampliação e aceleração desse efeito. Neste contexto, as plataformas digitais não apenas facilitam a difusão de inovações, mas também a amplificam de maneiras sem precedentes.

As plataformas digitais têm um papel significativo na amplificação da visibilidade e acesso a inovações. Rogers (2003) argumenta que a difusão de inovações é influenciada pela comunicação e pelo acesso à informação, destacando que as inovações se espalham mais rapidamente quando estão amplamente visíveis e acessíveis. As redes sociais e outras ferramentas digitais facilitam essa visibilidade ao permitir a disseminação instantânea de informações para um público global.

Por exemplo, na era digital, a visibilidade de novos produtos e tecnologias é frequentemente amplificada por meio de plataformas como Instagram, Twitter, YouTube e TikTok. Estudos mostram que essa visibilidade aumentada proporcionada por essas plataformas pode acelerar significativamente o processo de adoção. De acordo com Kumar et al. (2016), a exposição constante e o endosse social nas mídias sociais podem acelerar a aceitação de inovações ao aumentar a percepção de sua popularidade e utilidade. Da mesma forma, um estudo de Lu et al. (2020) demonstra que as redes sociais permitem que experiências positivas com produtos sejam compartilhadas rapidamente, criando um efeito de contágio que impulsiona a adoção de inovações através da visibilidade e da validação social. Além disso, estudos adicionais reforçam esses achados. Pourazad e McCormick (2017) exploram como a visibilidade gerada por plataformas digitais influencia o comportamento do consumidor e a adoção de novas tecnologias. O trabalho de Alalwan et al. (2017) também destaca a importância das mídias sociais na formação das percepções de produtos e serviços, contribuindo para uma maior adoção por meio de recomendações e avaliações online. Finalmente, um estudo conduzido por De Vries et al. (2012) evidencia que a visibilidade nas mídias sociais não apenas aumenta a conscientização, mas também melhora a percepção da qualidade e do valor das inovações, acelerando seu processo de adoção.

Outro aspecto importante é a formação de comunidades de adoção e o feedback social proporcionado pelas plataformas digitais. Rogers (2003) enfatiza que o apoio e a influência de grupos sociais são fatores cruciais na difusão de inovações. As plataformas digitais, como fóruns online e grupos de discussão, permitem a criação de comunidades em torno de inovações específicas, facilitando a troca de experiências e informações. O feedback social desempenha um papel vital nesse processo. As interações dentro dessas comunidades frequentemente incluem avaliações e recomendações sobre inovações, o que pode reforçar a percepção de valor e eficácia (Bagozzi & Dholakia, 2002). Estudos mostram que os usuários confiam mais nas opiniões de seus pares do que nas mensagens de marketing tradicional, o que pode aumentar a probabilidade de adoção. Hennig-Thurau et al. (2004) indicam que o boca-a-boca e as recomendações de amigos e familiares têm um impacto significativo nas decisões de compra, pois os consumidores valorizam a autenticidade das opiniões pessoais em comparação com as mensagens de marketing corporativo. Além disso, um estudo de Cheung e Thadani (2012) confirma que as avaliações de pares nas plataformas de mídias sociais influenciam fortemente as intenções de compra e a adoção de novos produtos. Outros trabalhos, como o de Liang e Turban (2011), mostram que as opiniões de usuários em redes sociais e fóruns online têm uma influência significativa sobre a adoção de inovações tecnológicas, pois fornecem informações valiosas e confiança adicional. Finalmente, pesquisas de Wolny e Mueller (2013) destacam que as recomendações de pares nas mídias sociais não apenas moldam a percepção dos consumidores sobre um produto, mas também aceleram a adoção ao criar um efeito de rede positivo. Esse fenômeno é suportado pela teoria da influência social, que sugere que a validação social proporcionada pelo feedback de pares pode acelerar a adoção de inovações (Cialdini & Goldstein, 2004). A Teoria da Influência Social, conforme descrita por Cialdini e Goldstein (2004), explica como os indivíduos são afetados pelas ações e opiniões dos outros em seu ambiente social. A teoria é baseada na ideia de que as pessoas muitas vezes recorrem a comportamentos e julgamentos de seus pares para tomar decisões, especialmente em situações de incerteza.

Um dos principais conceitos desta teoria é o de validação social, que se refere à tendência das pessoas a considerar algo como mais apropriado ou correto quando veem que outras pessoas também o consideram dessa forma. Esse fenômeno é especialmente relevante em contextos de adoção de inovações, pois o feedback positivo e as recomendações de pares podem criar um sentimento de segurança e confiança em relação à nova ideia ou produto. A validação social ajuda a reduzir a incerteza e aumenta a probabilidade de que uma inovação seja aceita e adotada rapidamente. Cialdini e Goldstein (2004) destacam que a influência social pode ocorrer de várias maneiras, incluindo normas sociais e pressão social. Normas sociais são regras ou expectativas sobre comportamentos aceitáveis que são informadas pelo que a maioria das pessoas está fazendo. A pressão social refere-se ao impacto das expectativas de outros sobre as decisões individuais. Ambos os aspectos contribuem para que as inovações sejam mais prontamente aceitas quando há uma forte percepção de que elas são populares ou bem avaliadas por outros. No contexto das mídias sociais e do marketing digital, a teoria da influência social explica por que as recomendações de pares e o feedback de consumidores têm um impacto tão forte na adoção de novas tecnologias e produtos. Quando as pessoas veem que outros estão engajados positivamente com uma inovação, elas são mais propensas a experimentar e adotar essa inovação, contribuindo para sua disseminação mais rápida e ampla.

Os algoritmos de recomendação das plataformas digitais têm um impacto profundo na forma como as inovações são promovidas e adotadas. Rogers (2003) discute a importância dos canais de comunicação na difusão de inovações, e os algoritmos digitais amplificam essa influência ao personalizar as recomendações de acordo com o comportamento e os interesses dos usuários.

Peters e Robinson (2021) mostram que os algoritmos são projetados para promover inovações que estão ganhando popularidade, criando um ciclo de retroalimentação onde a visibilidade de uma inovação é aumentada conforme ela se torna mais popular. Essa personalização, combinada com a visibilidade das inovações emergentes, contribui para um efeito manada acelerado, fenômeno psicológico em que indivíduos tomam decisões com base no comportamento de outros, muitas vezes imitando o que percebem como escolhas populares ou aceitáveis dentro de um grupo social, onde os usuários são constantemente expostos a tendências e inovações que parecem ser populares entre seus pares (Edelman, 2010). A influência dos algoritmos é um fator crucial na ampliação da difusão de inovações, pois aumenta a percepção de uma inovação como uma escolha socialmente aceita e desejável.

Considerações finais

A revolução digital, catalisada pelas mídias sociais, transformou profundamente a maneira como informações e conteúdo são divulgados c compartilhados. As mídias sociais têm um impacto significativo na democratização do acesso ao patrimônio cultural. A digitalização e a participação online são forças motrizes que promovem a inclusão social e democratizam o acesso a diversos tipos de conteúdo cultural. Museus virtuais, por exemplo, têm a capacidade de alcançar audiências globais, superando as limitações físicas e geográficas dos espaços tradicionais. Miller e Johnson (2022) apontam que a integração de tecnologias digitais permite que esses museus expandam seu público, oferecendo acesso contínuo e inclusivo a coleções e informações que de outra forma estariam restritas a visitas físicas. Esse acesso ampliado não só aumenta o envolvimento do público, mas também democratiza o acesso ao patrimônio cultural, promovendo maior inclusão social e diversidade de vozes no ecossistema informativo.

A Teoria da Difusão de Inovações de Everett Rogers oferece um arcabouço teórico essencial para compreender como as inovações se propagam nas redes sociais. O conceito de efeito manada, central na teoria de Rogers, descreve como a adoção de inovações é frequentemente impulsionada pelas ações e comportamentos dos outros. Este efeito manada é crucial para entender a velocidade e a escala com que as inovações são adotadas na era digital.

Plataformas como Facebook, Twitter e Instagram amplificam esse efeito, permitindo que experiências positivas sejam rapidamente compartilhadas e visualizadas por um público amplo, acelerando a adoção de novas ideias e tecnologias. A visibilidade proporcionada pelas redes sociais, aliada aos algoritmos de recomendação que personalizam o conteúdo para os usuários, cria um ambiente propício para a difusão rápida e eficaz de inovações.

As mídias sociais também revolucionaram o comportamento do consumidor, facilitando uma conexão mais direta e personalizada entre marcas e audiências. Kaplan e Haenlein (2010) destacam a capacidade dessas plataformas de segmentar audiências específicas com base em dados demográficos, interesses e comportamentos, permitindo uma personalização das mensagens de marketing que maximiza o impacto das campanhas. Esta capacidade de segmentação precisa é uma das principais vantagens das mídias sociais em relação aos meios de comunicação tradicionais, oferecendo um retorno sobre investimento (ROI) significativamente melhorado.

Além disso, as mídias sociais democratizam o acesso à informação, permitindo que criadores de conteúdo independentes e pequenas empresas compitam em pé de igualdade com grandes corporações. Tim Dwyer (2019) analisa como os modelos tradicionais de mídia foram reconfigurados, permitindo que blogs, podcasts e vídeos digitais democratizassem o acesso à informação. Esta democratização elimina as barreiras tradicionais à entrada no mercado de mídia, promovendo a inovação e a diversidade de conteúdo, enriquecendo o ecossistema informativo.

Ferramentas de engajamento e interação oferecidas pelas mídias sociais transformam a maneira como os negócios interagem com seus clientes. Mangold e Faulds (2009) discutem como o marketing nas mídias sociais combina elementos tradicionais e modernos, permitindo que as empresas respondam rapidamente às preocupações dos clientes, adaptem suas mensagens de marketing em tempo real e construam comunidades em torno de suas marcas. Esta capacidade de engajamento bidirecional é crucial para a construção de relacionamentos fortes e duradouros com os clientes. A criação de comunidades de marca nas redes sociais não apenas fideliza os clientes, mas também os transforma em defensores ativos da marca, amplificando ainda mais a mensagem da empresa.

A análise de dados e métricas de desempenho fornecida pelas mídias sociais permite insights valiosos que guiam a tomada de decisões e a criação de conteúdo relevante e envolvente. Goh et al. (2013) mostram que o uso de analytics em mídias sociais permite uma compreensão profunda do comportamento do consumidor, ajudando as empresas a ajustar suas estratégias de marketing para maximizar o impacto. Esta capacidade de monitorar e ajustar estratégias em tempo real é uma vantagem significativa das mídias sociais, permitindo uma resposta rápida às mudanças nas preferências e comportamentos dos consumidores.

Acreditamos que as mídias sociais emergem como plataformas poderosas e indispensáveis na divulgação e compartilhamento de conteúdo. Elas democratizam o acesso à informação, promovem a inclusão social, incentivam a inovação e transformam a comunicação digital. A capacidade de personalizar mensagens, engajar diretamente com audiências e utilizar dados para guiar estratégias torna as mídias sociais ferramentas essenciais no ambiente contemporâneo. A integração eficaz dessas plataformas na divulgação de conteúdos, negócios e serviços não apenas maximiza seu potencial, mas também redefine as possibilidades de comunicação e engajamento no mundo digital. Compreender e utilizar essas ferramentas de maneira estratégica é fundamental para qualquer entidade que deseja se destacar e prosperar na era digital.

Neste capítulo, exploramos a profunda transformação que as mídias sociais provocaram na forma como o conteúdo é divulgado, compartilhado e consumido. A ascensão dessas plataformas não apenas democratizou o acesso à informação, permitindo uma ampla inclusão social, mas também catalisou a inovação ao oferecer novas formas de interação e engajamento. Com a capacidade de personalizar mensagens e utilizar dados para orientar estratégias, as mídias sociais se consolidaram como ferramentas essenciais no cenário digital contemporâneo. A análise revelou que as mídias sociais têm um impacto significativo em várias áreas, desde a comunicação e marketing até a preservação do patrimônio cultural e o comércio eletrônico. Elas permitem uma segmentação precisa, promovem a co-criação de conteúdos e ampliam a visibilidade de inovações, influenciando profundamente o comportamento dos consumidores e a dinâmica dos mercados. Portanto, integrar eficazmente as mídias sociais nas estratégias de divulgação e marketing não é apenas uma vantagem competitiva, mas uma necessidade para qualquer entidade que almeja se destacar e prosperar na era digital. A compreensão e o uso estratégico dessas ferramentas são cruciais para otimizar o impacto e garantir a relevância no ambiente digital em constante evolução. À medida que as tecnologias e comportamentos digitais continuam a evoluir, a habilidade de adaptar e maximizar o potencial das mídias sociais será fundamental para o sucesso e a inovação contínuos.

Referências Bibliográficas

1. Stephen, A. T. (2016). The role of digital and social media marketing in consumer behavior.Current Opinion in Psychology, 10, 17-21.

2. Xiao, L., & Ye, Y. (2018). Understanding the role of social media in promoting science: The advantage of Twitter in promoting science and research. Public Understanding of Science, 27(8).

3. Dwyer, T. (2019). Digital platforms and the future of the media industry. Routledge.

4. Holton, A. E., Coddington, M., Lewis, S. C., & Gil de Zúñiga, H. (2015). The impact of social mediaon news dissemination: An empirical analysis of news audiences and engagement on social media. Journalism Studies, 16(4).

5. Choi, Y., Dorotic, M., & Verhoef, P. H. (2016). Social media marketing efforts of luxury brands: Influence on brand equity and consumer behavior. Journal of Business Research, 69(12), 5833-5841.

6. Vural Arslan, M. (2018). User engagement on social media: An analysis of interactions withnonprofit organizations on Facebook. Public Relations Review, 44(3), 447-456.

7. Rimal, R. N., & Lapinski, M. K. (2015). The power of social media: Advancing the health ofpopulations. World Health Organization.

8. Barreda, G. D., Ekici, A., & Rosengren, A. (2019). The impact of social media influencers on consumer purchasing decision: The fashion industry. Journal of Retailing and Consumer Services,46, 101-116.

9. Jin, Y., Liu, B. F., & Austin, L. L. (2014). The role of social media in crisis communication andmanagement: A holistic view. International Journal of Strategic Communication, 8(1), 1-17.

10. ScienceDirect. (2024). "Virtual space created by a digital platform in the post-epidemic era:Application in digital museums."

11. ISPRS Archives. (2024). "Virtual museums as digital storytellers for dissemination of builtenvironment."

12. ScienceDirect. (2024). "Advanced Digitization Methods for the Protection and Dissemination ofCultural Heritage in Museums."

13. ScienceDirect. (2024). "An evaluation model to assess the communication effectiveness of digitalplatforms for intangible cultural heritage (ICH)."

14. IEEE Xplore. (2024). "Research on Virtual Exhibition System Platform of Museum Based on VRTechnology."

15. Enpress Publisher. (2024). "Digital Era Cultural Heritage: The Role and Impact of VirtualMuseums."

16. ScienceDirect. (2024). "The participatory turn in museums: The online facet." .

17. Bagozzi, R. P., & Dholakia, U. M. (2002). Intentions and behavior in the theory of plannedbehavior: A meta-analysis. Journal of Applied Social Psychology, 32(1), 163-190.

18. Cialdini, R. B., & Goldstein, N. J. (2004). Social influence: Compliance and conformity. AnnualReview of Psychology, 55, 591-621.

19. Edelman, B. (2010). Using Social Media to Influence the Mantra of the Digital Age. MIT Press.

20. Hennig-Thurau, T., Gwinner, K. P., Walsh, G., & Gremler, D. D. (2004). Electronic word-of-mouthvia consumer-opinion platforms: What motivates consumers to articulate themselves on the internet? Journal of Interactive Marketing, 18(1), 38-52.

21. Kaplan, A. M., & Haenlein, M. (2010). Users of the world, unite! The challenges and opportunitiesof social media. Business Horizons, 53(1), 59-68.

22. Peters, C., & Robinson, A. (2021). The Role of Algorithms in Digital Innovation. Routledge.Rogers, E. M. (2003). Diffusion of Innovations (5th ed.). Free Press.

23. Smith, A., & Duggan, M. (2013). Online dating & relationships. Pew Research Center.

24. Cialdini, R. B., & Goldstein, N. J. (2004). "Social Influence: Compliance and Conformity." *AnnualReview of Psychology*, 55, 591-621.

25. Hennig-Thurau, T., Gwinner, K. P., Walsh, G., & Gremler, D. D. (2004). "Electronic Word-of-Mouthvia Consumer-Opinion Platforms: What Motivates Consumers to Articulate Themselves on the Internet?" Journal of Interactive Marketing, 18(1), 38-52.

26. Cheung, C. M. K., & Thadani, D. R. (2012). "The Impact of Electronic Word-of-Mouth Communication: A Review of the Literature and Future Research Directions." Decision SupportSystems, 54(1), 461-470.

27. Liang, T. P., & Turban, E. (2011). "Introduction to the Special Issue Social Commerce: A Research Framework for Social Commerce." International Journal of Electronic Commerce, 16(2), 5-14.

28. Wolny, J., & Mueller, C. (2013). "Online Customer Experience: A Review of the Literature and anAgenda for Future Research." International Journal of Information Management, 33(4), 696-705.

29. Kumar, V., Anand, B., & Shah, D. (2016). "Customer Engagement in a Social Media World."Journal of Interactive Marketing, 35, 1-6.

30. Lu, B., Chen, L., & Zhang, X. (2020). "The Role of Social Media in the Adoption of Innovations."Technology Forecasting and Social Change, 155, 119963.

31. Pourazad, N., & McCormick, M. (2017). "The Influence of Digital Visibility on Consumer Adoptionof Innovations." Journal of Marketing Theory and Practice, 25(3), 277-293.

32. Alalwan, A. A., Alnawas, I., & Alnaser, A. (2017). "The Impact of Social Media on ConsumerAdoption of Innovations." Journal of Retailing and Consumer Services, 35, 1-8.

33. De Vries, L., Gensler, S., & Leeflang, P. S. H. (2012). "Popularity of Brand Posts on Brand Fan Pages: An Investigation of the Effects of Social Media Marketing." Journal of Interactive Marketing,26(2), 83-91.

34. Rathore, A. K., Kar, A. K., & Ilavarasan, P. V. (2020). Social Media Analytics: Literature Review andDirections for Future Research. *Decision Support Systems*, 133, 113213.

35. Zhang, H., Lu, Y., Shi, M., & Tang, Z. (2021). Exploring the Impact of Social Commerce Featureson Consumer Purchase Intention: A Social Network Perspective. *Journal of Business Research*,127, 348-365.

36. Liu-Thompkins, Y. (2019). A Decade of Online Advertising Research: What We Learned and WhatWe Need to Know. *Journal of Advertising*, 48(1), 4-13.

37. Aral, S. (2021). The Hype Machine: How Social Media Disrupts Our Elections, Our Economy, andOur Health—and How We Must Adapt. Currency.

38. De Vries, N. J., & Carlson, J. (2022). Examining the Drivers and Outcomes of Social MediaEngagement. Journal of Interactive Marketing, 58, 9-26.

Capítulo 13

Tecnologias Fundamentais para a Transformação Digital

Jorge Amaral

Resumo

Este capítulo apresenta o processo de implementação da Casa Digital de acordo com princípios da Transformação Digital, durante a execução do projeto INTEGRA. A Casa Digital se apresenta como uma facilitadora da Transformação Digital e como um modelo estratégico de desenvolvimento tecnológico para a UERJ e a Sociedade.

13.1 Transformação Digital

Estamos passando por um processo de Transformação Digital (Branisso, 2023). Ela trata da mudança de mentalidade que está ocorrendo nas entidades, nos governos e na sociedade com o objetivo de se tornarem mais modernos e acompanhar os avanços tecnológicos que não param de surgir. É um processo em que se implementa a mentalidade digital que está baseada em quatro pilares: o foco no público-alvo, *feedbacks* constantes, entregas mais ágeis e adaptação às mudanças. Para que a implementação desta mentalidade seja possível, é inevitável utilizar a tecnologia. A Figura 1 mostra que, na verdade, existe uma realimentação constante entre a tecnologia e o novo panorama da sociedade e do mercado: um mundo volátil, "líquido", incerto, complexo e ambivalente. Será que as demandas da sociedade geraram novas tecnologias ou a tecnologias é que geram novas demandas sociais? Esta interação pode ser exemplificada de diversas formas, basta observar a explosão do trabalho remoto, das reuniões *on line* e do ensino a distância que ocorreu durante a COVID-19 e que permanece mesmo depois da pandemia ter chegado ao fim. As redes sociais também alteraram de forma permanente o modo de vida das pessoas (Abbade; Della Flora; de Bem Noro, 2014). Veja-se, por exemplo, as mobilizações para manifestações políticas ou sociais que são feitas através destas redes e a utilização das mesmas como ferramentas de propaganda e promoção político-partidária (Ruediger *et al.*, 2017). Hoje não se imagina um político que não tenha uma presença forte nestas redes. Os aplicativos de comunicação instantânea modificaram a nossa forma de nos comunicar uns com os outros. Quem hoje usa seu smartphone para telefonar? Estes aplicativos também mudaram as formas de propaganda e atendimento ao cliente (Lanz; Brilinger, 2022).

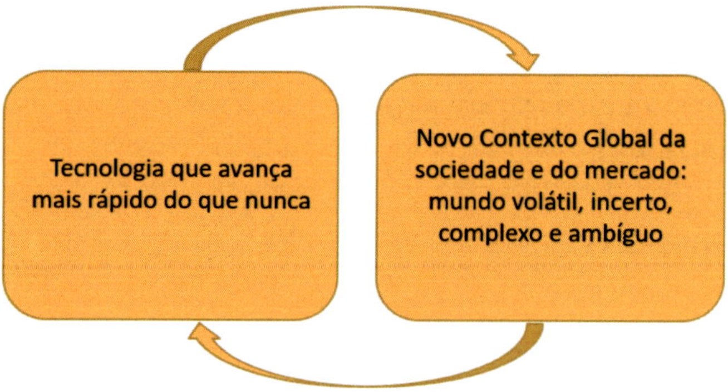

Figura 1. A realimentação constante entre tecnologia e sociedade

Do ponto de vista da tecnologia, a transformação digital compreende um ciclo virtuoso, que poder ser visto na Figura 2, no qual novas oportunidades geram o aprendizado de novas tecnologias e o seu posterior domínio. Se produz resultados positivos, ela é responsável pela geração de novas oportunidades. Como exemplo, podemos citar os aplicativos para transporte de passageiros. Observou-se uma oportunidade de oferecer um transporte mais personalizado do que o transporte público a um preço mais atrativo do que os táxis. Os resultados foram tão positivos que essa oportunidade originou um negócio de milhões de dólares. Além de criar novas oportunidades, como aplicativos de entrega de encomendas, comida e mercado.

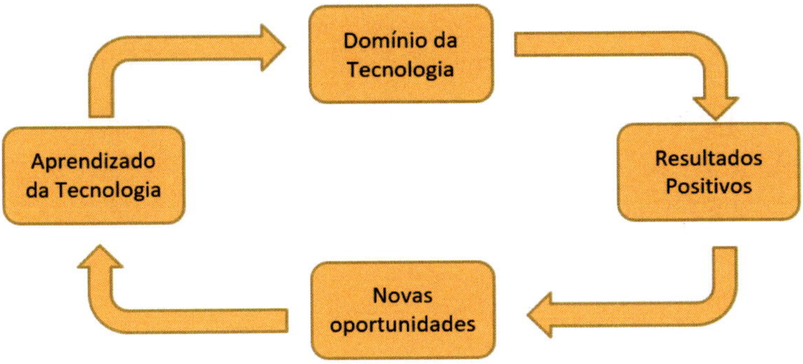

Figura 2. Ciclo virtuoso das novas tecnologias e oportunidades

A transformação digital não acontece sem grandes desafios. Em um artigo da Exame (Caetano, 2021), uma pesquisa revelou que os principais desafios, mostrados na Figura 3, para implementar a transformação digital são: a falta de profissionais capacitados, a falta de investimento, a ausência de planejamento e o legado tradicional da tecnologia.

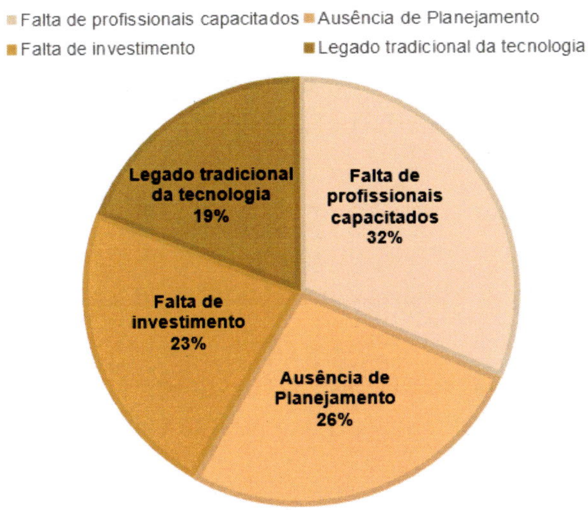

Figura 3. Os desafios para implementar o processo de transformação digital.

Para responder a estes desafios, surgiu o projeto "INTEGRA: uma nova política de Inovação para a UERJ", que veio para atacar os principais obstáculos da transformação digital, garantindo investimento, planejamento, mentoria nas principais ferramentas da transição digital.

13.2 O projeto INTEGRA

O projeto "INTEGRA: uma nova política de Inovação para a UERJ" foi concebido para fomentar a inovação através da integração e colaboração por toda a Universidade. Este projeto está dividido em cinco células de conhecimento, a saber:

- Tecnologia com uma Casa de Digital e metodologias de desenvolvimento de software.
- Educação com novas metodologias de aprendizagem.
- Saúde 3D com soluções Inovadoras.
- O Meio Ambiente com projetos de aproveitamento de água, energia limpa e cuidado com os resíduos.
- Empreendedorismo, Inovação e Legislação responsáveis pela integração, neste Novo Marco Legal da UERJ.

A principal contribuição da Célula de Tecnologia foi a criação da Casa Digital para servir como facilitadora da Transformação Digital e ser um modelo estratégico de desenvolvimento tecnológico para a UERJ e para a sociedade. O propósito da Casa Digital é mentorear os servidores da UERJ nas tecnologias fundamentais para a transformação digital para que eles sejam sujeitos no processo de transformação dentro e fora da UERJ. A Figura 4 mostra a concepção com a qual foi criada a Casa Digital. Como podemos ver, ela já foi concebida incorporando diversos requisitos do processo de transformação digital, tais como o planejamento ágil, as equipes multidisciplinares, o incentivo à inovação e à criatividade, dentre outros.

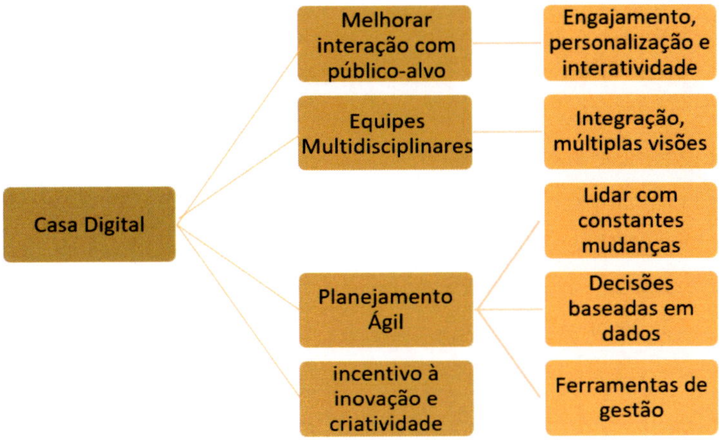

Figura 4. Os princípios da Casa Digital

A primeira ferramenta fundamental para transição digital é a programação. Ela é uma das competências do século 21 e tão fundamental quanto ler ou escrever. Resnick argumenta que a capacitação em programação, do mesmo modo que a escrita, nos ajuda a compreender e se expressar no mundo (Resnick, 2014). Alguns ainda podem perguntar se isso é realmente necessário, uma vez que, hoje em dia, todos ou quase todos sejam "seres digitais" e tenham, familiaridade com novas tecnologias. Entretanto, nós estamos, na maior parte do tempo, apenas interagindo com aplicativos, navegando na internet, dentre outras formas, mas não estamos projetando, criando, nos expressando através da tecnologia para colocar nossas ideias no mundo e participar na sociedade. Segundo Resnick, aqui podemos ver a programação de modo semelhante a que Paulo Freire se referia sobre ler e escrever: ferramentas indispensáveis para a participação efetiva na sociedade (Freire, 2014). Além destas razões advogadas por Resnick, existem trabalhos que demonstram que o ensino de programação aumenta a capacidade de raciocínio e de resolução de problemas (Psycharis; Kallia, 2017). Também existem trabalhos que indicam que o ensino de programação para adultos traz novos desafios para o cérebro, melhor conexão com os jovens, além de melhorar as perspectivas de emprego (Guo, 2017). Esta questão da melhoria da empregabilidade é crucial para um país como o Brasil. Segundo o relatório "Industria de Software e Serviços de Tecnologia de Informação e Comunicação (TIC) no Brasil" (Brasil, 2021), este mercado no Brasil tem crescido acima do setor global e este setor tem carência de pessoal qualificado. O relatório também mostra que o domínio de novas tecnologias será crucial para aplicar a inovação em seus serviços para impulsionar ainda mais o segmento de TIC. Sendo assim, a existência de uma Casa Digital dentro da Universidade, aproveitando a sinergia com a academia e a pesquisa de ponta, contribuirá para fomentar a inovação na indústria de TIC no Brasil.

O processo de Transformação digital vem caminhando lentamente na UERJ e ainda esbarra em alguns desafios como a falta de investimento, ausência de planejamento e falta de capacitação. Sendo assim, a Casa Digital tem por objetivo ser facilitadora deste processo de transformação digital na UERJ e na sociedade, e para isso propôs:

1. Desenvolvimento dos modelos de negócio interno e externo: o modelo de negócio interno vai definir os critérios para o atendimento ao público interno da UERJ. O que se deseja com esse modelo interno é favorecer o *technology push*, isto é, favorecer o processo de geração de soluções e produtos tecnológicos a partir da P&D gerados na Universidade. Já o modelo de negócios externos vai favorecer o *market pull*, isto é, o processo de desenvolvimento de soluções e produtos impulsionado pelas demandas de mercado. Em ambos os casos a Casa Digital vai atuar no processo de aceleração que envolverá a avaliação tecnológica, o estudo de mercado e a análise do negócio.

2. Formação dos grupos de trabalho: a partir dos aspectos de inovação em software, foram criados grupos de trabalho, formados majoritariamente por funcionários da UERJ, nas seguintes áreas:
   a. metodologias ágeis,
   b. programação web (incluindo *front end*, *back end*, banco de dados em rede),

c. programação *mobile*,
d. aprendizado de máquinas,
e. Internet das Coisas (IoT – *Internet of Things*).

6. Mentoria dos grupos de trabalho: o processo de mentoria se deu de modo que fosse possível montar a capacitação de forma personalizada.

7. Formação de Portfolio: após a formação dos primeiros grupos, iniciamos a formação do nosso portfólio a partir de *cases* escolhidos dentro da Universidade.

8. Desenvolvimento de ações de formação continuada: de forma a garantir que a Casa Digital seja uma entidade permanente, sempre aplicando a inovação em seus serviços.

13.3 Formação dos grupos de trabalho

Nós exercitamos em um primeiro momento com um grupo de trabalho piloto (GTP) formado por funcionários do INOVUERJ. Nosso objetivo era validar a metodologia que seria usada em equipes maiores. O GTP foi o responsável pelo desenvolvimento de um projeto piloto que será descrito com mais detalhes no item de Formação de Portfólio. Este projeto piloto foi essencial para definir os conteúdos basilares para uma capacitação funcional do GTP e dos grupos de trabalho seguintes. Com base no desenvolvimento do projeto piloto foram definidas as ferramentas necessárias para a transformação digital a serem trabalhadas na Casa de Digital, a saber: metodologias ágeis, programação Web, programação *mobile*, *aprendizado de máquinas* e Internet das Coisas (IoT).

Estas áreas foram validadas através de uma extensa pesquisa com os órgãos internos da UERJ, tais como a DGTI (Diretoria-Geral de Tecnologia da Informação), SERAD-PR2 (Serviço de processamento de dados) e o INOVUERJ. Além disso, também foram contactados e analisados os conteúdos de empresas especializadas em formação profissional e com egressos da Universidade atuantes no campo de desenvolvimento de software. O esclarecimento trazido pelo processo de discussão de conteúdo foi uma das importantes consequências do projeto para cada um dos membros da equipe e para os diferentes setores da UERJ. Ele nos alertou para o fato de que diferentes demandas vão requerer ferramentas diversas. A seguir, faremos uma breve definição destas ferramentas fundamentais:

- Metodologias ágeis: a metodologia ágil é uma abordagem de gerenciamento de projetos que se concentra na colaboração e na melhoria, e é frequentemente usada no desenvolvimento de software. Ela envolve dividir os projetos em fases e seguir um ciclo de planejamento, execução e avaliação. O Manifesto Ágil tem quatro valores-chave que orientam essa abordagem:
    - Indivíduos e interações: mais do que processos e ferramentas
    - Software funcional: mais do que documentação abrangente
    - Colaboração do cliente: mais do que negociação de contrato
    - Respondendo à mudança: mais do que seguir um plano
- Programação Web: a programação web envolve a criação de sites dinâmicos que são interativos e amigáveis ao usuário. Isso inclui o uso de bancos de dados, scripts do lado do servidor e scripts do lado do cliente para criar aplicativos que podem processar dados, exibir conteúdo e interagir com usuários.
- Programação Mobile: o desenvolvimento de aplicativos móveis é o processo de criação de software para smartphones, tablets e assistentes digitais para os sistemas operacionais mais presentes, como o Android e iOS.
- Aprendizado de máquinas: um ramo da Inteligência Artificial, que surgiu graças às capacidades dos computadores atuais e da grande quantidade de dados disponíveis. Estuda formas de proporcionar a habilidade de aprendizado

aos computadores sem que estes sejam explicitamente programados. O que se deseja é "Aprender a partir dos dados". Dentre as suas aplicações pode-se citar: Reconhecimento de Escrita, Controle de Drones, Processamento de linguagem natural, entre outras.

- Internet das Coisas (Internet of Things): a Internet das Coisas (IoT) é um conceito que se refere à interconexão digital de objetos cotidianos com a internet. Dispositivos de IoT, como veículos de depósito inteligentes, rastreadores de condicionamento físico e monitores de temperatura de armazenamento a frio, podem se comunicar entre si por meio de sensores, atuadores e processadores. Esses dispositivos podem detectar mudanças em seus arredores e transmitir essas informações para outros dispositivos. Por exemplo, dispositivos de IoT podem ser usados para monitorar condições de saúde e ambientais ou para notificar pessoas sobre acidentes.

Após esta definição, foi elaborado um questionário endereçado a todos os servidores da UERJ em os campis para coletar informações daqueles interessados em participar das mentorias da Casa Digital. Algumas das informações obtidas foram: o centro ao qual o servidor pertence (para verificar se conseguiríamos servidores de todos os centros e garantir representatividade); qual o seu nível de familiaridade e interesse com as áreas; qual o seu nível de familiaridade nos perfis propostos dentro da casa de software (metodologias ágeis, programação *front end*, programação *back end*, programação *mobile, aprendizado de máquinas* e IoT) e qual o seu nível de experiência no desenvolvimento de projetos de software. O formulário foi respondido por 97 servidores. Ao contrário do que se possa imaginar, a maioria dos servidores interessados em participar não veio da Engenharia ou da Matemática. Eles são oriundos das mais diferentes unidades, com destaque para o HUPE e SGP com 9% e 7% do total, respectivamente. A Figura 5 mostra a distribuição dos servidores interessados por unidade da Universidade.

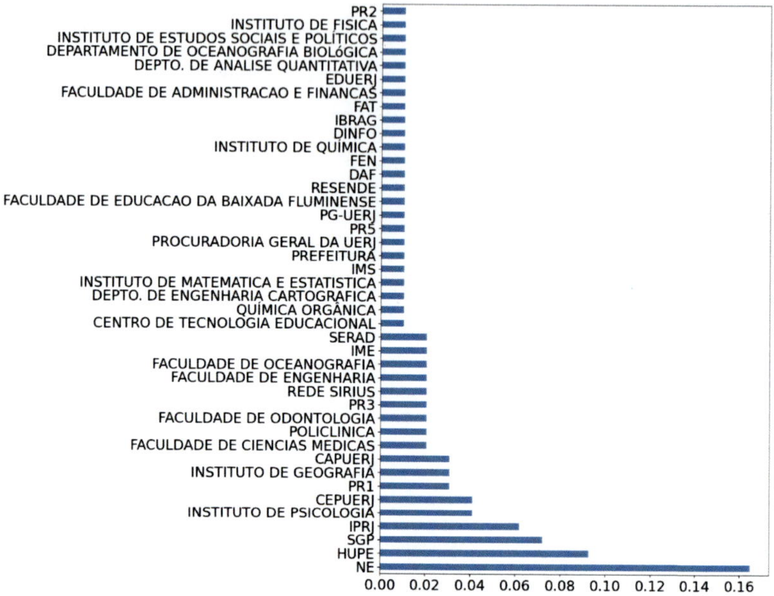

Figura 5. Distribuição dos servidores interessados por unidade na Universidade. NE: unidade não especificada

Destes servidores, 18,5% não tinham nenhum conhecimento em desenvolvimento de software, 45% tinham trabalhado há muito tempo nesta área, 24,7% desenvolviam software, mas não estavam atualizados, e apenas 11,3% estavam atualizados. A Figura 6 mostra a distribuição dos servidores em relação a sua familiaridade no desenvolvimento de software.

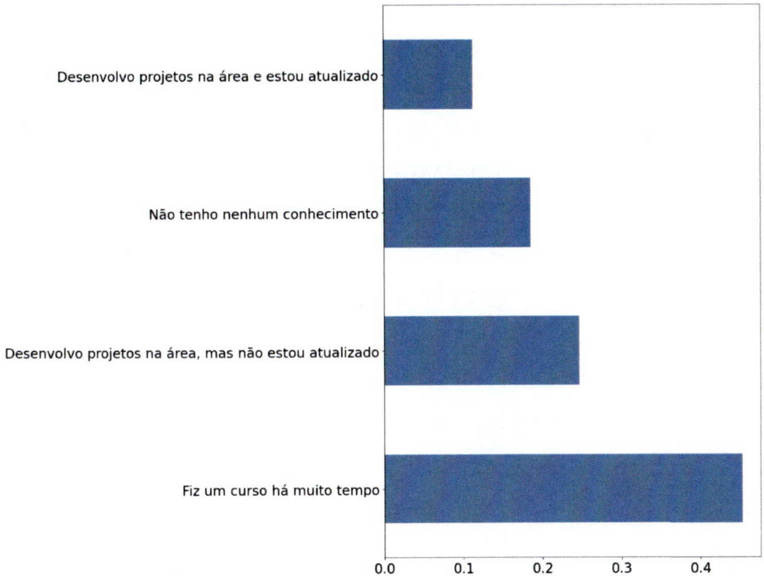

Figura 6. Distribuição dos servidores em relação a familiaridade com o desenvolvimento de software.

Dentre os perfis especificados, 52,5% apresentaram interesse em metodologias ágeis, 65,9% em programação *front end*, 59,7% em programação *back end*, 67,0% em programação mobile, 63,9% em *aprendizado de máquinas* e 50,5% em IoT. Em relação a banco de dados, apenas 24% tinham conhecimento suficiente para desenvolver uma aplicação. A partir destes servidores interessados, foram montados os outros grupos de trabalho dentro dos perfis especificados.

13.4 Mentoria dos grupos de trabalho

Para dar uma conotação prática a esta mentoria foi determinado, pela coordenação do projeto e diretora do InovUERJ, que haveria um projeto piloto onde os conhecimentos obtidos poderiam ser diretamente aplicados. Para este fim, foi selecionado um sistema denominado "Sistema de Gestão de Unidades de Desenvolvimento Tecnológico (UDT)". Este Sistema já possui uma versão operacional em uso, mas carece de um revestimento com funcionalidades mais amigáveis e recursos tecnológicos mais atuais. Para as atividades de levantamento dos requisitos funcionais e não funcionais, análise dos requisitos e definição da arquitetura do sistema foram realizados dois encontros presenciais com GTP e um encontro *online*. Após estas reuniões e posterior análise de documentos e relatórios, chegamos a uma visão do que deveria ser o Sistema de Gestão para amparar o treinamento de capacitação funcional visando ao desenvolvimento da nova versão do Sistema de Gestão de UDTs. De posse desta visão, passamos ao desenvolvimento do *back end*, do *front end*, testes unitários e funcionais e conversão da base de dados legada para a nova base. Para a realização destas tarefas foram realizadas mentorias nas áreas de Bancos de dados, Programação em Java, HTML5/CSS e React. A Figura 7 mostra uma das mentorias realizadas.

Figura 7: Realização de uma das mentorias

A partir dos resultados obtidos, implementamos mais de 20 mentorias nas seguintes áreas:

- Programação Web: Javascript, Java, Banco de dados e SQL, PHP, Postgres, HTML5, CSSS3, Mongo DB

- Programação mobile: React Native, IONIC

- Aprendizado de máquinas: Python
- IoT: Arduino, ESP32

Estas mentorias auxiliaram a formar um grupo de mais de 50 servidores das mais diferentes áreas da UERJ que agora se encontram capacitados nas ferramentas fundamentais de transformação digital. A partir da exposição que estes servidores tiveram, eles agora se encontram no ponto de "fazer o círculo virtuoso girar" (Figura 2). Agora, com os conhecimentos adquiridos, os servidores têm condições de propor e colaborar com soluções para as demandas da Universidade.

Formação do portfólio: No portfólio da casa de software contamos com o Sistema de Gestão de Unidades de Desenvolvimento Tecnológico (UDT). Este sistema trata do gerenciamento das unidades de desenvolvimento tecnológico nas fases de inscrição e homologação. O sistema também gerencia todo o processo de participação no edital, desde a inclusão de documentação das UDTs candidatas, o processo de avaliação das UDTs por uma banca externa, divulgação de resultados e interposição de recursos. As Figuras 8 e 9 mostram as telas do sistema, respectivamente, no modo administração e no modo usuário.

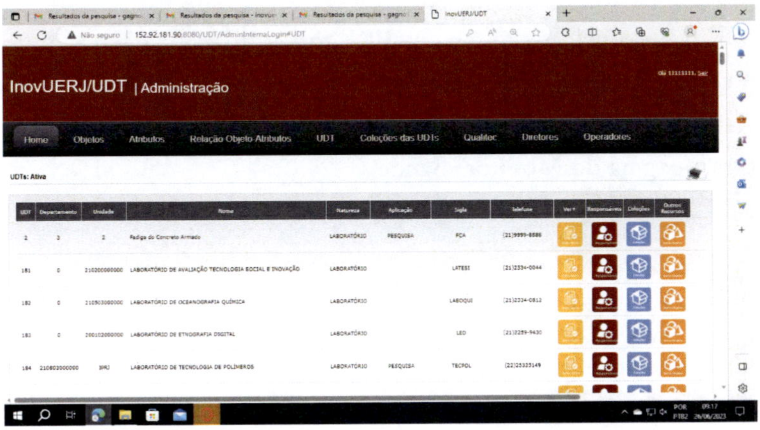

Figura 8: Sistema de gestão de unidades de desenvolvimento tecnológico – perfil de administração.

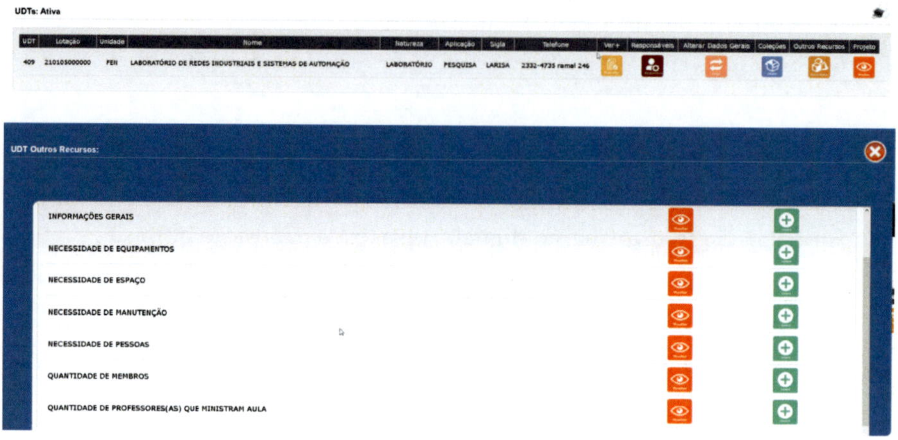

Figura 9: Sistema de gestão de unidades de desenvolvimento tecnológico – perfil de usuário.

Outro produto gerado pela Casa Digital foi o Monitora Saúde. A Pró-Reitoria de Saúde (PR-5) da Universidade do Estado do Rio de Janeiro (UERJ) nos apresentou o desejo de desenvolver o Monitora Saúde, uma ferramenta que tem como propósito coletar dados essenciais sobre a saúde dessa população universitária que é tão plural. Dentre essas informações englobam-se os hábitos saudáveis, a alimentação e a vacinação. Casa Digital funcionou efetivamente como um espaço gerador de transformação digital na UERJ, tornando realidade o Monitora Saúde que vai contribuir para o entendimento aprofundado da saúde da comunidade universitária, proporcionando melhores condições de trabalho e estudo. A Figura 10 mostra a página do Monitora Saúde.

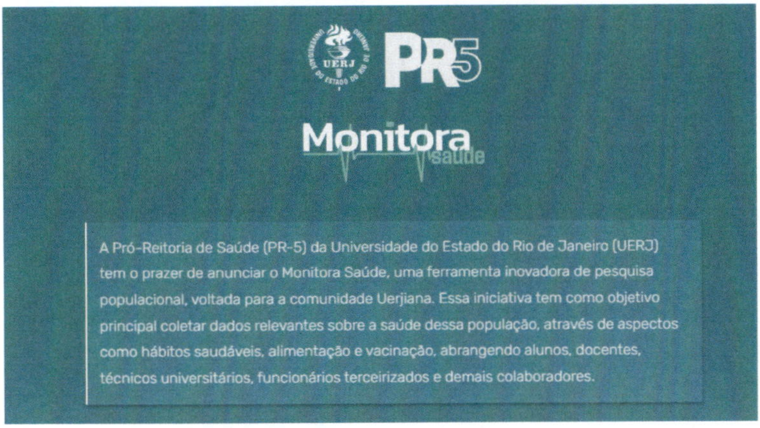

Figura 10. Página do Monitora saúde

13.5 Conclusão e trabalhos futuros

O projeto INTEGRA representou um marco para a UERJ. Como responsável pela Célula de Tecnologia, posso dizer que este projeto teve importantes consequências nos mais diferentes níveis. No nível pessoal e da minha equipe, a concepção e execução da Casa Digital nos colocou "cara a cara" com os desafios da transformação digital, quais são seus requisitos e seus princípios de funcionamento, e como é desafiador superá-los. Por exemplo, trabalhar em uma equipe multidisciplinar, a necessidade de trazer feedbacks constantes aos mentores e desenvolver o nosso portfólio dentro de uma metodologia ágil. No âmbito dos servidores, podemos destacar uma renovação de conhecimento, motivação e valorização. As mentorias trouxeram a apropriação de novos conhecimentos. Vimos nas pesquisas que muitos servidores estavam desatualizados com as novas tecnologias. Eles também se sentiram motivados a "aceitar" o desafio de aprender algo novo e finalmente se sentiram valorizados ao participar de algo tão inovador. No que diz respeito aos laboratórios dos membros da equipe da Célula de Tecnologia, percebemos que as mentorias chamaram atenção dos membros participantes destes laboratórios (alunos e bolsistas), eles se interessaram pelos assuntos e chegaram a participar de algumas mentorias, fomentando ainda mais a importância dessas ferramentas de transformação digital. No que diz respeito a setores específicos da UERJ, como a DGTI e o SERAD-PR2, foi bastante benéfica a discussão de novos conteúdos e a possibilidade que eles têm agora de contar com um grupo adicional de servidores para fomentar e desenvolver soluções inovadoras, como no caso do Monitora Saúde. Olhando agora para as Unidades da UERJ, percebemos que a participação de servidores de diferentes Unidades, de diversas áreas de conhecimento, contribuiu para incorporar essa cultura de transformação digital. Além disso, os produtos desenvolvidos na formação do portfólio da Casa Digital já se encontram em uso, melhorando a qualidade de vida dos alunos, técnicos e professores.

É crucial salientar que a implantação da Casa Digital é apenas uma etapa no processo de Transformação Digital. Ela deve vir acompanhada com uma mentalidade de formação continuada e deve servir como ponto de integração e facilitadora da Transformação Digital. Esta integração deve se dar de forma interna, entre os diferentes setores da UERJ, e também externa, envolvendo empresas, entidades civis, incubadoras, dentre outras, conforme mostra a Figura 11.

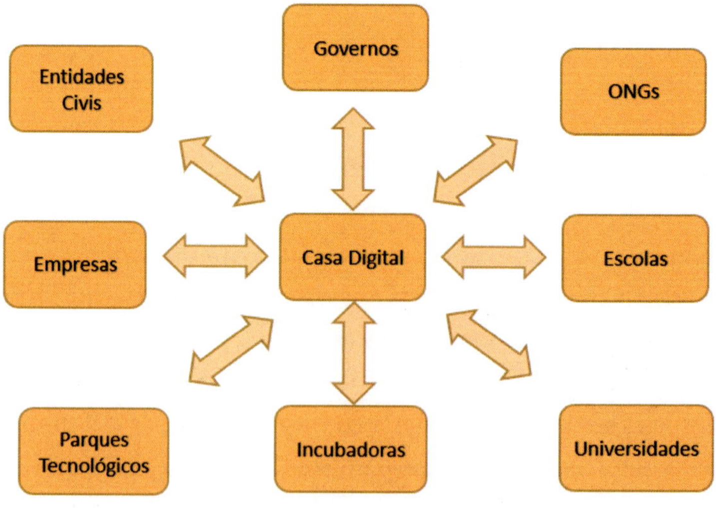

Figura 11. Casa Digital como ponto de integração e facilitador da Transformação Digital.

Referências Bibliográficas

1. ABBADE, Eduardo Botti; DELLA FLORA, Andiara; DE BEM NORO, Greice. A influência interpessoal em redes sociais virtuais e as decisões de consumo. **Revista de Administração da Universidade Federal de Santa Maria**, [*s. l.*], v. 7, n. 2, p. 265–278, 2014.

2. BRANISSO, Diana Sinclair P. **Transformação digital**. [*S. l.*]: Editora FGV, 2023.

3. BRASIL. Ministerio da Ciência e Tecnologia. **INDÚSTRIA DE SOFTWARE E SERVIÇOS DE TIC NO BRASIL.** [*S. l.: s. n.*], 2021.

4. CAETANO, Gustavo. **Principais desafios da transformação digital: por que você deveria saber**. [*S. l.*], 2021. Disponível em: https://exame.com/colunistas/gustavo-caetano/principais-desafios-da-transformacao-digital-por-que-voce-deveria-saber/. .

5. FREIRE, Paulo. **Educação como prática da liberdade**. [*S. l.*]: Editora Paz e Terra, 2014.

6. GUO, Philip J. Older Adults Learning Computer Programming: Motivations, Frustrations, and Design Opportunities. *In*: CHI '17: CHI CONFERENCE ON HUMAN FACTORS IN COMPUTING SYSTEMS, 2017, Denver Colorado USA. **Proceedings of the 2017 CHI Conference on Human Factors in Computing Systems**. Denver Colorado USA: ACM, 2017. p. 7070–7083. Disponível em: https://dl.acm.org/doi/10.1145/3025453.3025945. Acesso em: 12 ago. 2023.

7. LANZ, Anna Elly; BRILINGER, Caroline Orlandi. Automatização do atendimento ao cliente via aplicativo de mensagens em uma operadora de planos

privados de saúde. **Brazilian Journal of Development**, [*s. l.*], v. 8, n. 3, p. 221801–22189, 2022.

8. PSYCHARIS, Sarantos; KALLIA, Maria. The effects of computer programming on high school students' reasoning skills and mathematical self-efficacy and problem solving. **Instructional Science**, [*s. l.*], v. 45, n. 5, p. 583–602, 2017.

9. RESNICK, Mitchel. **Transformar 2014 - Palestra Mitchel Resnick**. [*S. l.*], 2014. Disponível em: https://www.youtube.com/watch?v=hRGJUc2opQ4. .

10. RUEDIGER, Marco Aurélio *et al.* **Robôs, redes sociais e política no Brasil**: estudo sobre interferências ilegítimas no debate público na web, riscos à democracia e processo eleitoral de 2018. [*s. l.*], 2017.

Capítulo 14

O Papel dos Ecossistemas de Inovação na Transição e Contribuição para um Futuro Sustentável

Jéssica Souza Maia

Introdução

Os Ecossistemas de Inovação (EIs) são fundamentais para o avanço econômico e tecnológico, servindo como ambientes onde a colaboração entre empresas, universidades e instituições de pesquisa e governos estimulam o surgimento de novas ideias e soluções. Em sua obra clássica, Porter (1990) cita que a concentração de atores inovadores em um ecossistema pode criar um ambiente de competitividade e cooperação que acelera o desenvolvimento e a difusão de inovações. Porter também argumenta que a proximidade e a interação entre empresas e instituições de pesquisa favorecem a troca de conhecimento e recursos, o que pode resultar em um crescimento mais rápido e sustentável para as organizações envolvidas. A perspectiva de que a diversidade de expertises dentro dos ecossistemas de inovação contribui para a capacidade de adaptação e resposta a desafios complexos, facilitando o desenvolvimento de soluções mais robustas e sustentáveis. Esses ambientes dinâmicos não apenas impulsionam a inovação tecnológica, mas também fortalecem a competitividade regional e global ao promover redes de colaboração e compartilhamento de conhecimento (Nelson e Winter, 1982).

À medida em que a necessidade de contribuir para o desenvolvimento econômico aumenta, se equipara também a uma questão central na agenda global: a preservação ambiental e sustentabilidade, que se torna cada vez mais premente. A sustentabilidade tornou-se uma questão central na agenda global, Segundo Hart

(2005), a integração de práticas sustentáveis nas estratégias empresariais não só responde a pressões externas, mas também abre novas oportunidades de mercado e inovação. A inovação sustentável, como descrito por Elkington (1999) com o conceito de «Triple Bottom Line», busca não apenas a maximização dos lucros, mas também a criação de valor ambiental e social. Isso é crucial para empresas que desejam se destacar em um mercado cada vez mais consciente das questões ecológicas.

Assim como destaca Chesbrough (2003) que a colaboração dentro de ecossistemas de inovação permite a adoção de práticas de inovação aberta, onde o conhecimento e as tecnologias são compartilhados para criar valor de forma mais eficiente, demonstrando a importância desses ecossistemas para a inovação contínua. A inovação aberta pode acelerar o desenvolvimento de tecnologias e práticas sustentáveis, ao permitir a colaboração entre diferentes agentes e a utilização de conhecimentos externos para resolver problemas ambientais complexos.

A partir dos clássicos, a literatura recente destaca uma crescente interconexão entre sustentabilidade e inovação, evidenciando como essas áreas se alimentam mutuamente para enfrentar desafios globais e impulsionar o progresso econômico e ambiental. Segundo a revisão de Loorbach et al. (2020), a inovação sustentável está emergindo como uma abordagem crítica para enfrentar questões ambientais complexas, integrando práticas ecológicas com processos inovadores para promover a transição para uma economia mais verde e resiliente. Hart e Milstein (2021) complementam essa visão ao argumentar que as empresas que adotam modelos de negócios sustentáveis não apenas atendem às exigências regulatórias e expectativas dos consumidores, mas também criam vantagens competitivas através da inovação em produtos e processos. Além disso, a pesquisa de Dangelico e Vocalelli (2017) evidencia que a combinação de inovação e sustentabilidade não só melhora o desempenho ambiental das empresas, mas também pode gerar novos mercados e oportunidades de crescimento. Essa literatura sugere que o avanço das tecnologias verdes e das práticas empresariais sustentáveis está intimamente ligada ao desenvolvimento de soluções inovadoras, destacando a importância de integrar esses dois conceitos para alcançar um futuro mais sustentável.

Para que essa inovação seja evidenciada, startups e empresas inovadoras desempenham um papel fundamental como catalisadoras de mudanças disruptivas e promotoras de soluções que respondem rapidamente às necessidades do mercado e da sociedade. Startups, com sua agilidade e capacidade de assumir riscos, frequentemente lideram o desenvolvimento de novas tecnologias e modelos de negócios que desafiam as abordagens tradicionais, acelerando a evolução do ecossistema como um todo (MASON; BROWN, 2014). Além disso, essas empresas atuam como pontos de convergência dentro dos ecossistemas, conectando recursos e conhecimento de diversas fontes, o que potencializa a capacidade de inovação coletiva (MOORE, 1993). A pesquisa de Nambisan et al. (2019) reforça essa ideia ao demonstrar que startups e empresas inovadoras não apenas introduzem novas ideias, mas também facilitam a criação de redes colaborativas e interações que são essenciais para o dinamismo do EI. Essas empresas, portanto, não apenas contribuem para o crescimento econômico e tecnológico, mas também para a sustentabilidade do ecossistema, ao incorporar práticas inovadoras que promovem tanto a competitividade quanto a responsabilidade social e ambiental.

Dentro do contexto dos EIs, a vertente acadêmica desempenha um papel igualmente crucial, atuando como fontes primárias de conhecimento e de capacitação de talentos, além de serem catalisadoras para o desenvolvimento de novas tecnologias e soluções inovadoras. As universidades e institutos de pesquisa são responsáveis por gerar e disseminar conhecimento científico, que pode ser traduzido em aplicações práticas por meio de colaborações com empresas e governos dentro do Ecossistema (ETZKOWITZ; LEYDESDORFF, 2000). A contribuição da academia vai além da simples formação de capital humano; ela envolve a criação de um ambiente onde a inovação pode florescer, facilitando a transferência de tecnologia, promovendo a pesquisa aplicada e incentivando o empreendedorismo acadêmico (RANGA; ETZKOWITZ, 2013).

A importância da academia é destacada dentro do modelo da Triple Helix, que envolve a interação entre universidade, indústria e governo, como um dos três pilares fundamentais para o funcionamento eficiente dos Ecossistemas de Inovação (ETZKOWITZ; LEYDESDORFF, 2000). Nesse modelo, as universidades não atuam apenas como fornecedores de conhecimento, mas também como co-criadoras de inovação ao se envolverem diretamente com o setor produtivo e o governo em parcerias que visam solucionar problemas sociais e econômicos. De acordo com Ranga e Etzkowitz (2013), essa interação tripla é essencial para a criação de um ambiente favorável à inovação, onde o conhecimento científico pode ser rapidamente transformado em inovação tecnológica e onde as políticas públicas podem ser alinhadas com as necessidades do mercado e da sociedade.

A fim de complementar e trazer a prática aos ecossistemas, as políticas públicas e a governança desempenham um papel essencial na criação e sustentação dos EIs, fornecendo a infraestrutura legal, financeira e institucional necessária para que a inovação possa prosperar. Governos, atuando como facilitadores, têm a capacidade de estabelecer políticas que incentivem a colaboração entre os diferentes atores do ecossistema, como empresas, universidades e organizações de pesquisa (MOWERY; NELSON; MARTIN, 2010). Além disso, a governança eficaz é fundamental para garantir que os recursos sejam alocados de forma eficiente e que as iniciativas de inovação estejam alinhadas com os objetivos sociais e econômicos de longo prazo (BOZEMAN; BOARDMAN, 2014).

A formulação de políticas públicas que promovam a inovação é especialmente relevante em ecossistemas onde a convergência entre setores público e privado pode acelerar o desenvolvimento de tecnologias emergentes e a implementação de soluções sustentáveis (LUNDVALL, 2010). Nesse sentido, o governo pode atuar não só como um regulador, mas também como um parceiro estratégico, apoiando a inovação através de financiamento, incentivos fiscais, criação de infraestrutura de pesquisa e desenvolvimento, e promoção de mercados para inovações tecnológicas (EDQUIST, 2005). Além disso, uma governança sólida, que promova a transparência e a inclusão, é vital para a construção de confiança entre os atores do ecossistema, o que, por sua vez, facilita a colaboração e o compartilhamento de conhecimentos e recursos (CASSIOLATO; LASTRES, 2008).

14.1 O Ecossistema de Inovação do Rio de Janeiro

A principal definição de Ecossistema de Inovação é descrita pelo autora Jackson (2011) que o caracteriza como "os complexos relacionamentos que são formados entre atores ou entidades cujo objetivo funcional é permitir o desenvolvimento e a inovação tecnológica." E ela continua,

> Os atores incluem os recursos materiais (fundos, equipamentos, instalações, etc.) e o capital humano (alunos, corpo docente, equipe, pesquisadores da indústria, representantes da indústria, etc.) que compõem as entidades institucionais que participam do ecossistema (por exemplo, as universidades, faculdades de engenharia, escolas de negócios, empresas de negócios, capitalistas de risco, institutos de pesquisa da indústria-universidade, centros de excelência apoiados pelo governo federal ou industrial, e organizações estaduais e/ou locais de desenvolvimento econômico e assistência empresarial, agências de financiamento, formuladores de políticas, etc.).
>
> Fonte: JACKSON, Deborah J. What is an innovation ecosystem. National science foundation, v. 1, 2011.

A Triple Helix, conceito que destaca a colaboração entre esses três setores, desempenha um papel crucial em vários aspectos dos ecossistemas de inovação, especialmente em contextos como o do Rio de Janeiro. A influência da Triple Helix nos Ecossistemas de Inovação do Rio de Janeiro é significativa e multifacetada, refletindo a interação entre universidade, indústria e governo para fomentar a inovação e o desenvolvimento regional. Pode ser observado na figura abaixo sua importância dentre os demais atores.

Figura.1 - Elaborado pela autora

Na figura observa-se a estrutura-base de um Ecossistema de Inovação que é composto pelos seguintes atores:

1. Empresas

Organizações que desenvolvem, produzem e comercializam produtos ou serviços inovadores.

Exemplos no Rio de Janeiro:

- **Startups:** D1 Soluções, B2W Digital.
- **Empresas Estabelecidas:** Petrobras, Stellantis.

2. Investidores

Entidades e indivíduos que aportam capital em empresas inovadoras em troca de participação acionária ou retorno financeiro.

Exemplos no Rio de Janeiro:

- **Investidores Anjo:** Gávea Angels, Anjos do Brasil.
- **Venture Capital:** Rio Venture Capital, MSW.

3. Ambientes de Inovação

Locais dedicados ao desenvolvimento e suporte de atividades inovadoras, como parques tecnológicos, incubadoras e laboratórios criativos.

Exemplos no Rio de Janeiro:

- **Incubadoras e Aceleradoras:** Incubadora Sul Fluminense, Sai do Papel.
- **Parques Tecnológicos:** Parque Tecnológico da UFRJ.
- **Laboratórios Criativos:** Fab Lab Casa Firjan e espaços Maker.

4. Governo

Entidades governamentais que criam políticas, regulamentações e infraestruturas que incentivam a inovação.

Exemplos no Rio de Janeiro:

- **Políticas Públicas e Infraestrutura** AgeRio, FAPERJ, incentivos fiscais.

5. Instituições de Ensino e Pesquisa

Instituições que produzem conhecimento e desenvolvem tecnologias, além de formar profissionais qualificados.

Exemplos no Rio de Janeiro:

- **Universidades:** UERJ, UFRJ, UFF, Puc-Rio.
- **Institutos de Pesquisa:** Institutos Firjan de Tecnologia e Inovação.

6. Organizações de Apoio

Entidades que oferecem suporte e recursos para startups e empresas inovadoras.

Exemplos no Rio de Janeiro:

- **Organizações de Apoio ao Empreendedorismo:** Sebrae, Firjan, Rio Criativo, ReInc, Redetec.

7. Instituições Financeiras
Entidades que fornecem financiamento e recursos financeiros para projetos inovadores e empreendimentos.

- **Exemplos no Rio de Janeiro:** Banco do Brasil, Caixa Econômica Federal, BNDES.

A estrutura acima citada organiza os atores do ecossistema de inovação e fornece exemplos específicos do estado do Rio de Janeiro, incluindo as organizações de apoio e as instituições financeiras relevantes para o ambiente inovador. No entanto, essa estrutura e a dinâmica dos EIs podem variar significativamente entre diferentes regiões devido a fatores culturais. Culturas que promovem a colaboração e a confiança social tendem a facilitar a formação de redes mais integradas e cooperativas entre empresas, universidades e governos, o que pode acelerar a inovação. Em contraste, em culturas mais competitivas, a colaboração pode ser limitada e a inovação pode ser impulsionada principalmente por iniciativas individuais e concorrenciais (Gereffi et al., 2005; Putnam, 2000).

Além disso, a forma como a inovação é incentivada e gerida também varia com as prioridades culturais locais. Em regiões onde há um forte foco em sustentabilidade e responsabilidade social, as inovações frequentemente visam resolver questões ambientais e sociais, alinhando-se com os Objetivos de Desenvolvimento Sustentável (Sachs et al., 2021). Por outro lado, em culturas que valorizam o crescimento econômico rápido, as inovações podem se concentrar mais em gerar retornos financeiros imediatos e menos em impactos sociais ou ambientais de longo prazo (Hart, 2005).

A influência cultural também se reflete nas políticas públicas e na formação acadêmica, que moldam os EIs. Em algumas culturas, o governo pode ser um facilitador ativo, fornecendo subsídios e incentivos para a inovação, enquanto em outras, pode haver uma maior ênfase em criar um ambiente de mercado livre. A educação técnica e a formação empreendedora também variam, impactando diretamente a natureza das inovações que são promovidas e desenvolvidas (Wang et al., 2018; Ranga & Etzkowitz, 2013).

Com base na estrutura U-G-E supracitada pelo modelo Triple Helix, é perceptível que as instituições acadêmicas, como a Universidade do Estado do Rio de Janeiro (UERJ) e a Universidade Federal do Rio de Janeiro (UFRJ), são centros vitais de pesquisa e desenvolvimento e desempenham um papel central na geração de conhecimento e inovação. A colaboração com a indústria e o governo permite que essas instituições direcionem suas pesquisas para áreas estratégicas e relevantes para o desenvolvimento regional. Por exemplo, o Rio de Janeiro tem um forte foco em áreas como biotecnologia, energia e tecnologias da informação, com apoio de programas e parcerias que incentivam a pesquisa aplicada e a transferência de tecnologia (Alves, 2017).

No quesito de desenvolvimento de iniciativas de inovação, a criação de parques tecnológicos e incubadoras, como a Incubadora Sul Fluminense da UERJ, exemplifica a aplicação da Triple Helix ao promover a interação entre empresas emergentes, instituições acadêmicas e órgãos governamentais. Essas iniciativas ajudam a transformar pesquisas acadêmicas em produtos e serviços inovadores, estimulando o empreendedorismo e contribuindo para a diversificação econômica. O suporte do governo, através de políticas públicas e financiamentos, é essencial para criar um ambiente propício para startups e empresas de base tecnológica (Melo et al., 2020).

Por fim, a colaboração entre governo e academia é crucial para a formulação e implementação de políticas públicas que apoiam a inovação. No Rio de Janeiro, o governo estadual e municipal, juntamente com instituições acadêmicas e setor privado, desenvolvem políticas para promover a inovação e a sustentabilidade. Programas de incentivos fiscais, financiamento para projetos de inovação e a criação de ambientes de teste e desenvolvimento são exemplos de como a Triple Helix influencia diretamente a estrutura e o funcionamento dos ecossistemas de inovação (Oliveira, 2021).

14.2 Desafios e Oportunidades na Transição para a Sustentabilidade

Ao mesmo tempo em que os Ecossistemas de Inovação desempenham um papel vital na mobilização dos recursos e conhecimentos, a agenda 2030 para o Desenvolvimento Sustentável e seus 17 Objetivos de Desenvolvimento Sustentável (ODS) representam uma bússola global para guiar políticas públicas, estratégias corporativas e iniciativas da sociedade civil em direção a um futuro mais sustentável e equitativo. Essa interconexão cria um cenário rico em desafios e oportunidades, onde a inovação, a colaboração e a sustentabilidade convergem para transformar a sociedade (UN, 2015).

Podemos trazer à luz alguns dos devidos desafios que devem ser enfrentados, acompanhados de oportunidades que podem e devem ser criadas a partir da interação das Hélices e inclusão da sustentabilidade como Recurso Chave dentro da dinâmica dos Ecossistemas de Inovação.

Desafios na Integração dos ODS com Ecossistemas de Inovação	
Alinhamento de Políticas Nacionais e Locais com os ODS dentro dos Ecossistemas de Inovação	A integração dos ODS nos Ecossistemas de Inovação requer um esforço significativo para alinhar políticas públicas em diferentes níveis, desde o local até o global. A complexidade desse alinhamento está em garantir que as iniciativas inovadoras dentro dos ecossistemas sejam direcionadas para cumprir as metas globais de sustentabilidade, respeitando as particularidades regionais. Sachs et al. (2021) destacam que, para que esse alinhamento seja eficaz, é crucial promover sinergias entre os setores público, privado e acadêmico, facilitando a transferência de conhecimento e a colaboração.

Integração da Sustentabilidade como Pilar Central dos Ecossistemas de Inovação	Um dos principais desafios é incorporar a sustentabilidade como um componente intrínseco dos Ecossistemas de Inovação. Embora a inovação seja um motor de crescimento econômico, nem todas as inovações contribuem para a sustentabilidade. Hart (2005) argumenta que é necessário um esforço deliberado para direcionar as atividades inovadoras para soluções que não apenas gerem valor econômico, mas também promovam a conservação dos recursos naturais e a inclusão social, conforme preconizado pelos ODS.
Oportunidades Criadas pela Sinergia entre ODS e Ecossistemas de Inovação	
Fomento à Inovação Sustentável através dos ODS	A Agenda 2030 oferece uma oportunidade única para fomentar inovações que contribuam diretamente para a sustentabilidade. Dentro dos Ecossistemas de Inovação, as metas dos ODS podem servir como um norte estratégico para o desenvolvimento de novas tecnologias e práticas empresariais que visem a redução de emissões de carbono, a promoção da economia circular e o uso eficiente de recursos. Freeman e Soete (1997) sugerem que a demanda crescente por tecnologias sustentáveis, impulsionada pelos ODS, pode abrir novos mercados e gerar oportunidades significativas para empresas inovadoras que atuem nesse espaço.
Parcerias Estratégicas e Redes de Conhecimento para Implementação dos ODS	Os Ecossistemas de Inovação, ao promoverem a interação entre academia, indústria e governo, conforme o modelo da Triple Helix, criam um ambiente propício para a formação de parcerias estratégicas voltadas para a implementação dos ODS (ETZKOWITZ; LEYDESDORFF, 2020). Essas parcerias facilitam o compartilhamento de conhecimentos e recursos, acelerando o desenvolvimento e a adoção de inovações sustentáveis que possam ser replicadas em diferentes contextos.

Fortalecimento da Resiliência e Capacidade de Adaptação dos Ecossistemas	A incorporação dos ODS nos Ecossistemas de Inovação também pode fortalecer a resiliência das sociedades frente a desafios globais, como as mudanças climáticas e a escassez de recursos. Dangelico e Vocalelli (2017) observam que empresas e organizações que adotam práticas sustentáveis tendem a ser mais resilientes e adaptáveis, uma característica essencial para enfrentar crises e mudanças no ambiente de negócios.

Tabela 1: Elaborado pela autora

O fortalecimento do Ecossistema de Inovação do Rio de Janeiro enfrenta desafios significativos, incluindo desigualdades regionais e barreiras regulatórias. A desigualdade no acesso a recursos e infraestrutura pode limitar as oportunidades para inovação em áreas menos favorecidas. Para enfrentar esse desafio, é essencial implementar políticas inclusivas e criar centros de inovação em regiões periféricas, garantindo uma distribuição mais equitativa de oportunidades (Crescenzi et al., 2020). Além disso, a complexidade regulatória e a burocracia podem desestimular o empreendedorismo; portanto, simplificar processos regulatórios e criar um ambiente regulatório mais amigável pode ajudar a superar essas barreiras (Schwab, 2016).

No entanto, o fortalecimento do ecossistema também oferece oportunidades valiosas. O foco em tecnologias sustentáveis pode gerar novas oportunidades de mercado e promover o crescimento econômico, posicionando o Rio de Janeiro como um líder em inovação verde. Investir em pesquisa e desenvolvimento de tecnologias limpas e práticas sustentáveis pode contribuir para a transição para uma economia verde, alinhada com os ODS (IEA, 2020). Além disso, o aproveitamento dos recursos locais e das parcerias entre universidades, empresas e governo pode fortalecer o ecossistema de inovação, estimulando o desenvolvimento de soluções inovadoras e sustentáveis (Ranga & Etzkowitz, 2013).

Outra oportunidade crucial é o incentivo à inclusão e diversidade no empreendedorismo, que pode enriquecer o ecossistema com novas perspectivas e abordagens. Promover a participação de grupos sub-representados e oferecer capacitação e acesso a financiamento pode criar um ambiente mais inclusivo e inovador (Nielsen et al., 2017). Essas estratégias não apenas enfrentam desafios existentes, mas também aproveitam as oportunidades para alinhar o desenvolvimento do ecossistema com os objetivos de sustentabilidade e as metas da Agenda 2030.

14.3 Visão para o Futuro

Para fortalecer ecossistemas de inovação e alinhá-los com os princípios de sustentabilidade e os Objetivos de Desenvolvimento Sustentável (ODS), é fundamental adotar uma abordagem holística e colaborativa. Todos os atores do ecossistema — desde universidades e empresas até governos e ONGs — devem trabalhar em sinergia para criar um ambiente favorável à inovação sustentável. Isso envolve a implementação de políticas públicas que promovam práticas empresariais ecológicas, o estímulo a parcerias entre diferentes setores e a alocação de recursos para pesquisa e desenvolvimento em tecnologias verdes. Além disso, é crucial integrar a educação e a capacitação em sustentabilidade em todos os níveis, preparando futuras gerações para enfrentar desafios ambientais e sociais (Sachs et al., 2021).

O futuro dos ecossistemas de inovação está repleto de oportunidades significativas. A transição para uma economia verde e circular pode gerar novos mercados e impulsionar o crescimento econômico sustentável. Investir em tecnologias sustentáveis, como energias renováveis, gestão eficiente de recursos e soluções para a mudança climática, é essencial para promover um desenvolvimento sustentável. A criação de hubs de inovação dedicados a práticas ecológicas e o suporte a startups focadas em soluções sustentáveis podem acelerar a implementação de tecnologias inovadoras que abordem os principais desafios globais e locais (IEA, 2020).

A colaboração entre diferentes setores e a promoção de uma cultura de inovação sustentável são vitais para maximizar o impacto positivo dessas iniciativas.

A visão para o futuro dos ecossistemas de inovação deve ser orientada por uma estratégia de transformação que equilibre crescimento econômico e responsabilidade ambiental. O objetivo é construir ecossistemas resilientes e adaptáveis, capazes de responder às novas oportunidades e desafios de forma rápida e eficaz. A integração de práticas inovadoras sustentáveis deve se tornar uma prioridade estratégica, com foco na adaptação às mudanças climáticas e na promoção do desenvolvimento sustentável. A longo prazo, a meta é criar um ambiente onde a inovação não apenas impulsione o progresso econômico, mas também contribua para um futuro mais justo e sustentável, alinhado com os ODS e a Agenda 2030 (Porter & Kramer, 2011).

Referências Bibliográficas

1. ALVES, Maria M. A. The Role of Universities in the Triple Helix Model: The Case of Rio de Janeiro. *Journal of Innovation and Entrepreneurship*, v. 6, n. 1, p. 34-47, 2017.

2. CHESBROUGH, Henry W. *Open Innovation: The New Imperative for Creating and Profiting from Technology*. Boston: Harvard Business School Press, 2003.

3. CRESCENZI, Riccardo; MONASTIRIOTIS, Vassilis; SANTINI, Flavio. The Geography of Innovation: A Survey. *European Planning Studies*, v. 28, n. 4, p. 751-772, 2020.

4. DANGELICO, Roberta M.; VOCALIELLI, Danilo. Green Innovation and Firm Performance: A Review of the Literature. *Journal of Cleaner Production*, v. 162, p. 51-70, 2017.

5. ETZKOWITZ, Henry; LEYDESDORFF, Loet. The Dynamics of Innovation: From National Systems and "Mode 2" to a Triple Helix of University--Industry-Government Relations. *Research Policy*, v. 29, n. 2, p. 109-123, 2000.

6. ETZKOWITZ, Henry; LEYDESDORFF, Loet. The Dynamics of Innovation: From National Systems and "Mode 2" to a Triple Helix of University--Industry-Government Relations. *Research Policy*, v. 29, n. 2, p. 109-123, 2020.

7. FREEMAN, Christopher; SOETE, Luc. *The Economics of Industrial Innovation*. London: Pinter Publishers, 1997.

8. GEREFFI, Gary; HUMPHREY, John; STURGEON, Timothy. The Governance of Global Value Chains. *Review of International Political Economy*, v. 12, n. 1, p. 78-104, 2005.

9. HART, Stuart L. *Capitalism at the Crossroads: The Unlimited Business Opportunities in Solving the World's Most Difficult Problems*. Upper Saddle River: Wharton School Publishing, 2005.

10. INTERNATIONAL ENERGY AGENCY - IEA. *World Energy Investment Report*. International Energy Agency, 2020.

11. ISENBERG, Daniel. How to Start an Entrepreneurial Revolution. *Harvard Business Review*, 2010.

12. MASON, Colin; BROWN, Ross. *Entrepreneurial Ecosystems and Growth Oriented Entrepreneurship*. OECD LEED Programme, 2014.

13. MELO, Rodrigo; LIMA, Sérgio; CARVALHO, Juliana. Innovation Ecosystems and Startups in Rio de Janeiro: An Analysis of the Triple Helix Model. *Innovation and Regional Development*, v. 11, n. 2, p. 67-85, 2020.

14. NAMBISAN, Satish; WRIGHT, Mike; FELDMAN, Maryann. The Digital Transformation of Innovation and Entrepreneurship: Progress, Challenges and Key Themes. *Research Policy*, v. 48, n. 8, 2019.

15. NIELSEN, S. E.; HUNT, C.; DUNLOP, R.; GRAHAM, B. Diversity and Inclusion in the Innovation Ecosystem. *Harvard Business Review*, v. 95, n. 1, p. 34-42, 2017.

16. OLIVEIRA, Fernanda. Public Policies and Innovation in Rio de Janeiro: A Triple Helix Perspective. *Brazilian Journal of Public Administration*, v. 55, n. 3, p. 215-231, 2021.

17. OLIVEIRA, S. R. S. L.; SILVA, V. S. da. Sustentabilidade ambiental e inovação tecnológica: caminhos à ecoinovação. *Revista de Direito Econômico e Socioambiental*, Curitiba, v. 14, n. 1, p. e233, 2023. DOI: 10.7213/revdireconsoc.v14i1.25834. Disponível em: https://periodicos.pucpr.br/direitoeconomico/article/view/25834. Acesso em: 22 ago. 2024.

18. PORTER, Michael E. *The Competitive Advantage of Nations*. New York: Free Press, 1990.

19. PUTNAM, Robert D. *Bowling Alone: The Collapse and Revival of American Community*. New York: Simon & Schuster, 2000.

20. RANGA, Marina; ETZKOWITZ, Henry. Triple Helix Systems: An Analytical Framework for Innovation Policy and Practice in the Knowledge Society. *Industry and Higher Education*, v. 27, n. 4, p. 237-262, 2013.

21. SACHS, Jeffrey D.; SCHMIDT-TRAUB, Guido; KROLL, Christian; LAFORTUNE, Guillaume; FULLER, Grayson. *The Decade of Action for the Sustainable Development Goals: Sustainable Development Report 2021*. Cambridge: Cambridge University Press, 2021.

22. SCHUMPETER, Joseph A. *Capitalismo, Socialismo e Democracia*. 3. ed. New York: Harper & Brothers, 1942.

23. SCHWAB, Klaus. *The Fourth Industrial Revolution*. Crown Publishing Group, 2016.

24. UNITED NATIONS. *The Sustainable Development Goals Report 2020*. New York: United Nations, 2020. Disponível em: https://unstats.un.org/sdgs/report/2020/.

25. UNITED NATIONS DEVELOPMENT PROGRAMME - UNDP. *Accelerating Innovation for the SDGs*. New York: United Nations Development Programme, 2017. Disponível em: https://www.undp.org/publications/accelerating-innovation-sdgs.

26. WANG, Chien-Hsiu; HSU, Cheng-Hsuan; CHANG, Chien-Chang. Innovation and Firm Performance: Evidence from Taiwan's Manufacturing Sector. *Asian Journal of Technology Innovation*, v. 26, n. 2, p. 204-219, 2018.

Impressão e acabamento
Gráfica da Editora Ciência Moderna Ltda.
Tel: (21) 2201-6662